KB074966

그리스인들은 신화를 믿었는가?

그리스인들은 신화를 믿었는가?

폴 벤느 | 김현경 옮김

P 필로소픽

상식: "진실이 없다는 게 진실이다"라고 말하는 것은 모순이다.

미셸 푸코: "물론 담론의 내부에서, 명제의 수준에서 생각한다면 참과 거짓의 경계는 자의적이지 않고 변경 가능한 것도 아니다. 하지만 만일 우리가 다른 척도로 옮겨간다면, 만일 그토록 긴 세월에 걸쳐 우리 역사를 관통해온 이 진실에 도달하려는 의지가 한결같이 무엇이었고, 무엇인지 묻는다면…" (《담론의 질서L'Ordre du discours》, p. 16.)

도미니크 자니코Dominique Janicaud: "이 만일이 핵심이다. 우리는 다른 척도로 옮겨갈 수 있다. 푸코는 반反합리주의적 열정에 굴복하는 것이 아니다. 그보다는 지평을 확장하려는 것이다. 안타깝게도 하버마스가 소중히 여긴 보편타당성 요구revendications de validité universelle는 역사의 흐름을 어쩌지 못했다. (《다시 한번 철학을A nouveau la philosophie》, p. 75.)

에스텔 블랑에게

실재하면서 참인 총체는 우리의 관념의 질병이라는 것…

──페소아

목차

일러두기

1. 강조 표시는 원서에서 지은이가 표시한 바를 따랐다.
2. [ ] 안의 내용은 옮긴이가 덧붙인 것이다.
3. 주석은 모두 각주로 하되, 지은이의 원주(1, 2, 3…)와, 번역 및 편집 과정에서
   덧붙인 주(†, ††…)를 구분했다. 후자 중 별도의 말머리가 없는 것은 옮긴이의
   주, [편집자 주]가 달린 것은 한국어판 편집자의 주이다.
4. 그리스-로마 신화 관련 고유명사는 그리스식을 원칙으로 하되, 로마와 관련도가
   높은 부분은 로마식으로 표기하고 옮긴이가 [ ] 안에 그리스식 명칭을 적었다. 성
   경이 언급될 경우 그 번역 및 표기는 대한성서공회의 《공동번역성서》를 따랐다.
5. 4에 해당되지 않는 외국 인명 및 지명 일반은 국립국어원의 외래어표기법에 따르
   되, 일부는 통용되는 표기를 따랐다.
6. 본문에 언급된 원전의 제목은 최초 언급 시에만 원제목을 병기하고 모두 한국어
   로 표기했다. 이때 원전 중 한국어 번역본이 있는 것은 해당 책 제목을 사용했고,
   한국어 번역본이 없는 것은 원제목을 적절히 번역했다.

반쯤 믿는 것이나 모순적인 일들을 믿는 것이 어떻게 가능할까? 아이들은 산타클로스가 굴뚝으로 들어와 장난감을 놓고 간다는 것을 믿으면서, 동시에 그 장난감을 갖다놓은 사람이 엄마나 아빠라고 생각한다. 그럼 아이들은 정말 산타클로스를 믿는 걸까? 그렇다. 그리고 도르제족Dorzé族의 믿음은 아이들의 믿음만큼이나 완전하다. 당 스페르베르Dan Sperber에 따르면, 에티오피아의 도르제족은 표범이 기독교적 동물이라고 믿는다. "표범은 콥트교회의 금식일을 지킨다. 에티오피아인들에게 이 금식의 준수는 신앙의 시험과도 같다. 하지만 도르제족은 금식일인 수요일과 금요일에도 다른 요일과 마찬가지로 표범이 가축을 물어갈까 봐 걱정한다. 표범이 금식을 한다는 것과 매일 먹이를 먹는다는 것이 둘 다 참이라고 믿는 것이다. 표범은 항상 위험하다. 도르제족은 그것을 경험으로 안다. 하지만 표범은 기독교를 믿는다. 이는 전통이 보증하는 바다."

그러므로 나는 그리스 신화에 대한 고대 그리스인들의 믿음을 사례로 삼아, (곧이곧대로 믿기, 경험에서 우러난 믿음, 등등) 믿음의 존재양식modalités de croyance의 복수성複數性을 연구하고자 했다. 이 연구를 해나가는 동안 내 생각은 두 번에 걸쳐 진전되었다.

나는 믿음에 대해서가 아니라 그야말로 진실에 대해서 이야기해야 한다는 것을 인정해야 했다. 그리고 진실 그 자체는 상상력의 산물이었다. 우리는 사물들에 대해 잘못된 관념을 품고 있는 게 아니다. 긴 세월에 걸쳐 그토록 기묘하게 구성되어 온 것은 바로 사물들의 진실이다. 진실은 단순한 실재론적 경험과는 거리가 멀다. 진실은 그 어떤 것보다도 역사적이다. 시인이나 역사가가 군주의 이름과 계보를 일일이 따지며 왕조들의 이야기를 꾸며내던 시절이 있었다. 그들은 아무것도 위조하지 않았고 양심에 거리낄 것도 없었다. 그들은 당시에는 정상적이었던, 진실에 도달하는 방법을 따랐을 뿐이다. 이런 관점을 끝까지 밀고 나가 보겠다. 우리는 우리가 픽션이라고 부르는 것들이 나름대로 진실이라고, 책을 덮으면서 생각한다. 《일리아드》나 《이상한 나라의 앨리스》는 진실이다. 퓌스텔 드쿨랑주[†]의 역사책들보다 더하지도 덜하지도 않다. 우리는 또 과거의 생산물들 전체가 분명히 흥미롭기는 하지만 몽상이라고 생각하면서, "과학의 최신 상태"만을, 그것도 잠정적으로만, 진리로 간주한다. 이것이 문화다.

나는 결코 미래의 진리를 알리는 것은 상상력이라거나, 상상력이 권좌에 올라야 한다고 말하려는 게 아니다. 다만 진리는 이미 상상력이며, 상상력은 언제나 권좌에 있었다고 말하고자 한다. 우리는 실재나 이성, 혹은 부정le négatif의 기나긴 노동이 아니라 상상력의 지배를 받아왔다.

여기서 상상력은 역사적으로나 심리학적으로 이러한 이름으로

---

† [편집자 주] Fustel de Coulanges, 1830-1899. 프랑스의 역사학자. 엄격한 고증과 객관성을 추구했다.

알려진 역량faculté이 아니다. 그것은 꿈이나 예언을 통해 우리가 갇혀 있는 유리병의 공간을 넓혀주지 않는다. 상상력은 오히려 이 유리병의 벽을 만든다. 그리고 이 유리병 바깥에는 아무것도 없다. 미래의 진리조차 없다. 그러므로 이 진리에게 발언권을 줄 수도 없을 것이다. 이 유리병 속에서 종교와 문학과 정치와 관습, 그리고 과학이 빚어진다. 이 상상력은 하나의 능력이되 칸트적인 의미에서의 능력이다. 상상력은 초월적transcendantale이다. 그것은 세상의 누룩이나 마귀가 되는 대신에 이 세상을 구성한다. 다만, 어떤 책임감 있는 칸트주의자라도 모멸감으로 기절하게 만들 사실이 있는데, 바로 이 초월성이 역사적이라는 것이다. 왜냐하면 문화들은 연속적으로 이어지면서도 서로 닮지 않았기 때문이다. 인간은 진리를 발견하지 않는다. 역사를 만들듯이 그것을 만들 뿐이다. 그리고 문화들 또한 인간을 만든다.

미셸 푸코에게 다정한 감사의 말을 보낸다. 우리는 이 책에 대해 함께 이야기를 나누었다. '그리스연구회L'Association des études grecques'의 동료 자크 봉페르Jacques Bonpaire와 장 부스케Jean Bousquet, 그리고 프랑수아 발François Wahl에게도 비평과 제안에 대해 고마움을 표하고 싶다.

들어가며

그리스인들은 신화를 믿었는가? 이는 대답하기 곤란한 질문이다. "믿는다"는 말은 아주 여러 가지를 의미하기에…. 모두가 미노스가 저승에서 계속 재판을 하고 있다거나[1] 테세우스가 미노타우로스를 물리쳤다고[2] 믿은 것은 아니었다. 그들은 시인이 "거짓말을 한다"는 걸 알고 있었다. 하지만 그들이 믿지 않는 방식에는 심상치 않은 부

---

1   죽은 자들은 지하에서 그들이 살았을 때 영위했던 것과 같은 삶을 살아간 다. 미노스는 저승에서도 재판관이었고 오리온은 땅밑에서도 사냥을 계속했다(M. Nilsson, *Geschichte der griech. Religion*, 2ᵉ éd., Munich: Beck, 1955, vol. I, p. 677). 라신Racine이 그랬던 것처럼 신들이 미노스를 사자死者들의 심판관으로 만들었다 고 말해서는 안 된다. 시인들의 의식적인 거짓말에 대해서는 cf. Plutarque, *Quomodo adulescens pœtas*, II, p. 16F-17F.

2   Plutarque, *Vie de Thésée*, 15,2-16,2. Cf. W. Den Bœr, "Theseus, the Growth of a Myth in History", *Greece and Rome*, XVI, 1969, p. 1-13.

분이 있다. 그들이 보기에 테세우스가 존재하지 않았던 것은 아니었다. 다만 "이성에 의해서 신화를 순수하게 만들고"[3] 이 헤라클레스의 친구의 일대기를 그 역사적 핵심으로 압축할 필요가 있었다. 미노스로 말하자면, 투키디데스는 비범한 노력을 기울여 숙고한 끝에 그에 대해서 동일한 핵심을 끌어낸다. "우리가 풍문으로 알고 있는 사람들 전체에서 미노스는 함대를 보유한 가장 오래된 인물이다."[4] 파이드라의 아버지이자 파시파에의 남편은 바다를 다스렸던 한 명의 왕일 따름이다. 로고스에 의한 신화의 정화淨化는, 아득한 옛날에 시작되어 볼테르와 르낭[†]에 이르는 이성과 미신의 영원한 투쟁, 그리스 정신에 영광을 돌려야 할 그런 투쟁의 한 장면이 아니다. 신화와 로고스는, 네스틀레[††]의 생각과 달리, 오류와 진리가 대립하듯이 대립하지 않는다.[5] 신화는 진지한 성찰의 대상이었고,[6] 그리스인들의 계

---

3   Plutarque, *Vie de Thésée*, 1, 5: "로고스에 의해 정화된 미토데스le mythôdes épuré par le logos"; 로고스와 미토스의 대립은 플라톤에게서 유래한다. Platon, *Gorgias*, 523 A.

4   Thucydide, I, 4, 1; "풍문으로 안다는 것", 이는 신화를 통해서 안다는 것이다. 예를 들어 파우사니아스(Pausanias, Ⅷ, 10, 2)와 비교할 것. 헤로도토스(Hérodote, Ⅲ, 122)도 미노스에 대해 동일하게 생각했다. Cf. Aristote, *Politique*, 1271 B 38.

†   [편집자 주] Ernest Renan, 1823-1892. 프랑스의 작가, 문헌학자, 역사학자, 철학자. 예수의 일대기가 보통 인간의 일대기와 다름없이 이해되어야 하며, 성경 역시 비판적 검토의 대상이 되어야 한다고 주장했다.

††   [편집자 주] Wilhelm Nestle, 1865-1959. 독일의 문헌학자이자 철학자. 《미토스에서 로고스로Vom Mythos zum Logos》라는 저서에서 고대 그리스인들의 신화(미토스)에서 이성(로고스)로 진보했다는 이론을 제시했다.

5   W. Nestle, *Vom Mythos zum Logos*, Stuttgart: Metzler, 1940. 우리가 여기서 다루고 있는 여러 문제들에 관한 또 다른 중요한 책으로는 John Forsdyke, *Greece before Homer: Ancient Chronology and Mythology*, New York, 1957.

몽Auflärung이었다고들 하는 저 소피스트 운동 이후 여섯 세기가 지난 뒤에도 그리스인들은 여전히 신화를 버리지 못했다. 이성의 승리이기는커녕, 로고스에 의한 신화의 정화는 아주 시대에 뒤떨어진 프로그램이었고, 놀랄 만큼 부조리했다. 도대체 왜 그리스인들은 헛되이 가라지와 알곡을 구별하려 애썼는가? 미노타우로스뿐 아니라 테세우스도 허구라고 말해버리면 되었을 것을, 전설이 들려주는 미노스의 믿기지 않는 행적뿐 아니라 미노스라는 인물 자체가 존재하지 않았다고 일축하면 그만이었을 것을 말이다. 신화를 대하는 이런 태도가 족히 이천 년 동안 지속되었음을 안다면, 독자들은 이 문제의 크기를 짐작할 수 있을 터이다. 기독교의 진리와 역사적 사실들의 상호의존성을 주장하는 저서 《세계사에 대하여 Le Discours sur l'histoire universelle》에서 보쉬에†는 신화의 연대기와 천지창조로 시작하는 성서의 연대기를 조합하여 사건들을 순서에 맞게 배열한다. 그에 따르면 "암피트리온의 아들 헤라클레스의 유명한 전투들"과 "제우스의 아들 사르페돈"의 죽음은 "[구약성서의 인물인] 아비멜렉보다 조금 뒤"에 온다.[7] 대체 무슨 생각에서, 모Meaux 지방의 주교는 이 부분을

---

6   A. Rostagni, *Pœti alessandrini,* nouvelle éd., Rome, Bretschneider, 1972, p. 148 과 264. 그 증거로는 다음이 있다. 투키디데스나 에포로스에 의한 신화의 역사적 혹은 자연주의적 해석, 스토아 철학자들과 수사학자들의 알레고리적 해석, 에우헤메로스설euhemerism[신화가 실제 역사를 반영한다는 가설], 헬레니즘 시대 시인들에 의한 신화의 소설적 양식화 등.

†   [편집자 주] Jacques-Bénigne Bossuet, 1627-1704. 프랑스의 가톨릭 신학자, 성직자, 정치가. 왕권신수설의 이론가였으며, 왕실의 교사로 임명되었을 때 그 교재로 집필했던 《세계사에 대하여》(1681)을 통해 역사가로서의 면모도 인정받는다.

7   G. Couton의 중요한 연구 "Les Pensées de Pascal contre la thèse des trois imposteurs," XVIIe *Siècle* 32 (1980):183에서 재인용.

쓴 것일까? (정치나 정신분석의 영역에서 늘 그렇듯이) 모순되는 것을 동시에 믿을 때 우리의 머릿속에는 무슨 일이 일어나는 걸까?

우리의 처지는 엄청난 양의 전설을 수집한 민속학자나, 과대망상증 환자의 장광설을 듣는 프로이트와 비슷하다. 이 쓸모없는 말의 더미를 가지고 무엇을 할 것인가? 이 모든 것에 어찌 무슨 의미나 동기, 기능, 아니면 적어도 구조가 없겠는가? 터무니없는 이야기들 안에 진짜 알맹이가 있느냐 하는 질문은 결코 긍정의문문의 형태로 제기되지 않는다. 미노스 왕이 존재했는지 알기 위해서는 먼저 신화가 헛소리일 뿐인지, 아니면 변형된 역사를 담고 있는지를 확정해야 한다. 그런데 어떤 실증주의적 비판도 허구나 불가사의와 싸워서 완승을 거두지 못한다.[8] 하지만 그렇다면 전설을 더 이상 믿지 않는 일은 어떻게 가능한가? 사람들은 어떻게 해서 아테네 민주주의의 아버지인 테세우스를, 로마의 건국자인 로물루스를, 로마사의 처음 몇백 년의 역사성을 믿지 않게 되었는가? 어떻게 해서 우리는 프랑크 왕국이 트로이에서 기원했다는 것을 믿지 않게 되었는가?

에스티엔 파스키에[†]에 대한 조르주 위페르George Huppert의 명저[9] 덕택에 우리는 근대 역사학에 관해서는 비교적 분명한 관념을 가지

---

8   르낭은 대강 이렇게 말했다. 초자연적인 것의 존재를 인정하기만 해도 기적이 존재하지 않음을 증명하는 것은 불가능해진다고. 아우슈비츠가 없었다는 믿음에 이해관계를 갖는 것만으로도 아우슈비츠에 대한 모든 증언은 믿을 수 없는 것이 된다. 마찬가지로 제우스가 존재하지 않았다는 것을 누구도 증명한 바 없다. [본서의 주 11과 27의 예들을 참조할 것.]

†   [편집자 주] Étienne Pasquier, 1529-1615. 프랑스의 법률가, 문필가, 역사가. 프랑스 역사와 로마 역사의 대조를 시도한 저서 《프랑스 연구》를 집필했다.

9   G. Huppert, *L'Idée de l'histoire parfaite,* Paris: Flammarion, 1973, p. 7.

고 있다. 오늘날 우리가 알고 있는 바와 같은 역사학이 시작되는 것은 비평이 발명되면서부터가 아니라(비평의 발명은 훨씬 오래 전에 이루어졌다) 비평가의 작업과 역사가의 작업이 하나로 합쳐지면서부터다. "오랜 세월 동안 역사연구는 역사를 서술하는 방식에 중대한 영향을 미치지 않으면서 수행되었다. 이 두 가지 활동은 서로 섞이지 않았으며 때로는 한 사람의 머릿속에서조차 그랬다."

이것은 고대에도 마찬가지였을까? 유일하며 어떤 시대에나 똑같은, 역사이성의 왕도王道는 존재하는가? 우리는 모밀리아노†의 말을 실마리로 삼으려 한다. "근대적인 역사연구 방법은 전적으로 원原사료와 이차사료의 구별에 토대를 두고 있다."[10] 모밀리아노는 위대한 학자지만, 그의 이 생각이 정말 옳은지는 확실치 않고, 나는 이 생각이 타당하지 않다고 믿는다. 그래도 이 생각은 방법의 문제를 제기하게 만든다는 장점이 있다. 비록 그 자신은 이 문제에 맞서고 있지만, 그리고 꽤 잘 막아내는 것처럼 보이지만 말이다. 보포르††나 니부어†††를 떠올려보자. 로마 초기의 역사에 대한 그들의 회의주의

---

† [편집자 주] Arnaldo Dante Momigliano, 1908-1987. 이탈리아의 저명한 고대사학자.

10 Huppert, p. 7, n. 1에서 재인용. 역사와 역사편찬 방법의 문제들에 대한 A. D. 모밀리아노의 여러 에세이는 현재 두 권의 책으로 묶여 나와 있어서 쉽게 찾아볼 수 있다. *Studies in Historiography*, London: Weidenfeld and Nicholson, 1966. 그리고 *Essays in Ancient and Modern Historiography*, Oxford: Blackwell, 1977.

†† [편집자 주] Louis de Beaufort, 1703-1795. 독일 태생의 프랑스 역사학자. 고대 로마사에 대해 비판적으로 접근하려 시도했다.

††† [편집자 주] Barthold Georg Niebuhr, 1776-1831. 덴마크 태생의 독일 고대사학자, 정치가. 《로마사Römische Geschichte》를 저술했으며, 근대 역사학의 방법론으로 사료비판을 추구했다.

는 이 시기에 대한 기록과 자료가 모두 후대에 만들어진 것이고 당대의 것이 아니라는 사실에 토대를 두고 있었다. 또는 적어도 이런 사실에 의해 정당화되었다.[11]

학문의 역사는 좋은 방법과 참된 진리들을 점진적으로 발견해나가는 이야기가 아니다. 그리스인들은 그들의 신화를 믿는, 혹은 의심하는, 나름의 방식을 가지고 있었다. 그리고 그 방식은 우리의 방식과 겉보기에만 비슷했다. 그들에게는 또한 역사를 쓰는 자기들만의 방식, 우리와는 다른 방식이 있었다. 그리스인들의 방식에는 어떤 암묵적인 전제가 깔려 있다. 그들이 일차문헌과 이차문헌을 구별하지 않은 것은 방법론적인 결함 때문이 아니다. 단지 이 암묵적인 전제가 그러한 구별을 부적절하게 만들었기 때문이다. 파우사니아스[†]는 이 점과 관련하여 훌륭한 사례를 제공한다. 앞으로 우리는 그를 자주 인용할 것이다.

---

11 "엄밀성", "방법", "사료비판"이 이 분야에서 얼마나 미미한 역할을 수행했는지 알고 싶다면, 1838년이라는 늦은 시점에 르클레르가 니부어를 비판하면서 쓴 다음 구절을 보라. "허튼소리가 섞여 있다는 이유로 어떤 시대의 역사를 금지한다면, 모든 시대의 역사를 금지해야 한다. 로마사 초기의 몇 백 년은 우리에게 의심스러워 보인다. 로물루스에게 젖을 먹인 암컷 늑대, 하늘에서 떨어진 누마의 방패, 레길루스 호수 전투에서 로마군을 도운 쌍둥이 별 카스토르와 폴룩스 때문이다. 우리는 로마사에서 카이사르의 시대를 빼야 할 것이다. 그가 죽을 때 별이 나타났으니까. 아우구스투스의 시대도 마찬가지다. 그는 뱀으로 변장한 아폴로에게서 태어났다고 이야기된다"(*Des Journaux chez les Romains*, Paris, 1838, p. 166). 여기서 우리는 보포르와 니부어의 회의주의가 원사료와 이차사료의 구별이 아니라 18세기 사상가들의 성서 비판에 토대를 두고 있다는 것을 깨닫게 된다.

† [편집자 주] Pausanias, ?110-?180. 서기 2세기의 그리스 지리학자, 여행가. 그리스를 여행하며 자신이 직접 관찰한 다양한 기념물, 성소, 중요한 지리적 위치 등에 대해 기술했다.

파우사니아스는 절대로 과소평가해서는 안 되는 인물이다. 그의 《그리스 이야기Hellados Periegesis》가 고대 그리스의 여행안내서라고 말한다면, 이는 부당한 폄하일 것이다. 파우사니아스는 19세기 독일의 어떤 위대한 문헌학자나 고고학자와도 어깨를 겨룰 수 있다. 그리스의 여러 지방의 역사를 설명하고 기념비들을 묘사하기 위해 그는 도서관들을 뒤졌고, 수없이 여행했고, 교양을 쌓았으며, 모든 것을 자기 눈으로 확인했다.[12] 그는 나폴레옹 3세 치하의 프랑스 향토 학자와 같은 열정을 가지고 지역적으로 구전되는 전설들을 수집했다. 그의 묘사의 정밀함과 지식의 폭은 경이로우며, 안목의 정확함 역시 그렇다(조각품들을 감상하고 그 연대를 조회하면서 파우사니아스는 스타일의 차이를 통해 조각상의 연대를 추정하는 법을 터득했다). 마지막으로, 앞으로 보게 되겠지만, 파우사니아스는 신화의 문제에 사로잡혀서 이 수수께끼와 씨름했다.

---

12 한때 사람들은 파우사니아스가 주로 책 속을 여행했던 게 아닌가 의심했다. 단언컨대 이는 틀린 생각이다. 파우사니아스는 주로 현지에서 작업했다. 파우사니아스의 책을 축약 번역한 에른스트 마이어의 생생한 소개를 보라. Ernst Meyer, *Pausanias, Beschreibung Griechenlands,* 2e éd., Munich et Zurich: Artemis Verlag, 1967, introduction, p. 42. 파우사니아스에 대해서는 K. E. Müller, *Geschichte des antiken Ethnographie,* Wiesbaden: Steiner, 1980, vol. II, pp. 176-80.

역사적 진실이
전승이자 불가타일 때

고대의 역사가가 원사료와 이차사료를 구별했는지 확인하기란 매우 어렵다. 그도 그럴 것이 고대의 역사가는 출처를 언급하지 않거나, 아주 드물고 불규칙하게, 그리고 우리가 출처를 밝히는 이유와는 전혀 무관한 이유에서 언급하기 때문이다. 그런데 우리가 이 침묵이 함축하는 바를 알아내고자 한다면, 그리고 탐구의 실타래를 계속 따라간다면… 우리는 마침내 피륙을 발견할 것이다. 고대의 역사는 우리가 아는 역사와 이름만 같을 뿐이라는 사실을 말이다. 나는 고대의 역사학이 불완전했으며 온전한 학문으로 성립하려면 아직 더 많은 발전을 거쳐야 했다고 말하려는 게 아니다. 고대의 역사학은 그 자체로서 이미 하나의 학문이었다. 하나의 장르로서, 우리의 저널리즘이 그렇듯이 "믿게 만드는 수단"으로서, 그것은 완성되어 있었다(고대의 역사학은 저널리즘과 비슷한 데가 많다). 다만 이 역사학의 빙산이 너무나 큰 부분을 물 밑에 숨기고 있어서… 우리의 역사학과 동일한 빙산이라고 할 수 없을 뿐이다.

고대의 역사가는 "페이지 하단에 주석을 달지 않는다." 독창적인 연구든, 이차사료의 가공이든, 그는 자신의 말이 그대로 받아들여지기를 원한다. 잘 알려지지 않은 저자를 발견하고 자랑스러워할 때나, 사료라기보다는 그 자체가 하나의 기념비인 귀중한 텍스트를 부각시키려 할 때를 제외하고는.[13] 파우사니아스는 보통 "…을 알게

---

13   파우사니아스의 경우 "그 지방 사람들이 말하기를…", "테베 사람들이 이야기하기를…" 같은 문구는 얼마든지 우리가 문헌자료라고 부르는 것을 가리킬 수 있다. 다만 그가 보기에 이런 기록들은 사료가 아니었다. 진정한 사료는 전승—물론 구비 전승—이며, 기록은 전승을 옮겨 적은 것에 지나지 않기 때문이다. 예를 들어 파우사니아스는 아르카디아에 대한 연구(VIII, 10, 2)에서 이렇게 선언한다. "앞서간 사람들이 모두 그랬듯이, 나는 그것을 풍문으로, **아코에**akoè에 의해서 알았다." 마찬가지로 테이레시아스의 역사가 알려지는 것도 **아코에**에 의해서다(IX, 33, 2). 이 말은 파우사니아스와 그를 앞서간 사람들(파우사니아스에게 사료를 제공한 사람들)이 자기들의 눈으로 직접 본 것이 아니라(cf. IX, 39, 14) 입에서 입으로 전해지던 것을 옮겨 적기만 했다는 뜻이다. 이처럼 파우사니아스는 일차적 근거(**아코에**)와 이차적 근거를 아주 잘 구별한다. 그를 앞서간 사람들, 우리는 그들이 누구인지 안다. 아르카디아 연구의 서두에서 파우사니아스는 지나가듯이 단 한 번, 서사시인 아시오스—그는 이 시인을 많이 읽었고, 다른 곳에서 자주 인용한다—를 언급한다(VIII, 1, 4: "여기에 대해서는 아시오스의 이런 시구가 있다." 이보다 일곱 줄 위에서 파우사니아스는 이렇게 적었다: "아르카디아인들이 이야기하기를…"). 말하자면 그는 아시오스를 통해서 아르카디아인들의 전승을 들은 셈이다. 파우사니아스에게 있어 유일하게 진정한 사료는 사건의 동시대인들, 사건을 직접 겪은 사람들의 증언이다. 따라서 이 동시대인들이 그들의 목격담을 글로 옮기는 일을 소홀히 한다면, 이는 돌이킬 수 없는 손실이다(I, 6, 1). Cf. Flavius Josèphe, *Guerre des Juifs*, I, préface, 5, 15. 말로 되어 있든 글로 되어 있든, 역사가들은 이 사료를 재생할 뿐이다. 그들은 끊임없이 사건의 정확한 버전을 결정한다. 모든 일이 너무나 자명하기에, 그들은 자신들이 동의하지 않는 주장에 대해서만 출처를 밝힌다. 예를 들어 파우사니아스(I, 9, 8)

되었다"거나 "내가 가진 정보원에 따르면…"이라고 말하는 데 그쳤
다. 이 정보원 또는 해설가들exégètes은 글로 된 자료일 수도 있고 그
가 여행 도중에 만난 사제들이나 지방 학자들에게서 얻어 들은 이야
기일 수도 있다.[14] 출처에 대한 이런 침묵은 끊임없이 호기심을 자극
하여… 문헌연구Quellenforschung를 낳기에 이른다.

그럼 1560년《프랑스 연구Recherches de la France》를 출간한 에스

는 카르디아의 히에로니무스Hieronymus of Cardia와 세부사항에서 의견을 달리할
때만 그의 이름을 언급한다. 진실은 작자미상이고 오류만이 개인의 책임이다. 어떤
사회에서는 이런 원칙이 아주 극단적으로 나타난다. 모세오경의 형성에 관해 르낭
은 이렇게 말한 바 있다(Œuvres complètes, vol. VI, p. 520). "상고시대에는 책의 진
본성authenticité이라는 개념이 존재하지 않았다. 모든 사람은 자기가 가진 책이 완
전하기를 바랐고, 새로운 내용을 계속 덧붙여서 빠진 것이 없게 하려고 했다. 이 시
대 사람들은 텍스트를 그저 베끼기만 한 게 아니라, 다른 기록들과 결합시키면서 다
시 만들었다. 모든 책은 절대적 객관성의 원칙에 따라 제목도 저자의 이름도 없이
저술되었고, 끝없는 가필을 받아들이면서 계속 변형되었다." 오늘날 인도에서는 천
년에서 이천 년의 역사를 지닌 우파니샤드의 보급판들이 간행되는데, 거기서 우리
는 전기의 발명이 언급되는 것을 볼 수 있다. 참된 책이 될 수 있도록 소박하게 내
용을 보충한 결과다. 이것은 허위와 무관하다. 전화번호부처럼 단순하게 진실한 책
을 보충하고 수정하는 것은 위조 행위를 범하는 것이 아니다. 달리 말하면, 여기서
관건은 진실의 개념이 아니라 작가의 개념이다. Cf. H. Peter, *Wahrheit und Kunst:
Geschichtschreigung und Plagiat im Klass. Alterum*, 1911, réimp. 1965, Hidescheim,
G. Olms, p. 436. 풍문에 의한 역사적 지식에 관한 최근 저서로는 F. Hartog, *Le
Miroir d'Hérodote: essai sur la représentation de l'autre*, Paris: Gallimard, 1981, p.
272 sq.

14 파우사니아스가 스무 번쯤 언급하는 정보원("해설가들")이 모두 그의 '시세로
니ciceroni' [관광안내인]는 아니었다. 파우사니아스는 "해설가들"이라는 말로 문헌
자료도 지칭한다(Ernst Meyer, p. 37. I. 42, 4를 인용). 이 해설가들에 관해서는 W.
Kroll, *Studien zum Veständnis des römischen Literatur*, Stuttgart: Metzler, 1924, p.
313 및 본서의 주 159를 참고할 것.

티엔 파스키에는 어떠했던가? 조르주 위페르에 따르면,[15] 파스키에는 이 책이 나오기 전에 원고를 친구들에게 보여주었다. 그가 받은 질책은 주로 전거를 밝히기 위해 너무 많은 각주를 다는 습관에 관한 것이었다. 친구들은 그에게 이런 방식이 너무나 "학교 교육의 그림자l'umbre des escoles"를 상기시키며, 역사책에는 별로 적합하지 않다고 말했다. 그는 정말 "고대의 어떤 저자의 입을 빌려 자신의 말을" 매번 확인해야만 했을까? 그가 자신의 이야기에 권위와 신빙성을 부여하고 싶었다면, 그저 시간의 힘에 맡겨두면 될 일이었다. 아무튼 고대인들의 저서는 인용으로 뒤덮여 있지 않았고, 그럼에도 그들의 권위는 세월이 흘러가면서 확립되었다. 파스키에도 시간이 그의 책을 승인하도록 내버려두면 될 텐데!

이 놀라운 일화는 우리의 역사 개념과, 고대의 역사가들뿐 아니라 파스키에의 동시대인들도 가지고 있었던 또 하나의 역사 개념 사이에 얼마나 깊은 심연이 자리 잡고 있는지 보여준다. 후자에 따르면, 역사적 진실이란 일종의 불가타vulgate, 즉 오랜 세월을 거치며 사람들의 합의에 의해 진짜라고 인정받은 텍스트다. 합의는 고전이라 불리는 작품들의 명성을 승인하듯이, 혹은 상상컨대 가톨릭교회의 전통을 승인하듯이, 역사적 진실을 승인한다. 파스키에는 인용주에 기대어 진실을 확립하는 대신, 자신의 책이 진짜 텍스트로 인정받을 때까지 기다려야 마땅했다. 그런데 그는 페이지 하단에 주석을 달면서, 법률가들이 하듯이 증거를 제시하면서, 경솔하게도 자신의 책에 대한 후세의 동의를 억지로 끌어내려 했던 것이다.

---

15 Huppert, p. 36.

역사적 진실을 이렇게 개념화했을 때는, 원사료와 이차사료의 구별을 게을리 했다거나 그런 구별을 할 줄 몰랐다는 등의 지적이 불가능해진다. 한마디로, 그런 구별이 의미도 쓸모도 없어지기 때문이다. 만일 고대의 역사가들에게 왜 원사료와 이차사료의 구별을 소홀히 했느냐고 묻는다면, 그들은 어째서 그런 구별을 해야 하느냐고 반문할 것이다. 나는 그들이 옳았다고 말하려는 게 아니다. 단지 그들의 진실 개념은 우리의 개념과 다르므로, 이런 누락으로는 아무것도 설명하지 못한다는 뜻이다.

전승tradition 혹은 불가타로서의 역사 개념이 잘 이해되지 않는다면, 지금으로부터 불과 한 세기 반 전에 그리스-로마의 고전이나 심지어 파스칼의 《팡세》가 어떤 식으로 간행되었는지 떠올려 보자. 당시에 출판업자들이 인쇄했던 것은 널리 인정된 텍스트, 즉 불가타였다. 누구나 파스칼의 원고에 접근할 수 있었지만, 아무도 왕립 도서관에 그것을 열람하러 가지 않았다. 그들은 그저 전통적인 텍스트를 재간행했을 뿐이다. 물론 라틴어와 그리스어 텍스트의 편집자들은 필사본들을 검토했다. 하지만 그들은 여러 사본들 사이에 계보를 확립하려 하지 않았고, 백지tabula rasa에서 출발하여 완전히 비판적인 토대 위에 텍스트를 정초하려고 하지도 않았다. 그들은 단지 "좋은 필사본"을 구해서 인쇄소에 넘겼으며, 이전에 참조한, 혹은 새로 발견한 다른 필사본들에 의거하여 전통적인 텍스트의 세부사항을 개선하는 데 자신들의 역할을 한정했다. 그들이 한 일은 텍스트의 재확립이 아니라 불가타의 보완과 수정이었다.

펠로폰네소스 전쟁이나 로마사의 전설적인 처음 몇 세기를 서술할 때, 고대의 역사가들은 서로가 서로를 베꼈다. 이것은 달리 믿을 만한 기록이나 자료가 없어서가 아니었다. 우리, 현대의 로마사가들은 그들보다 더 적은 양의 자료만 가지고 있고, 그래서 결국 그 역사가들의 진술에 의지할 수밖에 없는 처지이지만, 그래도 우리는 그들의 이야기를 다 믿지 않는다. 우리는 그들의 텍스트를 단순한 사료로 여긴다면, 그들은 선배 역사가들이 남긴 글들을 전승으로 간주했다. 그들은 설사 가능했다고 하더라도 이 전승된 텍스트를 새로 쓰려고 하지 않았을 것이다. 부분적으로 조금씩 고치는 것이라면 몰라도 말이다. 게다가 사료가 풍부하게 남아 있는 시대를 다룰 때도 그들은 그것을 이용하지 않았고, 이용하더라도 우리가 그러했을 것보다 훨씬 적게, 우리와는 전혀 다른 방식으로 이용했다.

그러므로 티투스-리비우스[†]와 할리카르나소스의 디오니시오스[††]가 로마 초창기의 어둠에 싸인 사백 년간의 역사를 침착하게 기술했을 때, 그들은 앞서간 사람들이 주장한 모든 것을 집대성하면서 한 번도 이렇게 자문하지 않았다: "이게 사실일까?" 단지 거짓처럼 보이는, 혹은 있을 법하지 않고 비현실적이라고 느껴지는 세부사항들을 제거했을 뿐이다. 그들은 선배 역사가들이 진실을 이야기한다고 가정했다. 그 역사가가 자신이 태어나기 몇 백 년 전의 사건에 대해 이야기하고 있더라도 그랬다. 디오니시오스와 티투스-리비우스,

---

[†]   [편집자 주] Titus Livius Patavinus, 59 BCE-17 CE. 고대 로마제국의 역사가. 《로마사Ab Urbe Condita Libri》를 저술했다. 해당 저술은 트로이 전쟁의 영웅으로 로마를 세웠다는 전설상의 인물 아이네이아스의 이탈리아 도착(기원전 753년)부터 본인이 살았던 시대(기원전 9년)까지를 다루고 있다.

[††]   [편집자 주] Dionysios of Halicarnassos, 생몰년도 미상. 기원전 1세기에 활동한 그리스 출신의 로마 역사가. 로마 건국 신화를 비롯한 로마의 전설적인 시대부터 제 1차 포에니 전쟁까지를 다루는 《고대 로마사》를 저술했다.

둘 중 누구도 우리에게는 지극히 단순해 보이는 다음 질문을 던지지 않았다. "그는 도대체 어떻게 그것을 알고 있는가?" 그 선배 역사가에게는 다른 선배들이 있었을 테고 그들 중 맨 앞에 있는 누군가는 그 사건을 직접 목격했을 거라고 생각해서일까? 전혀 그렇지 않다. 그들은 로마의 가장 오래된 역사가들조차 로물루스보다 4세기 뒤에 태어났음을 잘 알고 있었다. 게다가 그들은 그 점을 조금도 문제 삼지 않았다. 전승이 여기 있고, 그것은 진실이다. 그게 전부다. 설령 이 최초의 전승이 최초의 역사가들 사이에서 어떻게 만들어졌는지—어떤 원천들, 어떤 전설들, 어떤 기억들이 그들의 용광로 안에서 섞였는지—알았다 하더라도, 디오니시오스와 티투스-리비우스는 거기서 그저 전승의 전사前史를 보았을 것이다. 다시 말해서 그것을 진짜 텍스트가 되기 전의 무엇으로 간주했을 것이다. 어떤 전승의 재료들은 그 전승 자체가 아니다. 전승은 항상 하나의 텍스트로, 권위 있는 이야기로 나타난다. 역사는 처음부터 전승으로 탄생하는 것이지 사료로부터 가공되는 게 아니다. 파우사니아스에 의하면, 위대한 인물들 가까이에 있는 이들이 자기 시대에 관해 이야기하기를 게을리 한다면, 그 시대의 기억은 완전히 사라지고 만다. 《유대 전쟁사》의 서문에서 플라비우스 요세푸스†는, 가장 칭송할 만한 역사가

---

† [편집자 주] Flavius Josephus, ?37-?100. 제정 로마 시대에 활동한 유대인 출신의 역사가, 정치가. 66년에 발발한 유대 전쟁에서 유대군을 지휘하여 로마군에 맞섰으나, 로마군의 포로가 된 뒤 투항하여 정보를 제공하고 베스파시아누스 황제의 배려로 풀려나 로마 시민이 되었다. 예루살렘 함락의 순간을 몸소 목도한 증인으로서 이 전말을 그의 대표적인 저작 《유대 전쟁사》에 기술했다. 그 이후의 저술로 《유대 고대사》, 《아피온에 대한 반박》 등이 있다.

는 후세를 위해 자기 시대의 사건들을 회고하는 자라고 말한다. 왜 지나간 세기들의 역사보다 동시대사를 쓰는 것이 더 공이 컸을까? 과거는 이미 자신의 역사가들을 가지고 있지만, 현재는 사료를 구성하고 전승을 확립할 역사가를 기다리고 있기 때문이다. 알다시피 고대의 역사가는 기록과 근거들을 사용하지 않는다. 그 자신이 곧 기록이며 근거인 것이다. 아니면 차라리 이렇게 말하자. 역사는 사료에서부터 구성되는 게 아니라, 역사가들이 역사에 대해 이야기한 것을 그들끼리 주고받고 수정하고 보완하며 재생하는 일로 이루어진다고.

때로 고대의 역사가가, 자신이 의존하는 "권위자들"이 어떤 부분에 대해 서로 너무 다르게 이야기한다고 지적하는 경우가 있다. 그는 심지어 그 부분에 대해서는 너무 다양한 주장이 있어서 무엇이 진실인지 알아내려는 노력을 포기했다고 선언하기도 한다. 그러나 이러한 비판 정신의 표현들이, 우리의 역사책 밑단을 채우고 있는 참조주 장치가 그러하듯, 증거들과 다른 해석들의 장치를 구성하면서 그의 책 전체를 받쳐주지는 않는다. 그것은 다만 의심과 좌절의 흔적들, 수상한 디테일들일 뿐이다. 고대의 역사가는 우선 믿은 다음, 더 이상 믿을 수 없는 디테일들에 한해서만 의심한다.

역사가는 때로 고대의 어떤 기록을 인용하고 그것을 옮겨 쓰거나 어떤 고고학적인 물건을 묘사하기도 한다. 하지만 이는 전승에 디테일을 덧붙이기 위해서이거나, 여담을 통해 독자들에게 친근감을 표시하면서 자신의 이야기를 더욱 생생하게 만들기 위해서이다. 티투스-리비우스는 그의 저서 제4권의 한 페이지에서 이 두 가지를 한꺼번에 하고 있다. 그는 단 한 번의 전투로 에트루리아의 도시국가

베이이Veii의 왕을 죽인 코르넬리우스 코수스Cornelius Cossus가 권위 있는 저자들이 입을 모아 말하듯 로마의 호민관이었는지 아니면 집정관이었는지 자문한다. 그는 후자라고 생각하는데, 그 이유는 승리자 코수스가 신전에 바친 죽은 왕의 갑옷에 집정관이라는 글자가 새겨져 있기 때문이다. 티투스-리비우스는 이렇게 쓴다. "모든 신전들을 건축하고 복원한 아우구스투스 황제는 그 폐허가 된 성소에 들어가면서 에트루리아 왕의 아마포 갑옷에 새겨진 집정관이라는 단어를 읽었다. 나는 황제께서 그렇게 말씀하시는 것을 내 귀로 직접 들었다. 코수스와 그의 전리품에 대해 이야기하면서 황제 자신의 증언을 빼놓는 것은 신성모독이라고 할 수 있을 것이다." 티투스-리비우스는 기록들을 뒤지지 않았다. 우연히 그중 하나에 맞닥뜨렸을 뿐이다. 더 정확히 말하면 그는 그 문제에 관해 황제의 증언을 들었다. 그리고 이 기록은 지식의 원천이라기보다는 차라리 군주의 위엄이 과거의 한 영웅의 위엄에 더해지면서 빚어낸 고고학적인 흥밋거리 혹은 유물이라고 할 만한 것이다. 요즘도 그렇지만 옛날 역사가들은 눈에 띄는 과거의 기념물들을 들먹이는 버릇이 있다. 이것은 자신의 진술을 뒷받침하기 위해서가 아니라 삽화로 장식하기 위해서이다. 이런 삽화들은 역사에 빛을 던져주기보다는 역사로부터 광채를 얻는다.

역사가는 그의 후학들에게 권위자이므로, 경우에 따라 그들로부터 비판을 받을 수 있다. 이는 후학들이 그의 작업 전체를 재검토했기 때문이 아니라, 그의 저서에서 오류를 발견했기 때문이다. 그들은 그것을 바로잡는다. 후학들은 다시 세우지 않는다. 그저 고치기만 한다. 아니면 그들은 그의 저서 전체가 오류투성이라고 단정하면서 신랄하게 비난할 수도 있다. 달리 말하면, 해석 전체나 일부를 비판하지 않으면서도 명성을 파괴하고 권위를 실추시키려고 시도하는 것이 가능하다. 헤로도토스의 역사책은 권위를 부여받을 자격이 있는가, 아니면 헤로도토스는 거짓말쟁이에 불과한가? 권위와 전승의 문제는 교리의 정통성 문제와 비슷하다. 전부가 아니면 무無다.

고대의 역사가는 스스로를 잠재적 권위자로 느끼는 까닭에 다른 권위자들을 인용하지 않는다. 우리는 폴리비오스[†]가 그 모든 것을 어디서 알아냈는지 알고 싶어 한다. 그의 이야기가, 아니면 투키디데스의 이야기가 정제된 아름다움을 띠면서 진실보다 더 진실처럼 보일 때—왜냐하면 그 이야기들은 정치적 혹은 군사적 합리성에 너무 잘 부합하기 때문에—우리의 궁금증은 더욱 커진다. 어떤 텍스트가 불가타일 때, 그 저자가 실제로 기술한 것은 그가 그 이름에 걸맞은 저자라면 기술했어야 하는 것과 뒤섞이는 경향이 있다. 역사가 불가타일 때는 또한, 실제로 일어났던 일과 사물의 순리에 의해 마땅히 일어나야 했던 일을 구별하기가 어려워진다. 각각의 사건은 사건의 전형에 부합해야 하고, 그리하여 어둠에 싸인 몇 세기 동안의 로마사가 아주 세밀한 이야기들로 채워진다. 이 세부묘사들과 현실의 관계는 비올레르뒤크[††]가 복원한 중세 건축물과 진품성 사이의

[†] [편집자 주] Polybios, ?203 BCE-?120 BCE. 헬레니즘 시대의 그리스 역사가. 기원전 220년에서 기원전 146년까지를 다룬 《역사Historiai》로 유명하다. 헤로도토스, 투키디데스와 함께 고대 그리스의 대표적 역사가로 꼽힌다.

[††] Eugene Viollet-le-Duc, 1814-1897. 노트르담 성당과 몽생미셸을 포함하여 많은 유명한 중세의 건축물들을 복원했다. 그는 건축물을 원래의 모습 그대로 복원하는 게 아니라, 건축양식에 대한 자신의 지식을 활용하여 그 건축물이 가졌어야 할 요소들을 덧붙인 것으로 악명 높다.

관계와 같다. 역사적 재구성에 관한 이런 개념은, 앞으로 보겠지만, 대학의 역사기술이 더 이상 허락하지 않는 용이함을 위작자僞作者들에게 제공한다.

역사가 하나의 불가타로 나타나는 이 진실 프로그램programme de vérité이 어디서 탄생했는지 추측해보아도 좋다면, 우리는 이렇게 말하겠다. 선조로부터 물려받은 전승에 대한 고대 역사가들의 존중은, 그들에게는 역사가 우리처럼 논쟁에서 태어나는 게 아니라 조사―이것이 그리스어 **히스토리아**historia의 정확한 의미다―에서 태어난다는 사실에 의해 설명된다고. 여행자이든 지리학자이든 인류학자이든 혹은 기자이든 간에, 조사자는 이렇게 말할 수 있을 뿐이다. "나는 이러이러한 발견을 했고, 신뢰할 수 있는 정보원으로부터 이러이러한 이야기를 들었다." 여기에 굳이 정보제공자 명단을 첨부할 필요는 없다. 누가 그걸 검증하겠는가? 우리는 정보제공자들이 얼마나 존경할 만한 사람들인가를 가지고 저널리스트를 평가하지 않는다. 그보다는 우연한 계기에 드러나는 그의 편파성이나 무지가 더 결정적이다. 즉 우리의 비판은 내재적이다.

에스티엔 파스키에가 친구들에게서 받은 놀라운 비난은, 저널리스트라는 직업에 적용된다면 그다지 놀랍지 않다. 아마 우리는 재미삼아 고대의 역사가와 현대의 저널리스트의 의무론deontologie이나 방법론을 비교해볼 수도 있을 것이다. 우리 시대로 말하자면, 기자가 자신에게 정보를 제공한 사람들이 누구인지 밝힌다고 해서 그를 더 신뢰할 수 있게 되는 것은 아니다. 우리는 내적인 기준에 따라 그를 판단한다. 그의 글을 읽는 것만으로도 우리는 그가 지적인지, 공정한지, 엄밀한지, 탄탄한 교양을 갖추고 있는지 알 수 있다. 그런데 폴리비오스는 《역사》 제12권에서 정확히 이런 방식으로 그의 선배 티마이오스†를 평가하고 비난한다. 그가 자신의 판단에 대해 구체적인 근거를 제시하는 것은 한 번뿐이다. 그리스의 식민도시 로크리 Locri의 건설과 관련하여 티마이오스의 오류를 지적할 때가 바로 그 예외적인 경우인데, 이는 폴리비오스가 행복한 우연에 의해 티마이오스가 지나간 곳들을 다시 지나간 덕택이었다.†† 투키디데스는 말했다. 훌륭한 역사가는 자신이 접한 모든 전승을 맹목적으로 수집하지 않는다고.[16] 기자들이 입버릇처럼 말하듯이, 정보를 검증할 줄 알아야 한다.

다만, 역사가는 이런 요리과정을 독자들의 눈앞에 펼쳐놓지 않을 것이다. 그가 자기 자신에게 엄격할수록 더욱 그러지 않을 것이다. 헤로도토스는 자신이 수집한 모순되는 전승들을 이야기하기 좋아한다. 반면 투키디데스는 그러는 일이 거의 없다. 그는 자신이 적절하다고 생각하는 것만 이야기한다.[17] 그는 결정하는 책임을 진다.

---

†   [편집자 주] Timaeos, ?350 BCE - ?260 BCE. 고대 그리스의 역사가. 플라톤의 대화편에 나오는 티마이오스와는 다른 인물이다.

††   로크리는 이탈리아 남부 칼라브리아에 있는 도시 이름이다. 이 지명은 고대 그리스의 로크리스 지방에서 유래했다. 아리스토텔레스는 로크리가 로크리스 출신의 도망 노예들이 세운 도시라고 주장한 바 있다. 역사가 티마이오스는 고대 그리스에 언제나 노예제도가 있었던 것은 아니라는 점 등을 들어서 아리스토텔레스를 반박한다. 하지만 폴리비오스는 자신이 로크리에 여러 번 가보았고 그 도시에 대해 잘 안다고 주장하면서 티마이오스가 틀렸고 아리스토텔레스가 맞다고 단언한다. 이 논쟁의 세부에 대해서는 F. W. Walbank, "Polemic in Polybius", *The Journal of Roman Studies*, vol. 52, Parts 1 and 2 (1962), pp. 1-12.

16   Thucydide, I, 20-22.

17   Monigliano, *Studies in Historiography*, p. 214.

투키디데스가 페이시스트라티데스 암살 사건에 관해 아테네인들이 잘못 알고 있다고 단호하게 주장하면서 자신이 옳다고 믿는 버전을 소개할 때,[18] 그는 아무 증거도 제시하지 않고 주장하기만 한다.[†] 하기야 어떻게 그가 자신의 말을 검증할 수단을 독자들에게 제공할 수 있었겠는가.

근대의 역사가들은 어떤 사실을 해석할 때, 정보를 검증하는 방법과 그 정보를 다르게 해석할 가능성을 동시에 제시한다. 고대의 역사가들은 검증의 짐을 자기들이 떠맡았고 독자들에게 넘겨주지 않았다. 그것이 그들의 직책이었기에. 그들은 누가 뭐라 하든 일차사료(목격자의 증언, 또는 그런 증언이 없을 경우, 전승)과 이차사료를 아주 잘 구별했다. 단지 이런 세부적인 내용을 혼자 간직했을 뿐이다. 왜냐하면 그들의 독자는 역사가가 아니었기 때문이다. 신문의 독자들이 기자가 아닌 것과 마찬가지다. 독자들은 예나 지금이나 전문가를 신뢰한다.

언제, 그리고 왜, 역사가와 독자들의 관계가 바뀌었는가? 참고

---

18   Thucydide, Ⅰ, 20, 2.

†   페이시스트라티데스는 아테네의 참주 페이시스트라토스와 그의 뒤를 이어 공동 참주가 된 두 아들을 가리킨다. 형제 중 동생인 히파르코스는 기원전 514년 아테나 여신을 기리는 축제에서 암살당했고 형인 히피아스는 그 뒤 4년간 폭정을 펼치다가 추방되었다. 참주정이 무너진 후 아테네 시민들은 히파르코스를 살해하고 숨진 하르모디오스와 아리스토게이톤의 동상을 아고라에 세워서 이들의 용기를 기렸다. 하지만 투키디데스는 두 사람이 히파르코스를 죽인 것은 아테네의 자유를 위해서가 아니라 개인적인 복수를 위해서라고 주장한다. 하르모디오스는 아름다운 청년으로 아리스토게이톤과는 연인 사이였다. 하르모디오스에게 구애했다가 거절당한 히파르코스는 앙심을 품고 하르모디오스의 누이를 모욕했고 이에 하르모디오스와 아리스토게이톤이 히파르코스를 죽이기로 마음먹었다는 것이다.

문헌을 표시하는 주석들이 나타나는 것은 언제부터이며, 그 이유는 무엇인가? 내가 근대사에 대해서 대단히 잘 아는 것은 아니지만, 몇 가지 인상적인 세부사실을 지적하고 싶다. 가상디Pierre Gassendi 의 《에피쿠로스 철학 집성Syntagma philosophiæ Epicureae》에는 참고문헌 표시가 없다. 그래서 독자는 자기가 읽고 있는 것이 에피쿠로스 자신의 생각인지 아니면 가상디의 생각인지 구별하기 어렵다. 사실 가상디는 이 책에서 키케로, 헤르마르코스Hermarchus, 오리게네스Origenes를 쉽게 풀어 쓰거나 발전시키고 있다. 그는 박식을 자랑하기보다는 에피쿠로스주의를 그 영원한 진실 가운데 부활시키고자—그러면서 에피쿠로스학파를 부활시키고자—했던 것이다. 반면 보쉬에의 《프로테스탄트 교회 변천사Histoire des variations des Eglises protestantes》에는 참고문헌 표시가 있고, 쥐리외Jurieu 역시 자신의 반박에 인용주를 붙인다. 하지만 이 책들은 논쟁을 위한 저작이라는 특징이 있다.

　방금 중요한 단어가 나왔다. 권위 있는 저서들을 인용하고 학문적인 주석을 붙이는 관습은 역사가들의 발명이 아니라, 신학적인 논쟁과 법률적 관행에서 유래한다. 성서, 유스티니아누스 법전, 소송서류 등이 이런 행위의 와중에 제시되곤 했다. 토마스 아퀴나스는 《대이교도대전Summa contra Gentiles》에서 아리스토텔레스의 문장들을 소환하지 않는다. 그 문장들을 재해석하는 것이 자신의 임무라고 여기기 때문이며, 무엇보다 그것들을 특정한 저자에게 귀속되지 않는 진리로 간주하기 때문이다. 반면에 성서는 인용하는데, 성서는 신의 계시이지 이름 없는 인간 이성의 진실이 아니기 때문이다. 고드프루아Godefroy는 1695년 《테오도시우스 법전Code Théodosien》에 대한 멋진 주해에서 참고문헌들을 제시하고 있다. 오늘날의 용어로 법사학자인 그는 자신을 역사학자가 아닌 법률가로 여기고 있었던 것이다. 요컨대 학술적인 주석 달기는 논쟁과 소송을 기원으로 가지고 있다. 사람들은 "학문 공동체"의 구성원들에게 나누어 줄 수 있도록 머릿속에 증거들을 가득 채웠다. 이런 현상이 나타나게 된 가장 큰 이유는 대학들이 성장하면서 지적 활동을 점점 더 배타적으로 독점하게 된 것이었다. 여기에는 경제적이고 사회적인 원인이 있다. 이제 몽테뉴나 몽테스키외처럼 한가로이 살아가는 지주들이 더 이상 존재하지 않았으며, 또 귀족에게 기대어 노동하지 않고 살아가는 것은 더 이상 명예로운 일이 아니었다.

그런데 대학의 품 안으로 들어온 역사가는 더 이상 신문기자나 "작가"들이 그러듯이 단순한 독자들을 위해서 글을 쓰지 않는다. 그는 이제 다른 역사가들, 자신의 동료들을 위해서 쓴다. 이는 고대의 역사가들과 다른 점이다. 후자로 말하자면, 학문적인 엄격함이라는 문제를 두고 그들이 보여주는 느슨한 태도는 우리에게 충격과 분노를 일으킨다. 예를 들어, 열 권으로 이루어진 대작의 제8권에 이르러 파우사니아스는 이렇게 쓴다. "연구 초기에 나는 우리의 신화들 속에서 어리석은 믿음만을 보았다. 그러나 나의 연구가 아르카디아에 이른 지금, 나는 훨씬 신중해졌다. 오랜 옛날에는 현인이라고 불린 사람들이 자신의 생각을 드러내 놓고 말하기보다 수수께끼를 통해 표현했다. 추측건대 크로노스에 대한 전설들은 어느 정도 이러한 지혜의 산물이다." 이 뒤늦은 고백을 듣고 우리가 깨닫게 되는 것은 파우사니아스가 그 자신은 전혀 믿지 않는 전설들을 육백 페이지에 걸쳐서 태연하게 우리에게 들려주었다는 사실이다. 비슷하게 때늦은 고백을, 헤로도토스의 아홉 권짜리 저서 중 제7권 마지막에서 발견할 수 있다. 기원전 480년 아르고스인들은 그리스의 대의를 저버리고, 그들과 신화적으로 같은 선조를, 즉 페르세우스를 공유한다고 주장했던 페르시아인들과 동맹을 맺었는가? 헤로도토스는 이렇게 쓴다. "나의 본분은 전해들은 바를 이야기하는 것이지 그걸 모두 믿는 것이 아니다. 그리고 방금 내가 선언한 것은 내 저술의 나머지 부분 전체에 적용된다."[19]

만약 근대의 역사가가 그 자신은 거의 믿지 않는 사실이나 전설을 학문 공동체에 제출한다면, 그는 학문적 정직성을 해치고 있는 것이다. 고대의 역사가들은, 정직성에 대한 생각은 그와 다르지 않았다 해도, 최소한 독자층이 달랐다. 그들의 독자는 전문가가 아니었고, 신문의 독자층 못지않게 불균질한 공중公衆을 형성했다. 그에 따라 그들은 마음속에 있는 것을 전부 말하지 않을 권리를, 심지어 의무를 가졌으며, 어느 정도 책략을 쓸 자유를 누렸다. 진실 자체는 그들의 입을 통해 표현되지 않는다. 진실을 머릿속에서 구성하는 것은 독자의 몫이다. 고대의 역사 장르가 근대의 역사학과 아주 비슷해 보이지만 사실은 다르다는 것을 보여주는, 거의 눈에 띄지 않는 수많은 차이들 중 하나가 여기에 있다. 고대 역사가들의 청중은 혼합적이다. 흥밋거리를 찾는 사람도 있고, 좀 더 비판적인 눈으로 역

---

19 Pausanias, VIII, 8, 3; Hérodote, VII, 152, 3. Cf. Kurt Latte, "Histoire et Historiens de l'Antiquité", p. 11 (in *Entretiens sur l'Antiquité classique, Fondation Hardt*, IV, 1956). 헤로도토스는 《역사》 III, 9, 2에서 두 가지 버전을 이야기하지만 그중 두 번째 것은 거의 믿지 않는다. 하지만 "그래도 그는 이야기한다. 사람들이 이야기하기 때문이다." 이야기되는 것은 이미 일종의 존재성을 지닌다.

사를 읽는 사람도 있으며, 정치나 군사의 전문가도 있다. 역사가들은 각자 선택한다―독자들의 다양성을 감안해서 누구나 읽을 수 있게 쓸 것인가, 아니면 투키디데스와 폴리비오스가 그랬듯이, 기술적으로 확실한 정보, 정치가들이나 군인들이 언제든지 사용할 수 있는 자료를 전문적으로 전달할 것인가. 어쨌든 그들에게는 선택권이 있었다. 게다가 청중의 혼합성은 역사가에게 어느 정도의 자유를 허락했다. 그는 진실을 배반하지 않으면서, 그것을 자신이 원하는 대로 더 강렬하거나 더 부드러운 색채로 칠할 수 있었다. 그러므로 키케로가 루케이우스에게 "역사 장르의 법칙에 너무 연연하지 말고" 자신의 "집정관 시기의 활약을 치켜세워" 달라고 부탁했다고 해서 우리는 너무 놀라거나 분개하지 말아야 한다. 키케로의 이 편지는 근대인들 사이에서 아주 많은 논평의 대상이었지만, 사실 친구 사이에서 할 수 있는 부탁을 담고 있을 뿐이다. 그것은 고정 독자가 있는 저널리스트에게 우리가 너무 뻔뻔해지지 않고 요구할 수 있는 수준을 넘어서지 않는다.

　　과학적 방법 또는 정직성이라는 분명한 문제 뒤에서 또 하나의 문제가 점차 뚜렷해진다. 역사가와 독자의 관계가 그것이다. 그런데 모밀리아노는 후기 로마 제국에서 문헌자료를 대하는 새로운 태도가 나타나며, 이는 과학적인 역사연구 방법의 도래를 예고한다고 말한다. 그는 "문헌자료에 새로운 가치가 부여되었다"는 증거로 《히스토리아 아우구스타Historia Augusta》,[†] 그리고 특히 에우세비오스[††]의 《교회사Historia Ecclesiastic》를 꼽는다.[20] 나는 이 책들이 내게는 사뭇

다른 인상을 남겼음을 고백하고자 한다. 《히스토리아 아우구스타》
는 자료들의 출처를 밝히지 않는다. 그리고 때때로 흥미로운 문서라
거나 골동품이라는 이유로 유명한 사람이 쓴 텍스트를 옮겨 적기도
하는데, 이는 알렉산드리아 사람들이 이미 했던 것이다. 에우세비오
스도 마찬가지다. 게다가 에우세비오스가 옮겨 적는 것은 원본이 아
니라 발췌본이다. 그는 자신이 《교회사》 첫머리에서 "부분적인 이
야기들"이라고 부른 것을 편집한다. 선배 역사가들을 베끼고, 귀중
한 텍스트들을 끼워 넣으면서, 스스로 역사를 쓰는 수고스러움을 피
하는 것이다. 문헌에 대한 새로운 태도를 보여주기는커녕, 에우세비
오스는 르낭이 말한 "절대적 객관성"을 공고히 한다.[21] "절대적 객관

술한, 서기 4세기 말 익명으로 작성된 역사서. 현대 역사학계에서는 위서僞書로 간
주되고 있다.

†† [편집자 주] Eusebios, ?263-339. 로마 제국의 성직자, 신학자, 기독교사가. 그
의 대표적인 저술 《교회사》는 초대 교회의 역사를 연대기적으로 정리하여 저술한,
현존하는 가장 오래된 기독교사 서적이다.

20 Momigliano, *Essays in Ancient and Modern Historiography*, p. 145; *Studies in
Historiography*, p. 217.

21 본서의 주 13을 참고할 것. 《히스토리아 아우구스타》에 인용된 흥미로운 텍스
트들은 알다시피 모두 가짜다. 이 위작들은 온갖 종류의 골동품을 사랑했던 헬레니
즘-로마 시대의 취향을 드러낸다. 수에토니우스와 디오게네스 라에르티오스도 같
은 식으로 아우구스투스 황제의 서한이나 철학자들의 유서를 인용하는데, 이는 사실
을 확립하기 위해서가 아니라, 희귀하고 흥미로운 물건을 소개하는 차원에서다. 여
기서 문헌자료는 그 자체가 목적이지 수단이 아니다. 저자들이 인용하는 자료들은
전혀 "증거물"이 아니며, 그들은 여기서 어떤 결론도 주장도 끌어내지 않는다. 《절제
에 대하여De Abstinentia》에서 포르피리오스가 텍스트들을 인용하는 방식에 대해서
는 W. Pötscher, *Theophrastos, Peri Eusebeias*, Leiden: Brill, 1964, p. 12와 120. 이암
불루스Iamboulos를 인용하고 전사傳寫하는 Diodore, II, 55-60도 참조하라. Cf. P.
Hadot, *Porphyre et Victorinus*, Paris: Études Augustiniennes, 1968, vol. I, p. 33.

성"은 고대 후기에 역사서를 다룰 때 적용되었던 원칙이다. 다량의 발췌문을 동원하는 방법은 이미 포르피리오스†가 사용한 것이고(이런 식으로 그는 테오프라스토스와 헤르마르코스의 텍스트를 우리에게 전해주었다), 에우세비오스 역시 같은 방법에 의지하여 《복음을 위한 준비Preparatio evangelica》를 집필했다(덕택에 우리는 견유학파의 오이노마오스와 소요학파의 디오게니아노스를 아직까지 읽을 수 있다).

객관성 앞에서 역사가는 지워진다. 사실 논쟁의 시대 이전에는, 그리고 니체와 막스 베버의 시대 이전에는, 사실들이 존재했다. 역사가는 해석할 필요도 없었고(왜냐하면 사실들이 존재하므로) 증명할 필요도 없었다(사실들은 논쟁의 대상이 아니므로). 그는 "리포터"로서든 편집자로서든 사실들을 전해주기만 하면 되었다. 여기에는 엄청난 지적 재능이 필요하지 않았다. 세 가지 덕목을 갖추는 것으로 충분했는데, 이는 훌륭한 저널리스트라면 가지고 있기 마련인 덕목이다: 부지런함, 전문성, 그리고 공정성. 그는 책 속에서, 그리고 아직 증인이 존재한다면 증인들에게서, 또한 전승들 즉 "신화들"을 수집하면서, 부지런히 정보를 모아야 한다. 지리학이나 전술 같은, 정치적 분야에 있어서의 그의 전문성은 공적 인물들의 행위에 대한 이해와 수집한 정보의 가치에 대한 판단을 도와줄 것이다. 그의 공정성은 그가 청탁에 의해서건 태만에 의해서건par commission ou omission 거짓을 말하지 않도록 막아줄 것이다. 그의 노고와 미덕 덕택에 역사

---

† [편집자 주] Porpyrios, 234-305. 3세기의 신플라톤주의 철학자. 로마 제국 치하의 티레Tyre에서 태어났다. 신플라톤주의의 창시자인 자신의 스승 플로티노스의 저작집 《엔네아데스Enneades》를 펴냈다. 기독교 비판, 호메로스 비평, 채식주의 등 광범위한 분야에 대해 저술을 남겼으나 대부분 소실되어 단편적으로만 남아 있다.

가는 대중과 달리 결국 과거의 진실을 알게 된다. 파우사니아스는 이렇게 쓴다. "대중 속에서는 진실이 아닌 많은 것이 이야기된다. 그들은 역사를 전혀 이해하지 못하며, 어려서부터 코러스나 비극을 통해서 들은 것을 모두 믿을 만하다고 생각한다. 예를 들어 테세우스에 대해 많은 이야기가 있다. 하지만 사실 테세우스는 메네스테우스의 뒤를 이어 권좌에 오른 왕이었고, 그의 후손들은 4대에 이르기까지 권력을 유지했다."[22]

보다시피 파우사니아스는 가라지와 알곡을 구별했다. 그는 테세우스의 전설에서 진정한 핵심을 끌어냈다. 어떻게 그는 이 일을 했는가? 우리가 '현존하는 사물들의 원칙'이라고 부르려는 원칙에 의거해서다. 과거는 현재와 유사하다. 다른 말로 하자면, 신비한 것은 존재하지 않는다. 오늘날 황소의 머리를 가진 인간은 보이지 않지만, 왕들은 존재한다. 따라서 미노타우로스는 존재하지 않았으며, 테세우스는 한 명의 왕이었을 뿐이다. 파우사니아스는 테세우스의 역사성을 의심하지 않았다. 그보다 오백 년 전 사람인 아리스토텔레스는 더욱 그랬다.[23] 신화를 진실일 법한 것으로 환원시키는 비판적

---

22 Pausanias, I, 3, 3.

23 투키디데스(2. 15)와 마찬가지로 아리스토텔레스는 테세우스의 역사성을 의심하지 않는다. 그는 테세우스를 아테네 민주주의의 창시자로 간주하며 (*Constitution of Athens* 41. 2), 크레타섬으로 끌려가 괴물 미노타우로스에게 던져진 아테네의 아이들에 관한 신화를 있을 법한 것으로 환원한다(*Constitution of the Bottiaeans*. Plutarch, *Life of Theseus* 16. 2에서 재인용). 미노타우로스에 대해서는, 파우사니아스보다 네 세기 전에, 역사가 필로코로스가 이미 있을 법한 해석을 제시한 바 있다. 그가 크레타섬의 주민들로부터 수집한 전승(구전인지 글로 써진 것인지는 명시하지 않는다)에 따르면, 끌려간 아이들은 미노타우로스에게 잡아먹힌 게 아

태도를 갖추기 전까지는, 평균적인 그리스인의 태도는 달랐다. 그는 그때그때 기분 내키는 대로 신화를 어리석은 아낙네들의 이야기로 간주하거나, 아니면 아득한 옛날의 신비한 이야기가 진짜였는지 지어낸 것인지는 중요하지 않다는 태도를 고수했다.

비판적인 태도—파우사니아스, 아리스토텔레스, 그리고 헤로도토스에게서도 나타나는[24]—는 신화를 일종의 구술 전승으로, 비판이 필요한 역사적 자료로 간주한다. 이는 탁월한 방법이기는 하지만, 고대인들이 천 년이 지나도록 벗어날 수 없었던 가짜 문제를 만들어냈다. 급격한 역사적 변화를, 즉 기독교를 겪은 뒤에야 그들은 이 문제에서 벗어날 수 있었는데, 그것도 해결이 아니라 망각을 통해서였다. 그 문제는 다음과 같다. 신화적 전승이 전달하는 진실한 핵심은 세월이 흐르면서 점점 더 전설로 둘러싸인다. 어려움을 일으키는 것은 이 전설들이지 핵심이 아니다. 앞에서 보았듯이 파우사니아스는 이 전설적인 첨가물에 대해서, 오직 그것과 관련해서만, 사유를 발전시켰다.[25]

니라 운동경기의 우승자에게 상으로 제공되었다. 이 우승자는 타우로스[황소]라는 이름의 흉포하고 기운 센 남자였다(Plutarch 16. 1에서 재인용). 타우로스는 미노스 왕의 군대를 지휘했으므로, 글자 그대로 미노스의 타우로스 혹은 미노타우로스였다.

24 Herodotus Ⅲ, 122. "우리가 알고 있는 그리스인들 가운데 크노소스의 미노스 왕과 또 그에 앞서 바다를 지배했을지도 모르는 누군가를 제외한다면, 폴리크라테스는 최초로 해상권의 제패를 꿈꿨던 자이다. 아무튼 보통 사람들의 역사 안에서는 폴리크라테스가 최초다."《일리아드》에서도 이미, 호메로스적 합리주의라고 지칭되던 것에 의해서 인간사에 대한 신들의 개입이 신화적인 시대로 국한된다.

25 Pausanias Ⅷ, 8, 3. 그리스인들에게 신화 자체는 어떤 문제도 일으키지 않는다. 신화 속에 포함된, 있을 법하지 않은 요소들이 문제일 따름이다. 이런 신화 비판은

그러므로 신화적 전승에 대한 비판은 잘못 제기된 문제이다. 파우사니아스 같은 인물이 퐁트넬[†]과 비슷할 수는 없다. 퐁트넬은 가라지와 알곡을 구별하기는커녕, 전설은 모두 엉터리라고 결론지었다.[26] 마찬가지로, 겉보기에는 비슷할지 모르지만 고대의 신화 비판은 우리의 신화 비판과 다르다. 우리는 전설 속에서 "민중 정신"에 의해 부풀려진 역사를 발견하고 반가워한다. 우리에게 어떤 신화는 어떤 대사건, 가령 "도리아인의 침입"의 서사시적 과장일 것이다. 반면 고대 그리스인들은 동일한 신화에서 민중의 어리석음에 의해 변질된 진실을 발견한다. 그들이 보기에 신화의 진정한 핵심은 영웅의 이름이나 계보 같은 사소한 부분이다. 이런 세부사항들은 전혀 신비한 요소가 없는 만큼, 진실이라고 여겨진다.

다음의 패러독스는 굳이 강조하지 않아도 될 만큼 잘 알려져 있다. 만약 전설이 집단 기억을 전달한다고 생각한다면, 사람들은 트로이 전쟁의 역사성을 믿을 것이다. 만약 전설들을 허구로 간주한다면, 그들은 그 전쟁의 역사성을 믿지 않을 것이며, 고고학자들의 알쏭달쏭한 발견들을 다른 식으로 해석할 것이다. 방법의 문제와 실

(헬레네스 사람들이 우스꽝스러운 이야기를 한다고 비웃었던 [fr. 1, Jacoby]) 밀레토스의 헤카타이오스와 더불어 시작된다. 참고로 Pausanias 3. 25. 5에도 저승의 입구를 지키는 개 케르베로스 신화에 대한 헤카타이오스의 비판이 인용된다.

†   [편집자 주] Bernard Le Bovier de Fontenelle, 1657-1757. 프랑스의 저술가, 문학가. 《백과전서Encyclopédie》를 집필한 그룹에 속하는 계몽주의 사상가로, 기존에 고대의 고전이 가지던 권위에 강경하게 대항하여 근대적 진보의 가치를 역설했다.

26   H. Hitzig, "Zur Pausaniasfrage", in *Festschrift des philologischen Kränzchens in Zürich im Herbst 1887 tagenden* 39. *Versammlung deutscher Philologen und Schulmänner*, p. 57.

증성의 문제 밑에는 더 근본적인 문제가 있다.[27] 신화란 무엇인가? 변질된 역사? 부풀려진 역사? 집단적 허언증? 알레고리? 그리스인들에게 신화는 무엇이었는가? 우선 이렇게 말해두기로 하자. 진실이라는 느낌은 아주 폭이 넓어서 신화도 끌어안을 수 있다고. 뿐만 아니라 "진실" 자체는 많은 것을 의미한다고. 허구를 포함시킬 수 있을 정도로….

---

27 예를 하나 들어보겠다. 아이작 뉴턴은 [로물루스에서 시작되는] 일곱 왕이 로마를 다스린 기간이 244년에 이른다고 말하면서, 이렇게 긴 통치기간은 세계사에서 유례가 없다고 지적한다. 뉴턴에 따르면 세계사에서 왕들의 평균 재위기간은 17년이다. 그는 로마 왕실의 연대기가 전설이라고 결론지을 수도 있었으리라. 그런데 그는 이 연대기가 틀렸다고 결론짓고 17에 7을 곱하여 일곱 왕의 통치기간을 다시 계산한다. 그 결과 로마의 건국 날짜가 [기원전 753년에서] 기원전 630년으로 당겨진다. Cf. Isaac Newton, *La Chronologie des anciens royaumes*, 영어에서 불어로 번역, Paris, 1728.

진실한 세계들의
복수성과 유사성

그리스 신화는 종교와 매우 느슨한 관계를 맺고 있었으며,[28] 그 근본

---

28   M. Nilsson, *Geschichte der griech. Religion,* 2d ed., vol. I, p. 14 및 371; A. D. Nock, *Essays on Religion and the Ancient World,* Oxford: Clarendon Press, 1972, vol. I, p. 261. 나는 기원신화를 별도로 취급해야 한다고도 생각하지 않는다. 그리스 신화 중에는 제의를 설명하는 것이 거의 없다. 그리고 얼마 안 되는 그런 신화들은, 제의의 근거를 만들고 싶어 하는 성직자들의 창작물이라기보다는, 여행자의 눈길을 끄는 어떤 문화적인 특색에 소설적인 설명을 부여하려는 어떤 머리 좋은 지역 주민의 상상이다. 신화는 제의를 설명한다. 하지만 이 제의는 지역적인 구경거리일 뿐이다. [고대 로마의 학자, 작가] 바로Varro는 일반인들이 숭배하는 도시의 신과 시인들의 신(즉 신화의 신들), 그리고 철학자들의 신을 구별했는데, 이러한 스토아학파식의 삼분법은 아직도 기본적이라고 할 수 있다(P. Boyancé, *Etudes sur la religion romaine* [Ecole française de Rome, 1972], p. 254). 고전기 이전 그리스의 신화, 군주권, 계보학의 관계에 관해서는 이 문제를 새롭게 조명한 J. P. Vernant의 *Les Origines de la pensée grecque,* Paris: PUF, 1962과 *Mythe et Pensée chez les Grecs,* Paris: Maspero, 1965을 보라. 또 M. I. Finley, "Myth, Memory and History," in *History and Theory,*

에 있어서 매우 민중적인 문학의 한 장르, 주로 구술적인 성격을 띠는, 거대한 한 폭의 문학에 지나지 않았다. 문학이라는 단어가 사실과 허구의 구별이 아직 있기 전, 전기적傳奇的인 요소들이 편안하게 받아들여졌던 시절에도 적용된다면 말이다.

파우사니아스를 읽노라면 우리는 신화가 무엇이었는지 이해할 수 있다. 그가 묘사하는 마을은, 아무리 보잘것없는 마을일지라도 그 지역의 자연적 혹은 문화적 구경거리와 관련된 전설을 갖고 있다.[29] 이름 모를 이야기꾼이 지어낸 이 전설은 훗날, 파우사니아스가 "해설가들"이라고 부르는 수많은 지방 학자들 중 한 명에 의해 발견된다. 이 이름 없는 저자들, 혹은 이야기꾼들은 서로 동료의 작품을 참조했음이 분명하다. 다양한 전설들에서 동일한 주인공이 등장하고 동일한 테마가 반복되기 때문이다. 또 신들과 영웅들의 계보는 대체로 일치하거나, 적어도 너무 뚜렷한 모순에 시달리지 않는다. 스스로를 문학이라 의식하지 못했던 이 문학은 또 하나의 문학을 상기시킨다—메로빙거 시대에서 《황금전설Légende dorée》[†]에 이르는, 지방마다 전해 내려오는 순교자와 성인의 일대기. 아르놀드 방주네

IV, 1965, pp. 281-302도 참고하라. 우리는 이 신화적 사고를 아주 피상적으로 다루겠지만(우리의 주제가 헬레니즘-로마 시대에서의 그것의 변형이므로), 그러나 우리는 베르낭이 제시하는 이성의 역사성 학설에 동의를 표한다. Cf. J. P. Vernant, *Religions, Histoires, Raisons.* Paris: Payot, 1979, p. 97.

29 무수한 예가 있지만 그중 멋진 것으로 Pausanias, VII, 23을 참고하라. 지방 학자들에 관해서는 W. Kroll, *Studien zum Veständnis des römischen Literatur*, Stuttgart: Metzler, 1924, p. 308을 볼 것.

† 13세기 중반에 보라기네의 야코부스Jacobus de Voragine가 저술하고 중세 후기 유럽에서 널리 읽힌 기독교 성인전.

프Arnold Van Gennep에 따르면, 볼란디스트Bollandistes[†]들이 그토록 논박하려고 애썼던, 이 진위가 의심스러운 성인전들은 사실 매우 민중적인 취향의 문학이었다. 납치되어 끔찍한 고문을 당하거나 성스러운 기사에 의해 구출되는 공주들, 스노비즘, 섹스, 사디즘, 연애. 민중을 매혹시킨 이런 이야기들은 미술품으로 형상화되거나 방대한 운문 및 산문 문학 속에 녹아들었다.[30]

사람들은 이 전설의 세계를, 의심하지 않는다는 의미에서, 믿었다. 일상적인 현실을 믿듯이 믿었던 것은 아니다. 신앙심 깊은 민중이 보기에, 기적으로 가득 찬 순교자들의 행적은 연대를 알 수 없는 과거에 위치했다. 이 과거에 대해서 알려져 있는 것이라고는 그것이 현재보다 앞쪽에, 혹은 현재의 바깥에 있으며, 현재와 다르다는 것뿐이었다. 그것은 "이교도들의 시대"였다. 그리스 신화도 마찬가지다. 그것은 "옛날", 영웅들이 살고 있었을 때, 신들이 아직 인간사에 개입하던 시절에 일어났던 일들이다. 신화의 시공간은 우리의 시공간과 은밀하게 달랐다.[31] 고대 그리스인은 신들이 "하늘에" 있다고 말했지만, 실제로 하늘에 신이 나타난다면 깜짝 놀랐을 것이다. 마찬가지로 그는 누군가가 신화의 시간을 글자 그대로 받아들이면서, 헤파이스토스가 재혼을 한 지 얼마 안 되었다거나 아테나도 이제는

[†] 17세기 초에 결성되어 기독교의 성인 숭배를 연구해온 신학자들의 그룹으로, 벨기에 예수회의 한 일파였다.

30 A. van Gennep, *Religions, Moeurs et Légendes,* Paris, 1911, vol. Ⅲ, p. 150; E. Mâle, *L'Art religieux du ⅩⅢ e siècle en France,* Paris: Armand Collin, 1948, p. 269; E. Mâle, *L'Art religieux de la fin du ⅩⅥ e siècle,* Paris: Armand Collin, 1951, p. 132.

31 Cf. P. Veyne, *Le Pain et le Cirque,* Paris: Seuil, 1976, p. 589.

아주 늙었다고 지적한다면, 못지않게 놀랐으리라. 그 순간 그는 신화의 시간과 일상적 시간 사이에 막연한 유비관계만이 존재한다는 것을, 하지만 일종의 혼수상태에 의해 둘의 이질성을 인식하지 못했음을 "깨달을" 것이다.

신화의 시공간과 우리의 시공간이 별개라는 사실은 그것들의 유사성에 의해 은폐되었다. 인류가 (알려진 과거이든 미지의 과거이든) 과거를 갖는다는 생각은 자명한 것이 아니다. 우리는 시야의 경계선을 식별하지 못하는 것과 마찬가지로, 기억이 보존되어 있는 시대들과 그 이전을 가르는 선을 지각하지 못한다. 이 지평선 너머에 그리스의 암흑기les siècles obscurs가 펼쳐져 있다고 상상하지 말자. 우리에게는 아무것도 보이지 않는다. 그게 전부다. 영웅들은 바로 이 시간의 지평선 너머에, 다른 세계에 있었다. 투키디데스, 헤카타이오스, 파우사니아스, 심지어 성 아우구스티누스도 믿었던 신화의 세계에.[32] 다만 이 사상가들은 그 세계를 다른 세계라고 여기지 않았고, 그것을 현실 세계로 환원하려고 했다. 그들은 마치 신화가 역사와 동일한 믿음체계에 속한다는 듯이 그렇게 했다.[33]

---

32   성 아우구스티누스는 아이네이아스의 역사성을 의심하지 않는다. 그러나 신화가 있을 법한 것으로 환원되었으므로, 로물루스가 더 이상 마르스[로마 신화에서 전쟁의 신. 로마 신화가 매우 많은 부분에서 그리스 신화의 영향을 받은 만큼, 많은 경우 아레스와 동일시된다]의 아들이 아니듯이 아이네이아스도 비너스[아프로디테]의 아들이 아니다. (《신국De civitate Dei》, I, 4 및 III, 2–6). 키케로, 티투스–리비우스, 할리카르나소스의 디오니시오스 역시 로물루스의 출생신화를 믿지 않았다.

33   믿음의 존재양식의 복수성은 너무 상식적이어서 강조할 필요가 없을 듯하다. 참고로, J. Piaget, *La Formation du symbole chez l'enfant*, Paris: Delachaux et Niestlé, 1939, p. 177; Alfred Schutz, *Collected Papers*, Den Haag: Nijhoff, coll. "Phaenomenologica," 1960–1966, vol. 1, p. 232: "On multiple realities"; vol. 2, p.

반면, 사상가가 아닌 사람들은 집단 기억의 지평선 너머에 "좋

135: "Don Quixote and the problem of reality"; Pierre Janet, *De l'angoisse à l'extase,* Paris: Alcan, 1926, vol. I, p. 244. 동일한 대상에 대해 상이한 진실을 동시에 믿는 것 역시 아주 흔하다. 아이들은 산타 할아버지가 장난감을 놓고 갔다고 믿는 동시에 부모님이 그 장난감을 주셨다는 것을 안다. J. Piaget, *Le Jugement et le Raisonnement chez l'enfant,* Paris: Delachaux et Niestlé, 1945, p. 217; cf. p. 325: "아동에게는 여러 개의 다른 현실들이 존재한다. 놀이, 눈에 보이는 현실, 이야기로 들어서 알고 있는 세계, 등등. 이 현실들은 다소 일관성이 없고 상호 독립적이다. 그래서 아이가 공부에서 놀이로 넘어갈 때, 또는 어른의 말을 따르는 상태에서 자신의 생각을 실험하는 상태로 넘어갈 때 그의 의견은 놀랄 만큼 달라질 수 있다." M. Nilsson, *Geschichte der griech. Religion,* vol. I, p. 50: "무수한 잔물결이 이는 개울에서 헤엄치던 열세 살짜리 아이가 '개울이 눈살을 찌푸린다'고 말한다. 하지만 동시에 아이는 개울이 물이고 마실 수 있다는 것 등등을 잘 알고 있다. 자연 어디서나 영혼을 보는 미개인도 마찬가지다. 그는 나무 안에 느껴지고 작용하는 어떤 힘이 있다고 믿으며, 그것을 섬기거나 달래려 할 수 있다. 하지만 그도 필요할 때면 나무를 베어서 집을 짓거나 땔감으로 사용할 것이다." 참고할 만한 다른 저서로 Max Weber, *Wirtschaft und Gesellschaft,* Tübingen: Mohr, 1976, vol. I, p. 245. Wolfgang Leonard, *Die Revolution entlässt ihre Kinder,* Frakfurt: Ullstein Bücher, 1955, p. 58(이 책의 저자는 1937년 스탈린 대숙청 당시 19살로 러시아청년공산당연맹komsomol 소속이었다): "나의 어머니는 체포되었고, 교수님들과 친구들이 체포될 때 나는 그 자리에 있었다. 물론 나는 소비에트의 현실이 《프라우다Pravda》 지가 재현하는 것과 전혀 닮지 않았음을 오래 전부터 알고 있었다. 하지만 나는 이런 사실들을, 또한 나의 개인적인 경험들이나 사적인 표현들을, 원칙에 근거한 나의 정치적 신념과 분리시켰다. 마치 두 개의 세계가 존재하는 것 같았다. 하나는 일상적인 사건들의 세계 또는 내 고유한 경험의 세계였고(여기서 나는 비판정신을 발휘하곤 했다), 다른 하나는 당의 일반노선the General Party Line이 설명하는 세계였다. 나는 어느 정도 불만을 품었지만 계속해서 이 노선을 정의로 간주했다. '적어도 근본적으로는' 그랬다. 많은 청년공산당원들이 나와 같은 분열을 경험했다고 생각한다." 그러니까 쾰러의 주장에도 불구하고(E. Köhler, *L'Aventure chvalesque : idéal et realité dans le monde courtois,* Paris: Gallimard, 1971, p. 8), 사람들은 신화를 역사로 착각했던 것도, 전설과 역사의 차이를 지워버렸던 것도 아니다. 굳이 말하자면, 사람들은 역사도 믿고 신화도 믿지만,

았던 옛날"보다 더 멋진 세계, 경험적이기에는 너무나 멋진 세계를 가져다 놓았다. 신화의 세계는 경험적이지 않았다. 그것은 고결했다. 신화의 세계가 "가치들"을 상징했다거나 구현했다는 뜻이 아니다. 신화 속의 영웅들이 오늘날의 인간보다 더 많은 미덕을 지녔던 것 같지는 않다. 그러나 그들은 인간보다 더 "가치"가 있었다. 영웅은 한낱 인간 이상이다. 프루스트의 눈에 공작부인이 일개 부르주아 여성보다 더 가치 있는 존재였던 것과 마찬가지다.

핀다로스†는 이런 스노비즘—유머를 섞어서 간단하게 표현하

역사를 대신해서 신화를 믿는 게 아니며, 동일한 조건에서 믿는 것도 아니다. 아이들은 산타 할아버지가 갖고 있다고 상상되는 능력들—산타 할아버지는 하늘을 날아다니고 눈에 보이지 않으며 여기저기서 동시에 나타난다—을 자기 아버지에게 요구하지 않는다. 아이들, 미개인, 그리고 모든 종류의 신자들은 순진하지 않다. "미개인들도 상상적 관계와 현실적 관계를 혼동하지 않는다"(Evans Pritchard, *Primitive Religion* [불역: *La Religion des primitifs*, Paris: Payot, coll. Petite Bibliothèque Payot, p. 49]). "후이촐Huichol족의 상징체계는 밀과 사슴을 동일시한다. 레비-브륄은 이것을 상징보다는 전前논리적 사고라고 부르고 싶어 한다. 그러나 후이촐족의 사고가 전논리적인 것이 되려면, 그들이 밀가루로 죽을 쑤면서 사슴 스튜를 요리한다고 생각해야 한다"(Olivier Leroy, *La Raison primitive,* Paris: Geuthner, 1927, p. 70). "인도차이나의 세당모이Sedang Moï족은 사람이 인간의 지위를 포기하고 멧돼지로 변하게 하는 방법을 만들어냈다. 하지만 그들은 진짜 멧돼지를 대할 때와 명목상의 멧돼지를 대할 때 다르게 반응한다"(G. Deveureux, *Ethnopsychanalyse complémentariste,* Paris: Flammarion, 1972, p. 101). "구술 전승들에도 불구하고 사람들이 신화를 경험적 진실과 동일한 방식으로 받아들이는 경우는 매우 드물다. 영혼의 불멸성에 관하여 동서고금에 꽃피었던 그 모든 학설은 죽음에 직면한 인간의 자연스러운 감정에 거의 영향을 주지 못했다"(G. Santayana, *The Life of Reason,* vol. 3: *Reason in Religion,* New York, 1905, p. 52). 요컨대 믿음의 방식들은 다양하다. 더 정확하게 말해서, 하나의 대상에 대한 진실은 다양한 평면 위에 기록된다.

†   [편집자 주] Pindaros, ?518 BCE-?438 BCE. 고대 그리스의 시인. 여러 합

자면─의 좋은 예다. 잘 알려진 다음 문제를 생각해보자. 핀다로스
의 《승리의 찬가Epinikia》[†]에 어떤 통일성이 있다면, 무엇이 그런 통
일성을 만들어내는가? 왜 시인은 경기에서 우승한 사람에게, 아무
관련도 없어 보이는 이런저런 신화를 들려주는가? 변덕은 시인의
특권이기 때문인가? 아니면 승리자를 찬양한다는 구실로 소중히 간
직해온 견해를 펼치는 것인가? 아니면 그 신화가 하나의 알레고리
로서 승리자나 그 조상들의 일대기에 나타난 어떤 특징을 암시하고
있기 때문인가? 프렝켈H. Fränkel은 여기에 대해 적절한 설명을 제시
한 바 있다. 핀다로스는 승리자와 그의 승리를 더욱 고상한 세계로,
즉 시인의 세계로 끌어올린다.[34] 핀다로스는 시인으로서 신들과 영

창시의 작자로 알려져 있는데, 특히 축제나 경기의 승리자를 위한 찬가들이 잘 알려
져 있다. 그는 이 찬가들에서 신의 은총으로 인간이 성취할 수 있는 것에 대한 열정
적 믿음을 표현했다.

† '에피니키아'는 핀다로스가 지은 여러 승리의 찬가 전체를 지칭한다.

34 Hermann Fränkel, *Wege und Formen frühgriech, Denkens*, 2nd ed., Munich:
Beck, 1960, p. 366. 우승자에게 영웅들의 멋진 세계에 대해 들려주면서 핀다로스
는 그를 단순히 찬양하는 것보다 더 영예롭게 한다. 게르망트 집안에 초대되는 것
은 칭찬을 듣는 것보다 더 기분 좋은 일이다. 프렝켈은 "우승자의 이미지는 대개 영
웅들의 이미지보다 막연한 것으로 남는다"라고 말한다. 하지만 이런 이유로 우리는
프렝켈이 다른 곳에서(*Dichtung und Philosophie des frühen Griechentums*, Munich:
Beck, 1962, p. 557) 주장했듯이 영웅들과 신들의 세계는 "가치들의 세계"라고 생각
해야 할까? 신들과 영웅들은 그다지 성자처럼 보이지 않는다. 그들은 필멸자 중 뛰
어난 자들이 숭상하는 만큼만 가치들을 숭상하며, 그 이상도 이하도 아니다. 여기서
다시 한번 말하지만, 신화적 "스노비즘"에 대해 오해하지 말아야 한다. 영웅들의 세
계는 가치를 지닌다. 즉, 필멸자들의 세계보다 고상하다. 마찬가지로 프루스트에게
있어서 공작부인은 부르주아 여성보다 고상하다. 그러나 이는 그녀가 가치와 미덕을
배양하기 때문이 아니라, 공작부인이기 때문이다. 물론 공작부인으로서, 또 공작부

웅들의 세계에 친숙하다. 반면 우승자는 공을 세웠지만 평범한 인간에 지나지 않는다. 그러므로 핀다로스가 우승자를 동료처럼 대하면서 그에게 신화를 들려준다는 것은 후자를 더 높은 곳으로 끌어올린다는 의미이다. 핀다로스 덕분에 우승자는 신화의 세계로 들어가며, 그 세계를 시인과 공유하게 된다. 우승자의 인격과 시인이 그에게 이야기하는 사건들 사이에 반드시 밀접한 관계가 있는 것은 아니다. 핀다로스의 영예는 신화에 매번 우승자 본인에 관한 섬세한 암시를 담는 데서 비롯되지 않는다. 중요한 것은 시인이 우승자에게 신화의 세계에 관해 친밀하게 이야기하면서 그를 동료처럼 취급하고 있다는 점이다.

　우리 시대의 자연스러운 경향은 정신의 산물들을 사회학적으로 설명하는 것이다. 하나의 작품을 앞에 두고 우리는 자문한다. "이 작품의 사회적 효과는 무엇인가?" 하지만 이는 너무 성급한 접근이다. 우리는 문학에 대한 설명, 혹은 문학의 해석학을 문학사회학으로 환원하지 말아야 한다. 《파이데이아: 그리스 문화의 이상Paideia: The Ideals of Greek Culture》에서 베르너 예거Werner Jaeger는 여러 층위들을 포개어서 압축시켰던 것 같다. 그의 주장에 따르면, 그리스의 귀족층은 최후의 전투들을 벌이면서 핀다로스에게서 자신들을 위한 시인을 발견했으며, 이 시인 덕택에 사회적 필요를 충족시킬 수 있

인이기 때문에 그녀는 품위를 갖추고 미덕을 쌓을 테지만, 이는 결과적인 것에 지나지 않는다. 영웅 세계가 인간 세계보다 더 가치 있는 것은 그 본질에 의해서지 업적들mérites에 의해서가 아니다. 스노비즘이 **소금을 친 표현**cum grano salis이라고 해도, 핀다로스와 그의 우승자들에게 너무 심한 말이라는 생각이 든다면, 플라톤의 《리시스Lysis》에 나오는 재미있는 구절을 다시 읽어볼 것을 권한다(205 C-D). 이 구절은 핀다로스의 모든 발행본의 서두에 제사題詞로 붙여질 만하다.

었다. 이 귀족전사계급은, 예거에 의하면, 신화가 그들이 중시하는 가치들을 드높이면서 그들 자신을 높여준다고 느꼈다. 신화의 영웅들은 이들에게 모델이었을 것이다. 그리고 핀다로스는 고귀한 청중의 가슴을 뛰게 만들려고 영웅을 찬양했을 것이다. 핀다로스의 운문 속에 나타난 신화의 세계는 이 귀족계급의 승화된 이미지였다.

과연 이것이 사실일까? 핀다로스를 읽다 보면 우리는 신화의 사용이 귀족을 높이는 데 전혀 보탬이 되지 않고 오히려 청중 앞에서 시인의 상대적인 위치를 부각시킨다는 것을 쉽게 알 수 있다. 시인으로서 핀다로스는 승리자를 찬양하면서 그를 자신과 같은 높이로 끌어올리는 아량을 베푼다. 승리자는 결코 스스로 올라가는 게 아니다. 핀다로스가 사용하는 신화는 사회적 기능을 충족시키지 않으며, 어떤 메시지를 내용으로 담고 있지도 않다. 신화가 여기서 수행하는 것은 기호학에서 "화용적 역할rôle pragmatique"이라고 부르는 것, 즉 청중과 시인 자신 사이에 어떤 관계를 수립하는 역할이다. 문학과 사회의 관계는 인과관계로 축소될 수 없다. 마찬가지로 언어는 코드나 정보로 환원되지 않으며, 발화내적행위illocution, 다시 말해 청자와 특정한 관계를 맺는 행위를 수반한다. 약속하기나 명령하기는 단순히 어떤 약속이나 명령에 관해 정보를 전달하는 행위가 아니다. 그것은 어떤 태도들로 이루어져 있으며 그 태도들은 메시지의 내용으로 환원되지 않는다. 문학은 그 내용으로 환원되지 않는다. 영웅을 찬미하는 송가를 읊을 때 핀다로스는 청중에게 그들 자신이나 그들의 가치와 연관된 메시지를 전달하는 게 아니다. 그는 청중과 관계를 맺고, 그 관계 안에서 신화에 조예 깊은 시인으로서 지배적인 위치를 차지한다. 핀다로스는 위에서 아래를 향해 말한다. 바로 그 때문에 그는 승리자에게 칭찬을 하사하고 그를 자신의 위치까지 끌어올릴 수 있는 것이다. 신화는 칭찬이라는 발화내적행위를 수행한다.

귀족계급을 신화 속의 영웅적 인물들과 동일시하기는커녕, 핀다로스는 신화의 세계와 필멸자들의 세계를 단호하게 구분 짓는다. 그는 자신의 고귀한 청자들에게 끊임없이 상기시킨다. 인간의 가치는 신보다 훨씬 못하며, 따라서 인간은 겸손할 줄 알아야 한다고. 오만의 죄를 짓지 않고는 인간이 신과 동등해질 수 없다고.《피티아 송가Pythique》[†] 제10편을 다시 읽어보자. 핀다로스는 그가 칭찬하는 전사에게 영웅 페르세우스를 모델로 제시하는가? 아니다. 그는 찬란한 전설에 대해서, 다가갈 수 없는 먼 곳의 민족에 대해서, 여신의 도움으로 페르세우스가 이루었던 초인적인 무훈에 대해서 이야기한다. 영웅은 그가 세운 위업보다는 신들의 총애에 의해 더욱 영예로워진다. 이는 그가 그런 총애를 받을 자격이 있다고 신들이 판단했다는 뜻이기 때문이다. 하지만 다른 한편으로 신들의 후원은 필멸의 인간들에게 겸손을 가르친다. 영웅들조차 신들의 도움 없이는 성공할 수 없음을 보여주기 때문이다. 핀다로스는 더 높고 더 영예로운 다른 세계를 찬양하면서 우승자의 영예를 더 크게 만든다. 그러면 이 우월한 세계는 하나의 모델인가, 아니면 겸손의 가르침인가? 설교자가 어떻게 사용하느냐에 따라 둘 다 될 수 있다. 그런데 핀다로스는 설교자가 아니기에 그것을 발판으로 사용한다. 그는 자기 자신을 높임으로써 우승자를 높이고 또 축제의 위상을 높인다. 신화

[†] 핀다로스의 '에피니키아' 중 피티아 경기에서의 승리에 대한 찬가.

의 세계는 결정적으로 우리의 세계가 아니며, 다가갈 수 없고, 다르면서 찬란하다. 이 세계의 진위 문제가 미결상태로 남은 것은, 그리고 핀다로스의 청중이 매혹과 순진한 믿음 사이를 떠다닌 것은 정확히 이런 이유에서다. 환상의 세계는 표본이 될 수 없다. [기사의 표본으로 칭송된 프랑스의 기사] 바야르Bayard처럼 페르세우스가 하나의 모델로 제시된다면, 그가 속한 세계는 곧 순전한 허구라고 비난받을 것이며, 돈키호테들만이 이를 믿을 것이다.

따라서 우리는 불가피하게 다음 질문을 제기하게 된다. 그리스인들은 이 상상력의 산물들을 믿었는가? 좀 더 구체적으로 말해서, 그들은 트로이 전쟁의 역사성이나 아가멤논과 제우스의 존재처럼 그들이 진짜라고 여겼던 것과, 청중을 즐겁게 해주고 싶어 하는 시인의 명백한 창작을 구별했는가? 그들은 침대에서 아레스와 사랑을 나누다가 남편에게 들킨 아프로디테의 이야기—보카치오를 방불케 하는—를 들으면서, [《일리아드》 중 한 대목인] '함선들의 목록'에서 나열되는 지명들을 들을 때와 똑같은 방식으로 귀를 기울였는가? 만일 그들이 우화를 믿었다면, 그들은 최소한 우화와 픽션을 구별했는가? 하지만 무엇보다 우리는 문학이나 종교가, 역사나 물리학보다 더 픽션이라고 할 수 있는지 물어야 할 것이다. 하나의 예술작품은 픽션이라고 할지라도 나름대로 진실이라고 여겨진다. 왜냐하면 진실은 동음이의어로서, 복수로만 사용되어야 하기 때문이다. 즉 상이한 진실 프로그램들이 있을 뿐이며, 퓌스텔 드쿨랑주는 호메로스보다 더 진실하지도 덜 진실하지도 않다. 다른 방식으로 진실하다고 할 수는 있겠지만 말이다. 진실은 아리스토텔레스가 말하는 "존재"와 비슷하다. 그것은 동음이의적이면서 유비적이다. 진실들은 모두 서로 닮아 있고, 그래서 우리는 라신이 우리 마음의 진실을 그렸다고 생각한다.

　모든 전설들이, 트로이 전쟁이나 테바이드, 또는 아르고호의 원정이, 대체로 진짜라고 여겨졌다는 사실에서 출발해 보자. 《일리아드》의 청중은 오늘날 역사소설의 독자가 위치하는 자리에 있다. 역사소설의 특징은 작가가 진짜로 일어난 사건에 대해 이야기하면서 그것을 연출한다는 점이다. 예를 들어 나폴레옹 보나파르트와 조세핀의 사랑을 그린다면, 작가는 두 인물이 서로 대화를 나누게 할 것이다. 독자들은 이 코르시카 출신의 독재자와 그의 아름다운 여인의 입에서 흘러나오는 문장들이 진짜가 아니라는 것을 알고 있다. 하지만 그들은 이를 대수롭지 않게 여기거나 완전히 잊어버린다. 나아가 이런 사실에도 불구하고 이 이야기가 픽션이 아니라고 생각한다. 아무튼 보나파르트는 실재했고 조세핀을 진심으로 사랑했으니까. 줄거리를 전반적으로 신뢰하는 한, 독자들은 디테일을 가지고 흠을 잡지 않는다. 디테일은 신약성서의 주해에서 이야기하듯이 "편집상의 문제"일 뿐이다. 호메로스의 청중은 전반적인 진실을 믿었기에 아레스와 아프로디테 이야기가 주는 즐거움을 뿌리치지 않았다.

　그러나 여전히 나폴레옹의 전기는 진실일 뿐 아니라 개연적이라는 사실이 남는다. 반면 《일리아드》의 세계는 설화의 시간성 위에서 펼쳐지며 신들과 인간들이 공존하는 픽션의 세계이다. 물론 그렇다. 하지만 보바리 부인은 나폴리가 우리 세계와는 다른 세계라고 진심으로 믿었다. 그곳에서는 행복이 하루 24시간 사르트르적인 즉자卽自의 밀도로 지속된다. 마오쩌둥 치하의 중국에서는 인간들과 사물들이 이곳 프랑스에서처럼 초라한 일상성을 띠지 않는다고 믿었던 사람들도 있다. 불행히도 그들은 이 동화 같은 진실을 정치적인 진실 프로그램으로 착각했다. 하나의 세계는 그 자체로서 허구일 수 없다. 우리가 믿느냐 믿지 않느냐에 따라 허구가 될 수 있을 뿐이다. 허구와 현실의 차이는 객관적이지 않으며, 사물 자체 안에 있지 않다. 그것은 우리 안에 있고, 주관적으로 우리가 그것을 식별하느냐에 달려 있다. 어떤 대상이든 그 자체로서 "믿어지지 않는" 것은 없다. 그 대상과 "현실"과의 거리는 우리에게 충격을 주지 못할 것이다. 진실들이 서로 닮아 있는 까닭에 우리는 그 거리를 알아채지도 못할 테니까.

어떤 진실 프로그램, 연역적이고 양적인 물리학 프로그램 속에 있을 때, 아인슈타인은 우리에게 진실이다. 하지만 우리가 《일리아드》를 믿는다면, 그 고유한 신화적 프로그램에 의해 그것 역시 진실이다. 같은 이야기를 《이상한 나라의 앨리스》나 라신의 희곡에 대해서도 할 수 있다. 왜냐하면 우리는 그 작품들이 픽션인 줄 알면서도 그것을 읽는 동안 빠져들고 극장에서 눈물을 흘리기 때문이다. 앨리스의 세계는 그 동화나라 프로그램 안에서는 우리가 사는 세계만큼이나 가능하고, 진실하며, 또 이렇게 말해도 좋다면, 그 자체로서는 현실적으로 나타난다. 우리는 진리 영역을 변경했다. 하지만 여전히 진실 안에, 혹은 그 유비 안에 머물고 있다. 사실주의 문학이 가짜이자(그것은 현실이 아니다) 부질없는 열정이며(요정의 나라도 못지않게 현실적이다) 가장 극단적인 기교의 추구(현실을 사용하여 현실을 꾸며내다니, 얼마나 세련된 취향인가!)인 이유가 여기 있다. 허구는 진실의 부산물일 뿐, 진실과 대립하지 않는다. 허구 속으로 들어가고 싶다면 그저 《일리아드》를 펼치면 된다. 그러면 어느 새 우리는 그 안에서 길을 잃을 것이다. 미묘한 차이가 있다면, 거기서 나오자마자 우리는 그것을 믿지 않는다는 점이다. 책을 덮으면 더 이상 믿지 않는 사회가 있고, 그 뒤에도 계속 믿는 사회가 있다.

우리가 일상성에서 라신으로 이동하면, 진실이 바뀐다. 하지만 우리는 그것을 알아차리지 못한다. 방금 우리는 길고 혼란스러운 질투의 편지를 썼다. 그리고 한 시간 뒤 급히 전보를 쳐서 이를 주워 담았다. 이어서 우리는 라신의, 아니면 카툴루스†의 세계로 이동한다. 거기서는 질투의 외침이, 그 또한 즉자의 밀도를 가지고, 음정 하나 틀리지 않고 네 행에 걸쳐 울려 퍼진다. 이 외침은 우리에게 얼마나 진실하게 들리는가! 문학은 마술 양탄자처럼 우리를 하나의 진실에서 다른 진실로 옮겨 놓는다. 하지만 이런 이동은 비몽사몽간에 이루어진다. 우리는 새로운 진실로 이동한 뒤에도 자신이 아까 있었던 곳, 이전의 진실에 아직 있다고 믿는다. 순진한 독자들에게 (프로페르티우스††는 말할 것도 없고) 라신이나 카툴루스가 인간의 마음을 묘사한 것도 아니고 그들 자신의 인생담을 털어놓은 것도 아니라는 사실을 이해시킬 수 없는 이유가 여기에 있다. 하지만 이런 독자들도 나름대로 옳다. 모든 진실은 녹아서 하나가 되는 것처럼 보인다. 《보바리 부인》은 "지방에 사는 사람들의 속마음을 고백한 걸작이다." 진실 체계들 사이에 존재하는 유사성 덕택에 우리는 소설적 허구 속으로 들어가서 "살아 있는" 주인공들을 만날 수 있으며, 다른 시대의 사상과 철학에 흥미를 느낄 수 있다(물론 반드시 다른 시대여

---

†   [편집자 주] Catullus, 84 BCE – 54 BCE. 고대 로마의 서정시인.

††   [편집자 주] Propertius, 50 BCE – 15 BCE. 로마 제정 초기의 시인.

야 하는 것은 아니다). 이 진실들은—일리아드의 진실이든 아인슈타인의 진실이든—대낮의 햇빛 속에서가 아니라 상상 속에서 태어났다.

진실도 허구도 아닌, 문학 이전의 문학. 신화는 경험세계의 바깥에 있으면서 그것보다 고상하다. 신화의 또 다른 특징은, 그 이름대로 하나의 이야기이되 작자미상의 이야기라는 것이다.[†] 사람들은 그것을 수집하고 되풀이하여 들려준다. 그러나 그 저자가 될 수는 없다. 투키디데스 이후 합리주의적인 정신들은 그것을 역사적 "전승"으로, 즉 사건의 동시대인들이 후손에게 물려주는 기억으로 간주할 것이다. 하지만 이처럼 역사의 외피를 입기 전까지, 신화는 다른 것이었다. 신화의 본질은 사람들이 목격한 것을 전달하는 게 아니라, 신들이나 영웅들에 대해 "이야기되는" 것을 반복하는 데 있었다. 형식적으로 신화는 어떤 점에서 다른 이야기들과 구별되는가? 해설가가 저 높은 세계에 대해 들려주면서 자신의 이야기를 간접화법으로 제시한다는 점에서다. "사람들이 말하기를…", "뮤즈가 노래하기를…", "로고스가 말하기를…", 등등. 직접화자는 결코 모습을 드러내지 않는다. 뮤즈 자신도 신화를 "다시 이야기하기"만 한다. 뮤즈는 자신의 어머니[기억의 여신 므네모시네]에게 속하는 것을 불러올 따름이다.[35] 신들이나 영웅들과 관련해서는 "사람들이 말하기를"이 유일

[†] 신화의 어원인 '미토스mythos'는 그리스어로 '이야기'라는 뜻이다.

[35] 이는 베르길리우스의 서사시 《아이네이스Aeneis》에서도 확인된다. *Musa, mihi causas memora*(I, 8)['나에게 기억의 원인인 뮤즈'라는 뜻]. 이 그리스풍의 표현을 통해 베르길리우스는 뮤즈에게 아이네이스에 대해 "다시 말해달라"고, 그리고 그에 관해서 "이야기되는" 것을 확인해 달라고 부탁한다. 자신이 혹시 잊어버렸거나 모르는 것을 "일깨워" 달라는 게 아니다. 뮤즈가 기억의 딸들인 이유는 이 때문이다 (*contra* Nilsson, op. cit., p. 254).

한 지식의 원천이다. 그리고 이 원천은 신비스러운 권위를 갖는다. 물론 사기꾼도 있다. 오! 헤시오도스여, 뮤즈들은 진실을 말할 줄도 거짓말을 할 줄도 안다네.[36] 거짓을 말하는 시인들이 뮤즈를 덜 들먹이는 것은 아니다. 헤시오도스에게나 호메로스에게나, 뮤즈는 영감의 원천이었다.

신화는 정보다. 신화에 정통한 사람들은 계시에 의해서가 아니라, 단지 우연히 얻어들은 산만한 지식에 의해서 해박해진 것이다. 그들이 시인이라면, 지정된 정보제공자인 뮤즈들이 그들에게 무엇이 알려져 있고 이야기되어 왔는지 가르쳐 줄 것이다. 그렇다고 신화가 저 위에서 내려오는 계시나 신비한 비밀은 아니다. 뮤즈는 이미 알려져 있는 것, 천연자원처럼 얼마든지 퍼낼 수 있는 것을 시인들에게 전해줄 뿐이다.

신화는 특정한 사고방식이 아니다. 그것은 정보 수집을 통해 얻은 지식에 지나지 않는다. 이 지식은 우리에게는 논쟁이나 실험의 영역인, 다양한 학문분야에 적용된다. 《말하기와 말하지 않기Dire et ne pas dire》에서 뒤크로Oswald Ducrot가 썼듯이, 정보제공renseignement 은 발화내적행위로서 청자가 화자의 능력과 정직성을 미리 인정할

---

36 W. Kroll, *Studien zum Verständnis...*, p. 49-58. 헤시오도스의 《신통기 Théogonie》 27행과 28행은 단순하지 않다. 뮤즈들은 진실을 불어넣지만 거짓도 불어넣는다. 이는 시인들 모두가 진실을 거짓에 섞거나 거짓을 진실에 섞는다는 의미로 이해되곤 한다(cf. Strabon, I, 2, 9, C, 20, 호메로스에 대하여). 헤시오도스가 거짓을 말하는 서사시épopée와 진실을 말하는 교훈시poésie didactique를 대립시킨다고 생각하는 사람도 있다. 아마 이렇게 이해하는 게 더 나을 것 같다. 헤시오도스는 스스로를 '교훈적인' 시인으로 내세우지 않으면서, 선행자이며 경쟁자인 호메로스의 판본에 자신의 신통기와 영웅계보들을 대립시키고 있다고.

때만 완성될 수 있다. 따라서 정보제공은 단번에 참과 거짓의 양자택일 바깥에 자리 잡는다. 이런 앎의 방식mode de connaissance이 작동하는 모습을 보고 싶다면, 존경스러운 위Hue 신부가 한 세기 반 전에 어떻게 티베트인들을 개종시켰는지 보고하는 페이지를 읽으면 된다. "우리는 완전히 역사적인 교육방식을 택했고, 논쟁이나 논쟁적 태도를 암시하는 모든 것을 배제하려고 애썼다. 그들에게는 고유명사들과 구체적인 날짜들이 어떤 논리적인 추론보다 훨씬 더 감명을 주었기 때문이다. 예수, 예루살렘, 빌라도 같은 이름과 천지창조 이후 사천 년이라는 연대를 알게 되자 그들은 구원의 신비와 복음의 설교를 더 이상 의심치 않았다. 뿐만 아니라 그들은 신비와 기적을 이해하는 데 조금도 어려움을 느끼지 않는 것 같았다. 우리는 이교도들을 효과적으로 개종시키려면 논쟁이 아니라 정보제공에 의지해야 한다고 확신하게 되었다."

마찬가지로 고대 그리스에는 초자연적인 것의 영역이 존재했는데, 거기서 사람들은 이미 그에 정통해 있는 자들로부터 모든 것을 배워야 했다. 이 분야를 구성하는 것은 사건들이었고, 청중이 자신의 이성으로 반박할 수 있는 추상적인 진실이 아니었다. '사실'들은 구체적이었다. 영웅들의 이름과 성은 빠지는 법이 없었고, 사건이 전개되는 장소 역시 분명하게 지시되었다(펠리온, 키타이론, 티타레스…. 그리스 신화에는 음악적인 지명이 가득하다). 이런 상태가 천 년 이상 지속될 수도 있었으리라. 여기에 변화가 온 것은 고대 그리스인들이 이성을 발견했거나 민주주의를 창안했기 때문이 아니라 새로운 진술세력들puissances d'affirmation—역사연구, 사변물리학 등—이 형성되면서 지식 장場의 지도가 크게 바뀌었기 때문이었다. 이들

새로운 진술세력은 신화와 경쟁하면서, 신화와는 다르게, 참과 거짓의 양자택일을 의식적으로 제시했다.

이제 역사가들은 저마다 신화를 비판할 것이다. 그들은 마술적인 것에 탐닉하지 않겠지만―그것과는 한참 거리가 멀겠지만―그렇다고 신화의 성격을 규명하지도 않을 것이다. 그들은 신화를 일종의 역사기술로 여길 것이며, 미토스를 단순한 지역적 "전승"으로 간주할 것이다. 그들은 신화적 시간성을 역사적 시간처럼 취급할 것이다. 이것이 전부가 아니다. 역사가는 또한 운문 또는 산문으로 된, 또 다른 종류의 신화적 문학과 대결해야 한다. 헤시오도스의 《메갈라이 에호이아이Megalai Ehoiai》에서 시작되는 신화적 계보, 기원론etiologies, 도시들의 창건사, 그리고 지역사와 지역 서사시가 그것이다. 기원전 6세기부터 꽃피기 시작한 이 문학은 소아시아 지역에서는 안토니누스 왕조 치하와 그 이후까지 지속된다.[37] 식자들의 작품으로서 이 문학은 마술적인 것을 좇는 취향보다는 기원을 알려는 욕망을 만족시켜 주었다. 프레데가르[†]에서 롱사르[††]로 이어지는 프랑

---

37 이 부류의 역사기술에 대해서는 본서의 주 5에서 인용한 J. Forsdyke의 *Greece before Homer*와 M. Nilsson, *Geschichte der griech. Religion,* vol. II, pp. 51-54를 참조하라.

† [편집자 주] 7세기에 부르고뉴에서 기술된 것으로 추정되는 프랑크 연대기의 저자(혹은 저자들)를 일컫는 관례적 이름. 해당 연대기는 세계의 창조에서 시작하여 메로빙거 왕조에서 발생한 642년의 오툰 전투까지를 기술하고 있다.

†† [편집자 주] Pierre de Ronsard, 1524-1585. 프랑스 르네상스 시대의 시인. 핀다로스와 호라티우스 등 고대 시인들의 송시를 본뜬 송시들 외에도 다양한 분야의 송시를 남겼다. 또한 프랑스 왕국의 전신으로서의 프랑크 왕국 건국을 다룬 서사시인 《프랑시아드Franciade》를 쓰기도 했으나 미완으로 남았다.

크 왕국의 트로이 기원설을 예로 들어 보자. 왕국이라는 이름에 걸맞은 왕국들을 건설한 자들이 바로 트로이인들이므로, 프랑크 왕국을 세운 것도 그들이어야 한다. 그런데 지명은 인명에서 유래하므로 문제의 그 트로이인들은 프랑키온이라고 불릴 수밖에 없다.

메세니아에 관한 연구에서 파우사니아스는 헬레니즘 시대 초기의 서사시인 리아노스Rhianos와 프리에네의 역사가 미론Myron de Priène을 원용했다.[38] 아르카디아 연구에 있어서는 "아르카디아인들이 이야기하는 계보", 즉 《서사시 대계Epikos Kyklos》의 저자 아시오스Asios가 수집했다고 이야기되는 전승을 따랐다.[39] 파우사니아스는 이리하여 [아테네를 세웠다고 전해지는 전설적인 왕] 케크롭스Cecrops의 동시대인인 펠라스고스Pelasgos에서 트로이 전쟁에 이르기까지, 수많은 세대로 이어지는 아르카디아의 왕들의 계보를 알게 된다. 그는 그들의 이름과 성은 물론 자식들의 이름까지 알았다. 그는 이 계보를 역사적 시간 위에 펼쳐서 다음과 같은 가설을 세울 수 있었다. 리카온Lycaon의 증손자 오이노트로스Oenotros가 창건한 오이노트리아Oenotria는 그리스인들이 세운 최초의 식민지가 분명하다는 것이었다.

---

38 미론에 대해서는 Pausanias, IV, 6, 1 ; 리아노스에 대해서는 IV, 1-24 여기저기. 리아노스에 대해서 A. Lesky, *Geschichte der griech. Literatur,* Berne and Munich: Francke, 1963, p. 788도 참조하라. 나는 J. Kroymann, *Pausanias und Rhianos,* Berlin, 1943와 F. Kriechle, *Messensche Studien,* Kallmünz, 1959를 읽지 않았다. 아르카디아에 대한 파우사니아스의 고고학적 연구의 출처에 대해서는 W. Nestle, *Vom Mythos zum Logos,* p. 145 sq.를 참고하라. 시초, 창립kantastasis, '고고학' 등의 개념에 대해서는 E. Norden, *Agnostos Theos,* Darmstadt: Wiss. Buchg., 1956, p. 372.

39 Pausanias, VIII, 6, 1 (하지만 우리는 VIII권의 도입 부분 전체를 인용해야 한다); 오이노트리아의 창건에 관해서는 VIII, 3, 5를 참고할 것.

파우사니아스가 역사기술로 간주했던 이 계보학적 문학은 사실, **아이티아**aitia['원인'이라는 뜻] 또는 기원들, 다시 말해 세계 질서의 수립에 관한 이야기들이었다. 거기에 내포된 생각은—이 생각은 로마의 시인 루크레티우스†의 저서 제5권에서도 발견된다—우리의 세계가 이미 완성되었고 형태를 갖추었으며 완전하다는 것이다(목수들이 일하는 모습을 보면서 놀랍다는 듯 아이가 내게 이렇게 말했다. "아빠, 그러니까 아직도 안 지어진 집들이 있는 거야?")[40] 이러한 수립은 정의상 역사의 아침이 밝아오기 전, 영웅들의 신화적 시간에 이루어진다. 어떤 사람, 관습, 혹은 도시가 어떻게 태어났는지 설명하는 것이 핵심이다. 도시는 일단 태어나면 더 이상 기원론에 속하지 않는 자신의 역사적 존재를 살아간다.

(폴리비오스가 유치하게 여겼던[41]) 기원론은 대상을 그 시작으로

---

† [편집자 주] Titus Lucretius Carus, BCE 99–BCE 55. 고대 로마의 시인, 철학자. 저술로는 6권으로 된 철학 서사시 《사물의 본성에 관하여De rerum natura》만이 남아 있다.

40 여러 가지 설이 존재하지만, 세상에 가장 널리 퍼져 있는 시간 개념은 순환적인 것도 단선적인 것도 아닌 쇠락의 시간 개념이다(루크레티우스는 이를 자명하게 여겼다). 즉 모든 것이 이루어졌고 창조되었으며 세계는 성숙한 상태이고 늙는 일만 남았다는 생각이다. Cf. Paul Veyne, *Comment on écrit l'histoire*, Paris: Seuil, Livre de Poche, 1979, p. 57, 주 4. 이 개념은 플라톤의 《법률》(677, C)에 나오는 어려운 구절을 이해하는 데 열쇠를 제공한다. 여기서 플라톤은 아테네인의 입을 빌어, 만약 인류의 대부분이 그들이 이룩한 문화적 자산과 더불어 주기적으로 파멸되지 않았다면, 세상에는 더 이상 새로운 창조의 여지가 없을 것이라고 말한다.

41 Polybe, X, 21(도시들의 창건에 관하여); XII, 26D(도시들의 창건과 혈연관계에 대한 티마이오스의 허풍에 관하여); XXXVIII, 6(오로지 기원에 대해서만 이야기하고 그 후의 역사에 대해서는 함구하는 역사서술에 관하여). 민중적 사고는 "창건"들이 이루어진 과거와 단조로운 현재를 대립시킨다. 전자는 매혹적이다. 히피아

써 설명하는 데 그쳤다. 도시는 그 창립자로써, 의례는 전례 역할을 했던 어떤 사건으로써(의례는 그 사건의 반복이므로), 민족은 그 땅에서 태어난 최초의 사람이나 최초의 왕으로써. 이 최초의 사실과 (트로이 전쟁에서 시작하는) 우리의 역사시대 사이에 신화적 세대들의 행렬이 펼쳐진다. 신화학자는 신화시대 전체를 관통하는 왕실의 계보를 공백 없이 재구성한다. 아니, 꾸며낸다. 그리고 그것을 만들어냈을 때 그는 완전한 지식을 소유했다는 만족감을 맛본다. 계보의 각 단段에 붙여지는 이 모든 고유명사들을 그는 어디서 끌어오는가? 자신의 상상력에서, 때로는 알레고리에서, 더 빈번하게는 지명에서. [그가 생각하기에] 어느 나라의 강, 산, 도시들의 이름은, 거기 살았던 사람들, 그곳의 유일한 거주자들이었다기보다는 그곳을 다스렸다고 여겨지는 이들의 이름에서 유래한다. 지명에 남아 있는, 연대를 알 수 없는 인간의 자취는 신화시대의 인명록에서 기원한다. 어떤 강 이름이 사람 이름에서 파생되었다면, 우리는 그 지역이 인간의 거처가 되기 시작하는 시점을 표시하는 시원적 인간의 출현으로 거슬러 올라가야 한다.[42]

스가 스파르타를 방문하여 연설할 때 그는 "도시들의 건설에서 초창기까지 영웅들 혹은 인간들의 계보에 대해서, 더 일반적으로는 과거와 관련되는 것들에 대해서" 이 야기했다(Platon, *Hippias majeur*, 285, E). 이렇듯 이미 형성된(심지어 쇠락하고 있는) 세계의 정초는 세 가지 요소를 포함한다: "도시의 창건, 기술의 발명, 법의 제정" (Josèphe, *Contre Apion*, I, 2, 7). 헤로도토스는 세상을 주유하면서 가옥을 묘사하듯 각 민족을 묘사한 뒤 땅 속으로, 즉 그 민족의 기원으로 들어간다.

42 파우사니아스 저작의 곳곳에서(특히 그의 여러 저서의 첫 장에서) 이 모든 사실들의 예가 발견된다. 인명으로 지명을 설명하는 것은 인간적인 기원으로 거슬러 올라가는 것을 허락한다. 그래서 사람들은 노미아라는 산의 이름이 목장을 뜻하는

그러나 도대체 무슨 사건을 계기로 과거의 어느 왕 이름이 이 강으로 넘어가게, 혹은 그것에 붙여지게 되었는가? 이것은 계보학자가 결코 던지지 않는 질문이다. 그에게는 단어들 간의 유사성으로 충분하며, 그가 선호하는 설명방식은 원형적archétypal이다. 말하자면 그의 질문은 이런 식이다. 목신Faune과 동물상faune 사이에는 구체적으로 어떤 관계가 있는가? 헬렌Helen과 헬라스인들Hellènes 사이에는? 펠라스고스와 펠라기스인들Pélasges 사이에는? 또 기원론을 흉내 낸, 다음의 이야기에서 코끼리와 코끼리들 사이에는 어떤 관계가 있는가? "원래 코끼리에게는 긴 코trompe가 없었다. 그런데 코끼리의 속임수tromperie를 벌하기 위해 신이 그의 코를 잡아당겼다. 그날부터 코끼리들은 모두 긴 코를 갖게 되었다."

파우사니아스는 이러한 원형적 논리를 더 이상 이해하지 못한다. 그는 원형, 즉 아담 같은 유일한 존재를 그 나라의 첫 번째 왕으로 간주한다. 그는 이렇게 쓴다.[43] "아르카디아 사람들은 펠라스고스가 이 땅에 거주한 최초의 사람이었다고 말한다. 하지만 그가 혼자가 아니었고 다른 사람들이 그의 옆에 있었다고 가정하는 편이 더

보통명사에서 왔다고 말하는 대신—분명 그것이 파우사니아스 자신이 암시하듯 올바른 설명일 텐데—님프의 이름에서 왔다고 말하고 싶어 한다(VIII, 38, 11). 파우사니아스라면 아이기알라이Aigialai라는 지명이 강기슭을 뜻하는 아이기알로스aigialos에서 나왔다고 하겠지만, 아카이아 주민들은 이 지명의 기원을 설명하기 위해 아이기알레우스Aigialeus라는 이름의 왕을 기꺼이 만들어냈다(VIII, 1, 1).

43 Pausanias, VIII, 1, 4. 마찬가지로 투키디데스에게 있어서(Thucydide, I, 3) "헬렌과 그 자손들"은 모든 헬라스인들의 선조도 아니고, 시초의 코끼리 같은 신화적 원형도 아니다. 그들은 어떤 사회를 다스렸던 왕족이다. 역사적 기원론의 예를 알고 싶다면 아리스토파네스의 《새》(Oiseaux, 466-546)에 나오는 풍자를 볼 것.

자연스럽다. 그렇지 않다면 그는 다스릴 백성이 없는 왕이 되기 때문이다. 펠라스고스는 체격, 힘, 아름다움, 지성 면에서 다른 사람들보다 월등했고, 그래서 왕으로 뽑혔을 것이다. 시인 아시오스는 이렇게 노래했다. 신들과 대등한 펠라스고스는 숲이 울창한 산 속 흑토에서 태어났다. 인간 종족을 있게 하기 위해서." 이 몇 줄의 시구는 일종의 "콜라주"다. 오래된 신화적 진실이 파우사니아스가 구사하는 일종의 합리주의 위에 겹쳐져 있다. 그는 이 재료들의 차이를 그다지 의식하지 않는 듯하다.

지식의 사회적 분배와
믿음의 존재양식

어떻게 사람들은 이 모든 전설을 믿을 수 있었을까? 그들은 정말 그 걸 믿었을까? 이 질문은 주관적 차원의 것이 아니다. 믿음의 존재양식은 진실을 소유하는 방식과 관련되어 있다. 여러 세기에 걸쳐 복수의 진실 프로그램이 존재하면서 지식의 분배에 관여해 왔고,[44] 신

---

[44] 진실의 소유와 분배에 대해서는 Marcel Detienne, *Les Maîtres de verité dans la Grèce archaïque*, Paris: Maspero, 1967을 참고하라. 아주 멋진 책이다. 지식의 분배에 대해서는 cf. Alfred Schutz, *Collected Papers* (Coll. "Phaenomenologica," vol. XI, XV), vol. 1, p. 14: "The Social Distribution of Knowledge"; vol. 2, p. 120: "The Well-Informed Citizen"; Gilles Deleuze, *Différence et Répétition,* Paris: PUF, 1968, p. 203. 기독교 사상가들, 특히 성 아우구스티누스는 '교회는 믿음의 사회가 아닌가?' 라는 질문을 깊이 파고든다. 《믿음의 효용에 대하여 De utilitate credendi》에서 그는 우리의 믿음이 무엇보다 말에 토대를 두고 있다는 것, 불평등하게 분배된 지식들의 교환이 있다는 것, 사람들에게 믿음을 강요하면 그들은 결국 믿게 된다는 것을 설명한다. 슬프게도 유명한 **콤펠레 인트라레**compelle intrare['강권하여 들어오

념의 주관적 강도, 자기기만, 동일한 개인의 내면에 공존하는 모순

___

게 한다'는 뜻. 〈누가복음〉 14장 23절 (주인이 잔치를 베풀었는데 아무도 오지 않
자 종에게 명하기를 길거리에 나가서 사람들을 데려와 자리를 채우라고 한다)에 나
오는 표현으로 아우구스티누스는 이를 강제 개종의 근거로 해석했다]와 박해의 의
무는 여기에 근거를 두고 있다. 사람들이 원하지 않더라도 그들에게 선을 행해야 하
는데, 지식은 일종의 선이다 (지식의 불평등과 권력의 불평등은 연결되어 있다). 이
러한 믿음의 사회학은 이미 오리게네스에게서도 나타난다 (Origen, *Contra Celsum*, Ⅰ,
9-10; Ⅲ, 38). 암묵적인 신앙la foi implicite의 원리는 여기서 나온다. 교회에 열
심히 다니는 사람은 교회에서 가르치는 모든 것을 안다고 간주된다. 그러나 문제
는 이런 것이다. 어떤 열렬한 기독교인이 사실은 엉터리 기독교인이라고 판단하려
면 그가 어느 정도로 무지해야 하는가? 교회는 지식을 소유하고 있으며 항상 옳다
는 것이 그의 유일한 신조일 경우 그는 신앙을 갖고 있다고 말할 수 있는가? Cf. B.
Groethuysen, *Origines de l'esprit bourgeois en France: l'Eglise et la bourgeoisie,* Paris:
Gallimard, 1952, p. 12. 위에서 이야기한 것 전부에 대해서, 그리고 성 아우구스티
누스에 대해서 Leibniz, *Nouveaux Essais*, Ⅳ, 20을 참조하라. 정치적, 사회적 결과들
에 더하여, 지식의 분배는 지식 그 자체에도 영향을 미친다. 배움과 창조의 권리를
사회적으로 인정받을 때 사람들은 비로소 배우고 창조하며, 그렇지 않으면 주저하
고 스스로를 의심한다. 알 권리와 질문할 권리를 갖지 못한 사람은 정말로 무지해지
고 무비판적인 상태에 머물게 된다. 그래서 프루스트가 말했다. "절대로 고백하지 마
시오."[묻지 않은 것을 먼저 털어놓지 말라는 의미이다.] 지식의 출처와 증거들은 그
자체가 역사적이다. 예를 들어 "그리스의 진리 개념이 모순되지 않고 검증 가능한 것
을 어떤 진술의 진리조건으로 여긴다면, 유대-기독교적 진리 개념은 진실성, 즉 개
인적 관계에서의 사기와 위선의 부재를 중시한다"(R. Mehl, *Traité de sociologie du
protestantisme*, Paris et Neuchâtle: Delachaux et Niestlé, 1966, p. 76). 내 생각에, 네
번째 복음서의 기이한 맺음말은 여기서 비롯된다. 요한복음 21장 24절에서 성 요한
의 제자들은 "우리는 그의 증언이 진실됨을 안다"고 선언한다. 만약 이 '증언'이 그
리스적 의미 (증인은 현장에 있었고 자기 눈으로 보았다)로 사용되었다면, 이것은
터무니없는 문장이 되고 만다. 어떻게 제자들은 현장에 있지도 않았으면서 그리스도
의 죽음에 관해 성 요한이 하는 이야기의 진실성을 증언할 수 있는가? 제자들이 말
하려는 바는 그들이 요한을 잘 알고 있고, 그가 거짓말을 하지 못하는 진실한 마음의
소유자임을 인정한다는 것이다.

들을 설명하는 것은 바로 이 프로그램들이었다. 우리는 이 점에서 푸코를 믿는다—진실이라는 철학적 관념을 역사화할 때 사상사는 진정으로 시작된다.

실재에 대한 감각 따위는 존재하지 않는다. 뿐만 아니라, 과거에 속하는 낯선 것이 현재에 속하는 친숙한 것과 닮았다고 가정해야할 이유는 전혀 없다. 신화의 내용은 개인의 경험이나 이해관심과는 동떨어진, 고상하고 플라토닉한 시간성 속에 자리 잡고 있었다. 행정기관의 홍보문구가 그렇듯이, 혹은 학교에서 가르쳐지고 액면 그대로 수용되는 난해한 이론들이 그렇듯이. 다른 한편 신화는 믿을 수 있는 누군가로부터 얻은 정보이기도 했다. 이것이 신화를 대하는 그리스인들의 기본적인 태도였다. 이런 믿음의 존재양식 속에서 그들은 다른 누군가의 말에 의존했다. 그 효과는 다음과 같다. 첫째로, 진실과 허구의 차이에 대해 일종의 나른한 무관심이라고 할까, 아무튼 어떤 망설임이 존재하게 된다. 둘째로, 이러한 의존성은 반란으로 귀결된다. 사람들은 모든 것을 자신의 경험에 입각해서 스스로 판단하고 싶어질 것이다. 그리스인들이 신비한 사건들을 일상의 현실에 비추어 판단하고 그럼으로써 상이한 믿음의 존재양식 속으로 이행한 것은, 이 "현존하는 사물들의 원칙"에 입각해서다.

행위와 분리된 신념이 진지할 수 있을까? 믿음의 대상이 심연 저편의, 손닿지 않는 곳에 있을 때는 우리 자신도 그것을 믿는지 믿지 않는지 알 수 없다. 핀다로스는 이미 신화 앞에서 주저했다. 《피티아 송가》 제10편의 언어는 아주 경건하면서도 얼마간의 망설임을 드러낸다. "바닷길로도 뭍길로도 우리는 위대한 북쪽 나라의 축제에 갈 수 없다. 옛날 옛적 용감한 페르세우스는 그곳, 행복한 사람들이 사는 곳에 쉽게 이르렀다. 아테나 여신이 그를 인도했고, 그는 고르곤을 죽였다! 나로서도, 페르세우스가 신들의 도움을 받았다면 놀라울 게 하나도 없다."

가장 널리 퍼진 믿음의 존재양식은 타인의 말을 신뢰하는 것이다. 나는 한 번도 도쿄에 가본 적이 없지만 그 도시가 존재한다고 믿는다. 왜냐하면 나는 지리학자들이나 여행사 직원들이 나를 속여서 대체 무슨 이득이 있을지 알 수 없기 때문이다.[45] 이런 종류의 믿음은 우리가 전문가들을 신뢰하는 한, 혹은 그 분야의 법칙을 만드는 전문가들이 사라지지 않는 한 지속된다. 서구인들은—적어도 세균학자가 아닌 평범한 사람들은—병원균의 존재를 믿으면서 위생과 관련된 주의사항들을 점점 늘려간다. 아잔데족이 마녀의 존재를 믿으면서 주술적인 대책을 점점 늘리는 것과 비슷한 방식이다. 그들의 믿음은 신뢰에 바탕을 두고 있다. 핀다로스나 호메로스의 동시대인들에게 진실은 일상적인 경험에서 출발하여 규정되거나, 화자의 성격에서 출발하여 규정되었다. 화자는 믿음직한가 아니면 사기꾼인가? 일상적인 경험과 동떨어진 이야기들은 참도 거짓도 아니었다. 또한 그것들은 거짓말도 아니었다. 말하는 사람에게 아무 이익도 주지 못하고 듣는 사람에게 어떤 해도 끼치지 않는 말은 거짓말이라고 할 수 없기 때문이다. 사심 없는 거짓은 기만이 아니다. 신화는 진실도 거짓도 아닌 **제삼의 무엇**tertium quid이었다. 아인슈타인도, 그의 진실이 제삼의 원천 즉 전문가들의 권위에서 오지 않았다면, 우리에게

---

45 성 아우구스티누스에게(특히 *De utilitate credendi*에서) 중요했던 이 아이디어는 갈레노스의 저술에서도 발견된다(Galien, *De optima secta, ad Thrasibulus,* 15).

는 똑같았을 것이다.

신학도 물리학도 역사도 태어나기 전의 그 아득한 옛날에는 이런 권위가 존재하지 않았다. 지적인 우주는 오직 문학적이었다. 시인은 신화와 창작을 뒤섞었고, 청중은 박식한 자의 말에 얌전히 귀기울였다. 그들은 거짓에서 참을 분리할 필요를 느끼지 못했다. 어떤 알려진 과학과도 충돌하지 않는 허구는 그들에게 아무런 혼란을 일으키지 않았다. 그래서 그들은 진짜 신화를 들을 때와 똑같은 마음으로 시인의 창작을 들었다. 헤시오도스는 자기 시대의 청중들을 이런 나른함에서 흔들어 깨우기 위해서 시인은 거짓말쟁이라고 선언해야 했다. 그는 진실의 왕국을 세워서 사람들이 더 이상 신들에 대해서 아무 이야기나 지껄이지 않기를 바랐다.

이런 비대칭성이 주어져 있을 때, 타자에 대한 신뢰에 기초한 믿음은 사실상, 일반적인 오류 또는 무지에 맞서서 자신의 진실을 제시하는 개인적 시도들을 지지하는 효과를 가져온다. 헤시오도스의 사변적 신통기théogonie spéculative가 그런 경우다. 이것은 신들이 내려준 계시가 아니다. 헤시오도스는 이 지식을 뮤즈들에게서—즉 그 자신의 사색을 통해서—얻었다. 신들과 이 세계에 대해서 이야기되어 온 모든 것을 곰곰이 생각한 끝에 그는 많은 것을 이해했고, 완벽한 진짜 계보들을 작성할 수 있었다. 먼저 카오스와 땅이 있었고 또한 사랑이 있었다. 카오스는 밤을 낳았고, 땅은 하늘과 바다를 낳았다. 바다에게는 마흔 명의 딸이 있었는데, 헤시오도스가 우리에게 알려준 바에 따르면 그들의 이름은 페이토, 아드메테, 이안테, 아름다운 폴리도라 등등이다. 이 계보들의 많은 부분은 알레고리다. 그리고 우리는 헤시오도스가 올림포스의 신들보다 그 자신의 신神-관넘들을 더 진지하게 취급한다는 인상을 받는다. 하지만 어떻게 그는 그 많은 이름과 세부사항들을 아는가? 이 모든 오래된 우주발생론들이 그야말로 소설인 것은 어찌된 까닭인가? 타인에 대한 신뢰에 기반을 둔 지식을 특징짓는 이 비대칭성이 원인이다. 헤시오도스는 사람들이 그의 말을 신뢰하리라는 것을 알고 있었고, 그러한 신뢰에 합당하게 스스로를 신뢰했다. 그는 자신의 머릿속에 떠오르는 모든 것을 맨 처음 믿어준 사람이었다.

플라톤의 《파이돈》은 커다란 문제들과 관련하여 어떤 사람이 스스로 진실을 발견하지 못했고 신으로부터 계시를 받지도 못했을 때에는, 이미 이야기되고 있는 것을 채택하거나 다른 유식한 사람에게 물어보는 방법밖에 없다고 말한다.[46] 신화의 "사람들이 말하기를"은, 그러므로 의미가 바뀐다. 신화는 더 이상 공기 중에 떠다니는 정보, 남들보다 운이 좋거나 재빠르기만 하면 붙잡을 수 있는 지식의 자연스러운 원천이 아니다. 신화를 아는 것은 위대한 정신들의 특권으로, 그들의 가르침은 되풀이하여 이야기된다. "사람이 죽으면 하늘의 별처럼 된다고 한다"라고 아리스토파네스[†]의 주인공 중 한 명이 단언한다. 그는 당시의 어떤 종파들이 가지고 있는 심오한 지식을 전해 들었다.[47]

얼마간 비의적인 이런 사색들과 나란히, 믿음에 기초한 진실은 '수수께끼를 푸는 자'라는 또 다른 유형의 영웅을 가지고 있었다. 이

---

46   Platon, *Phédon*, 85 C 그리고 99 CD.

†   [편집자 주] Aristophanes, ?446 BCE-?385 BCE. 고대 그리스 아테네의 대표적인 희극작가.

47   Aristophane, *Paix*, 832; cf. *Oiseaux* sq.

는 물리학과 형이상학의 탄생, 즉 서양 사상사의 시작이라고 여겨지는 장면과 관련되어 있다. 물리학을 연구한다는 것은 세계의 수수께끼를 푸는 열쇠를 발견한다는 것이었다.[48] 왜냐하면 수수께끼가 존재했고, 일단 그것을 해결하면 모든 비밀이 풀렸기 때문이다. 신비가 사라졌고, 우리 눈에서 비늘이 떨어졌다.

철학의 시작에 대한 그리스인들의 묘사를 예로 들어보자. 전해 내려오는 말에 따르면, 탈레스는 만물의 비밀을 최초로 발견한 사람이었다. "모든 것은 물이다." 탈레스는 세계의 통일성을 설파했던 것일까? 그는 일원론monism을 향해, 대문자 존재의 문제와 자연의 통일성의 문제를 향해 나아가는 중이었을까? 사실, 전해지는 대로라면, 그의 명제는 형이상학적이지도 존재론적이지도 않다. 그보다는 알레고리적이며… 화학적이다. 만물이 물로 이루어져 있다는 말은 소금이 염소와 나트륨으로 이루어져 있다는 말과 비슷하다. 그리고 모든 것이 물이기 때문에, 모든 것은 지나가고, 흐르고, 바뀌고, 달아난다. 이상한 화학이다. 어떻게 하나의 단순한 물질에서 출발하여 다양한 화합물을 재구성할 수 있는가? 탈레스는 사실 자신이 그걸

---

48 니체, 《아침놀》 §547: "오늘날 학문의 발전은 인간의 수명이 약 70년이라는 우연한 사실에 더 이상 속박되어 있지 않지만, 과거에는 오랫동안 그랬다. … 옛날에는 저마다 이 기간 동안 완전한 지식에 도달하기를 원했고, 인식의 방법들은 이 일반적인 욕망에 따라 평가되었다. … 우주 전체가 인간을 중심으로 구성되어 있었으므로, 세계를 이해할 가능성 역시 인생의 길이에 맞추어져 있다고 여겨졌다. … 모든 것을 단칼에 한 마디로 해결하는 것, 이것이 은밀한 욕망이었다. 사람들은 이러한 과업을 고르디오스의 매듭이나 콜럼버스의 달걀 같은 이미지로 상상했다. 단 하나의 답으로 모든 의문을 일소할 수 있다고 … 굳게 믿으면서. 그들이 대답해야 했던 것은 하나의 수수께끼였다."

해냈다고 주장하지 않는다. 그는 단지 "열쇠"를 제시했을 뿐이고, 열쇠란 모름지기 단순해야 한다. 일원론이냐고? 아니, 그조차 아니다. 수수께끼의 "정답"을 한 단어로 말하는 것은 일원론과 무관하다. 열쇠는 설명이 아니다. 설명이 하나의 현상을 규명한다면, 열쇠는 수수께끼가 잊히게 만든다. 열쇠는 수수께끼를 지워버리고 그 자리를 차지한다. 이는 명료한 문장이 그전에 발화된 모호하고 이해하기 힘든 문장을 지우는 것과 비슷하다. 탈레스는 세계를 다양성 속에서 설명하지 않는다. 그는 세계의 진정한 의미를, "물"을 우리에게 제시하며, 그럼으로써 수수께끼를 밀어내고 지워버린다. 우리는 수수께끼가 정확히 어떤 문장으로 되어 있었는지 따지지 않는다. 중요한 것은 해답이다.

설명은 찾아내야 하고 뒷받침해야 하는 어떤 것이다. 반면 수수께끼의 해답은 맞혀야 하며, 일단 맞히면 즉시 작동한다. 논쟁의 여지조차 없다. "열려라 참깨"라고 외치기만 하면 되는 것이다. 고대 그리스 최초의 자연학자들은 저마다 만물의 핵심으로 들어가는 문을 혼자 힘으로 단숨에 열었다. 이백 년이 지난 뒤의 에피쿠로스학파의 자연학도 비슷한 방식이었다. 우리는 프로이트의 저작에서 동일한 방식을 엿볼 수 있다. 그의 저작의 기이함에 사람들이 별로 놀라지 않는다는 사실이 놀랍다. 프로이트는 아무런 증거도 없이, 논증하지도 예증하지도 않고, 이해를 돕기 위한 예조차 없이, 최소한의 임상적인 묘사도 제시하지 않으면서 정신의 심층을 안내하는 지도를 펼친다. 우리는 그가 이 모든 것을 어디서 발견했으며 어떻게 알아냈는지 짐작할 길이 없다. 자기 환자들을 관찰하면서? 아니면 더 그럴듯한 추측이지만, 자기 자신을 관찰하면서? 이 낡은 작품이 못지않게 낡은 형태의 지식, 즉 주석의 형식으로 이루어져 있다는 사실은 놀랍지 않다. 비밀의 문을 여는 암호가 발견되었을 때 논평을 덧붙이는 것 외에 달리 무엇을 할 수 있겠는가? 무엇보다 천재만이, 영감을 얻은 인간, 신에 가까운 인간만이 그런 수수께끼의 열쇠를 발견할 수 있을 것이다. 에피쿠로스는 신이다. 그렇다, 그는 신이라고 그의 제자 루크레티우스는 주장한다. 암호를 해독하는 사람의 말은 곧이곧대로 믿어지며, 그의 숭배자들만큼이나 그 자신도 스스로에게 너그럽다. 그의 제자들은 그의 작업을 이어가지 않는다. 그들은 그것을 보전하며 아무것도 덧붙이지 않는다. 제자들은 스승의 업적을 옹호하고, 설명하고, 적용하는 데만 힘쓴다.

방금 우리는 제자와 스승에 대해 이야기했다. 여기서 신화의 문제 자체로 돌아가자면, 불신은 적어도 두 개의 원천에서 솟아난다. 타인의 말에 대한 반발과, 직업적으로 진리를 연구하는 전문가 집단의 형성이 그 두 원천이다.

전설을 대하는 그리스 귀족들의 태도는 18세기와 비슷하게, 다음 두 가지 사이에서 오락가락했다. 실용적인 태도로 민중적인 믿음을 나누어 갖거나(민중은 복종적인 만큼이나 순순히 믿으므로), 아니면 어리석음의 결과로 여겨졌던 굴욕적인 복종을 소신 있게 거부하는 것이다(계몽은 모든 특권 중 으뜸가는 특권이기에).

전자의 경우 귀족들은 무엇보다 신화적인 계보를 이어받았다고 자처할 수 있었다. 플라톤의 리시스에게는 제우스의 사생아인 조상이 있었다. 그 조상은 자신의 집에 배다른 형제이자 그 역시 신의 사생아인 헤라클레스[49]를 초대했다. 하지만 지체 높은 사람들 중에

---

49 Platon, *Lysis*, 205 C-D.

는 군중과 다르게 생각할 만큼 깨어 있고 취향이 고상한 이들도 있었다. 크세노파네스[†]는 그의 연회에 온 손님들이 어리석은 입씨름을 벌이는 것을 원치 않았다. 그래서 그는 "타이탄, 기간테스, 켄타우로스, 그리고 고대인들의 모든 창작물"[50]에 대한 이야기를 금지했다. 이 가르침은 널리 수용되었다. 아리스토파네스의 《말벌》의 끝부분에는 저속한 견해를 지닌 아버지에게 기품을 주입하려고 애쓰는 아들이 "신화를 식탁에서 이야기하는 것은 예절이 아니"라고 말하는 대목이 있다. "우리는 인간의 일에 대해 말해야 한다"는 것이다.[51] "이것이 제대로 된 사람들의 대화"라고 아들은 결론짓는다. 모든 것을 믿지 않는 것은 그리스인들을 가장 잘 나타내는 특징이었다. 헤로도토스의 말에 따르면, "지난 여러 세기 동안, 그리스인들은 더 깨어 있고 미신에서 벗어나 있다는 점에서 스스로를 덜 문명화된 민족들과 차별화해 왔다."

타인의 말에 굴복하지 않는 것은 계급적 이해관계의 문제라기보다는 성격적인 특징이다. 이러한 반항을 귀족의 특권이라고 간주하는 것은 잘못이다. 마찬가지로 이런 태도가 특정한 시대에 속하며 믿음의 시대가 지나가면 이런 시대가 온다고 가정하는 것도 잘

---

† [편집자 주] Xenophanes, ?570 BCE–?478 BCE. 고대 그리스의 철학자, 시인. 물리적 현상에 대해 신화가 아니라 제일 원리(아르케Arche)에 기초해 설명하려 시도한 최초의 철학자들 중 한 사람이다. 그는 호메로스와 헤시오도스를, 특히 그들이 전한 신들의 이야기를 비판했다. 크세노파네스는 신성神性이 인간과 닮지 않았다고 생각했다.

50 Xénophane, fragment 1.

51 Aristophane, *Guêpes*, 1179; Herodote, I, 60

못이다. 이는 가브리엘 르브라의 《종교사회학 연구Etudes de sociologie religieuse》를 몇 페이지 읽기만 해도 알 수 있다.[52] 르브라는 여기서 앙시앵 레짐의 주교들이 각자의 교구를 시찰한 후에 작성한 보고서를 분석한다. 마을마다 그 마을의 불신자들이 있었는데, 그들은 감히 일요일의 의무를 빼먹지는 못했지만, 미사 내내 뒷자리에 있거나 심지어 현관에서 어정거렸다. 어떤 사회에나 불신자들은 있기 마련이었고 그들의 숫자와 뻔뻔스러운 정도는 권력 기관들이 그들을 얼마나 눈감아 주느냐에 달려 있었다. 그리스도 마찬가지다. 아리스토파네스의 《기사騎士들》에 나오는 유명한 구절이 증언하듯이.[53] 어떤 노예가 자신의 운명에 절망한 나머지 동료 노예에게 이렇게 말했다. "우리가 할 수 있는 일은 신의 발밑에 몸을 던지는 것뿐일세." 그러자 동료는 그에게 반문했다. "정말? 그럼 자네는 정말 신이 있다고 믿는 거야?" 나는 이 노예가 소피스트들의 계몽les Lumières des Sophistes 덕택에 눈을 떴다고 생각하지 않는다. 그는 불신자들의 더 줄일 수

---

52 G. Le Bras, *Etudes de sociologie religieuse,* Paris: PUF, 1955, p. 60, 62, 68, 75, 112, 199, 240, 249, 267, 564, 583. 지식장 (부르디외의 용어로는, 상징적 장) 내부의 이 순종적인 관계는 우리가 보기에 최소한 종교의 이데올로기적 내용 못지않게 중요하다. 후자는 더 눈에 띄고 사회적 이해관계와 연결시키기도 더 쉽지만, 그만큼 더 모호하다. 프루동은 가톨릭교회가 사회적 위계에 대한 존경을 가르친다고 비판했다. 미사 때마다, 그리고 순서가 중요해질 때면 언제나 가톨릭의 관행은 사회적 위계를 강조하기 때문이다. 물론 그렇다. 하지만 볼테르의 《철학사전Dictionnaire philosophique》에는, 기독교 비판을 의도했겠지만 여전히 기묘하게 느껴지는 다음과 같은 문장이 있다. "조야하고 미신적인 민중은 … 예배당에 모여서 빈둥거린다. 거기서는 소인과 위인이 동등하기 때문이다."("우상Idoles" 항목)

53 Aristophane, *Cavaliers,* 32; cf. Nilsson, *Geschichte des griech. Religion,* vol. I, p. 780.

없는 가장자리에 속해 있다. 그들의 거부는 이성적인 추론이나 사유의 운동이 아니라 미묘한 형태의 권력에 대한 반작용으로 설명된다. 이 권력은 폴리비오스가 로마 원로원에 귀속시켰던 바로 그것이며, 또 자신의 옥좌를 교회의 제단과 결합시키는 모든 자들이 휘두르게 될 권력이기도 하다.[54] 종교는 필연적으로 보수적이라는 이야기가 아니다. 어떤 믿음의 존재양식은 상징적인 복종의 형식이라는 뜻이다. 믿는다는 것, 그것은 복종한다는 것이다. 종교의 정치적 역할은 결코 이데올로기적 내용의 문제가 아니다.

이야기되는 모든 것을 더 이상 믿지 않는 두 번째 이유는, 정보의 수집에 관한 한, 신화는 진실의 탐구에 특화된 사람들, "조사자들enquêteurs"내지 역사가들과 경쟁해야 했기 때문이다. 이들은 전문가로서의 권위를 쌓기 시작했다.

그런데 그들의 눈에는 신화가 현실의 다른 부분과 조화를 이루어야 했다. 왜냐하면 신화는 사실적임을 자처했기 때문이다. 이집트를 조사하면서 헤로도토스는 그곳에서 헤라클레스 숭배를 발견했다.[55] (떡갈나무가 어디서나 떡갈나무인 것처럼 신은 어디서나 신이다. 하지만 민족들은 저마다 그 신에게 다른 이름을 붙인다. 그래서 보통명사를 번역할 때처럼 신들의 이름 역시 한 언어에서 다른 언어로 번역해야 한다.)

---

54 Polybe, Ⅵ, 56. 플라비우스 요세푸스에 따르면, 모세는 종교를 미덕을 실천하게 만드는 수단으로 간주했다(Flavius Josèphe, *Contre Apion*, Ⅱ, 160). 플라톤과 아리스토텔레스 역시 종교와 도덕을 공리주의적으로 연결한다. Platon, *Lois*, 839 C, 838 BD; Aristote, *Métaphysique*, 1074 B4.

55 Hérodote, Ⅱ, 42-45. M. Untersteiner, *La Fisiologia del mito*, 2e éd., Florence: La Nuova Italia, 1972, p. 262에서 재인용.

이집트인들이 생각한 이 헤라클레스의 활동 시기는 그리스 신화의 연대기와 전혀 맞지 않는다. 헤로도토스는 이 어려움을 해결하기 위해 페니키아인은 자기네 헤라클레스를 어디쯤 위치시켰는지 찾아보았다. 하지만 이는 곤란을 더 크게 만들 뿐이었다. 그는 다음과 같은 결론에 만족해야 했다. 사람들 모두 헤라클레스가 아주 오래된 신이라고 여긴다는 것, 그리고 헤라클레스가 두 명이라고 생각하면 곤란에서 벗어날 수 있다는 것이다.

이게 전부가 아니다. "그리스인들은 생각 없는 이야기를 많이 했다. 헤라클레스가 이집트에 갔다는 신화 역시 믿기 어렵다." 이집트 사람들은 헤라클레스를 제우스에게 제물로 바치려 했다. 하지만 헤라클레스는 당하고 있지 않았고 도리어 그들을 모두 죽여 버렸다는 것이다. 이건 불가능하다고 헤로도토스는 일축한다. 이집트인들은 산 제물을 바치지 않았다. 이집트법을 공부한 사람이라면 모두 알고 있는 사실이다. 게다가 헤라클레스는 일개 인간이었다(사람들의 말대로라면, 그는 죽은 뒤에야 신이 된다). 그런데 "한 사람이 수천 명을 죽였다는 게 말이 될까?" 여기서 헤로도토스의 논의는 '타인에 대한 신뢰에 입각한 지식'과는 거리가 멀다. 타인에 대한 신뢰는 정보의 원천이다. 이 왕국의 수도는 어디인가? 아무개의 친족관계는 어떻게 되는가? 헤라클레스의 활동 시기는 언제인가? 우리에게 이런 것을 알려줄 사람은 여기에 대한 정보를 가지고 있는 사람이다. 이 영역에서는 진실과 오류가 대립한다기보다 정보와 무지가 대립한다. 다만 전문적인 조사자는 정보를 접했을 때 남들보다 더 까다롭다. 그는 그것을 대조하고 검증한다. 그는 실재에 정합성의 의무를 부과한다. 신화의 시간은 과거에 지나지 않는다. 그것은 더 이상 우리의 시간성과 이질적인 상태로 은밀하게 남아 있을 수 없다.

신화 비판은 조사의 방법으로부터 태어났다. 소피스트 운동—종교와 사회에 대한 비판으로 귀착되었던—과는 무관하며, 자연학의 우주론과도 관계가 없다.

이런 변동은 어떻게 일어났는가? 나는 이에 대해 아는 바가 없고 사실 그렇게까지 알고 싶지 않다. 역사학은 오랫동안 '설명하는 이야기'로 정의되어 왔었다. 원인과 결과가 있는 서사로 말이다. 설명하기는 역사가의 작업 중에서도 가장 고상한 부분으로 여겨졌다. 실로 설명하기는 원인으로서의 이성理性을, 즉 도식schéma (부르주아 계급의 부상, 생산력, 대중봉기)을 발견하는 것으로 이루어져 있었고, 위대하고 격정적인 사상들의 운명이 거기 걸려 있었다. 하지만 설명하기가, 정황conjoncture에 따라 달라지는 사소한 원인들의 다면체를 그리는 일이라고 가정해보자. 또한 이 원인들은 도식에 의해서 미리 할당된 자리를 채우는 것이 아니라고 말이다. 이 경우 설명은 정황적이고 삽화적인 성격을 띠게 될 것이다. 그리고 우연의 누적에 불과한 이런 설명은 사실상 설명으로서의 매력을 잃을 것이다.

그 대신에, 또 하나의, 못지않게 흥미로운 과제가 등장한다. 역사를 고상한 비극으로 만드는 전통적인 형태 혹은 풍성한 주름들을 더 이상 갖지 않는, 이 다면체의 예측 불가능한 윤곽을 명확하게 하는 것, 그리고 빌려온 옷 아래 감춰진 원래의 실루엣을 사건들에게 돌려주는 것이다. 왜냐하면 진짜 형태들은 너무 일그러져 있어서 문자 그대로 눈에 들어오지 않기 때문이다. 전제들은 "자명하며" 주목받지 않고 지나간다. 그리고 전통적인 일반화들이 그 자리를 채운다. 자료조사도 논쟁도 보이지 않는다. 모든 시대를 아우르는 역사 지식과 그 발전이 있을 뿐이다. 신화에 대한 그리스인들의 비판은 "이성Raison"의 진보를 구성하는 하나의 에피소드로 바뀐다. 마찬가지로 그리스의 민주주의는, 노예제라는 결함이 있기는 하지만, 불멸의 "민주주의Démocratie"가 될 것이다.

그러므로 역사가 이 옷을 벗어버리고 당연시되는 전제들을 명확하게 드러내고자 한다면, 역사는 설명적이기를 그치고 해석적이게 될 것이다. 그러면 우리는 신화의 비판이 어떤 사회학적인 원인들에서 비롯되었는지 묻지 않을 것이다. 우리는 계몽의, 혹은 사회Société의 성스러운 역사보다는, 계속 바뀌면서 우연한 효과들을 낳는 (하지만 인류의 사명을 계시한다고 여겨지는) 작은 원인들의 끝없는 재분배를 선호할 것이다. 도식을 위한 도식, 권력의 중심들에 의해 분점된 상징적 장場의 특수성과 자율성에 관한 피에르 부르디외의 도식은 사회계급의 도식보다 우리 눈에 더 바람직해 보인다. 두 개의 도식은 하나보다 낫다.

여기서, 첫눈엔 몇 페이지에 걸친 여담처럼 보일 수도 있지만 사실은 우리를 이 책의 핵심으로 데려다 줄 이야기를 꺼내기로 하자. 솔직히 말해서, 우리는 역사의 예측 불가능성이 그 우연성 ─**사후적인**post eventum 설명을 배제하지 않는─보다는 창조력에 기인한다고 생각할 때 좀 더 쉽게 [인과적인] 설명을 포기할 수 있다. 이런 생각은 웃음을 자아낸다. 절대적인 발단을 믿는 것은 신비주의적이고 비과학적이라는 것을 누구나 알고 있으니까. 그런데 지적하기 거북한 사실이지만, 과학적이고 설명적인 사고 역시 부지불식간에 자의적인 전제들에 의지한다. 이 문제에 대해 잠깐 짚고 넘어가겠다. 이는 사생활에서든 공적 영역에서든 전날 밤까지 전혀 상상하지 못했던 것을 행하거나 생각하고 있는 자신을 어느 날 아침 발견하게 되는 사람들을 위한 얘기이다. 또 가장 친한 친구의 행동을 예측하지 못했던, 하지만 사건이 벌어지자 회고적으로 그 친구의 성격이나 과거에서 전조를 찾아낼 수 있었던 사람들을 위한 것이기도 하다.

겉보기에는 인과관계만큼 단순하고 경험적인 게 없다. 불은 물을 끓게 하고, 신흥계급의 부상은 새로운 이데올로기를 창출한다. 하지만 이런 단순성은 우리가 의식하지 못하는 복잡성을, 행동과 수동성의 이원론적 대립을 감추고 있다. 불은 능동적이며 자신의 법칙을 따른다. 반면 물은 수동적이고 불의 작용 대상이다. 무슨 일이 일어날지 알고 싶다면 원인이 어떤 방향으로 작용하는지 살펴보아야 한다. 왜냐하면 효과란 당구공이 다른 당구공에 맞고 굴러가는 것과 비슷하기 때문이다. 즉 동일한 원인이 동일한 효과를 만든다. 인과관계란 규칙적인 연쇄반응을 뜻한다. 인과관계의 경험적 해석도 다르지 않다. 그것은 결과가 원인에게 노예처럼 복종하는 의인론擬人論, anthropomorphisme을 거부하면서도, 핵심적인 부분, 즉 규칙성의 관념을 고수한다. 경험주의는 절제를 가장하면서 은유를 숨긴다.

그런데 하나의 은유에만 의지하라는 법은 없으므로, 우리는 불과 끓어오르는 물(떠오르는 계급과 혁명)을, 능동적인 주체들만 등장하는 다른 은유로 바꾸어놓아도 좋을 것이다. 이를테면, 불, 냄비, 물, 그 밖의 무수한 디테일들을 포함하는 어떤 장치가 완성되면 물이 비등沸騰을 "발명한다"고 말이다. 물은 불 위에 놓일 때마다 비등을 다시 발명한다. 행위자로서 물은 특정한 상황에 반응한다. 물은 가능성들의 다면체를 활성화하며 활동을 전개하는데, 작은 원인들의 다면체는 이 활동의 방향을 결정한다. 이 경우 작은 원인들은 원동력이라기보다는 이러한 활동의 에너지를 제한하는 장애물에 가깝다. 이것은 일정한 방향으로 던져진 공의 은유가 아니라 주어진 공간을 차지하는 탄력 있는 기체의 은유다. 우리는 더 이상 이 기체가 무엇을 하게 될지 원인들을 가지고 추론할 수 없다. 아니, 원인들은 더 이상 존재하지 않는다고 말해야 할 것이다. 다각형은 이 팽창하는 에너지가 장차 어떤 모양이 될지 알려주지 않는다. 오히려 팽창을 통해서 다각형이 비로소 드러난다. 이런 자연적인 탄력성은 권력에의 의지volonté de puissance라고 불리기도 한다.

만일 우리가 이런 [후자와 같은] 은유적인 도식이 작동하는 사회에 살고 있다면, 우리는 혁명, 지적 유행, 제국주의의 일격, 어떤 정치체제의 성공 등이 인간 본성이나 사회적 필요성, 또는 사물의 논리에 부응하는 게 아니라는 점, 그것들은 그저 사람들을 열광시키는 유행들, 프로젝트들에 지나지 않는다는 점을 인정하는 데 아무 어려움을 느끼지 않을 것이다. 프랑스 대혁명은 일어나지 않을 수도 있었다(역사는 우발적이기에). 뿐만 아니라 신흥 부르주아지는 혁명이 아닌 다른 무엇을 만들어낼 수도 있었다. 이처럼 미확정적이고 에너지론적인 도식에 따라서 우리는 생성을, 어떤 법칙에도 복속되지 않는 전적으로 능동적인 주체들의 예측하기 어려운 작품처럼 생각하려고 한다.

이 도식이 다른 도식들과 마찬가지로 검증 불가능하고 형이상학적이라는 반박이 있을 수 있다. 하지만 이 도식은 어떤 가짜 문제들을 제거하고 우리의 상상력을 해방하는 대안적 해결책이라는 장점을 지닌다. 우리는 사회적, 이데올로기적 기능주의의 감옥에서 지겨워하고 있었다. 또 다른 반박은, 만일 생성이 능동적인 주체들만 포함한다면 때때로 나타나는 인과적 규칙성을 이해할 수 없다는 것이다. 하지만 꼭 그렇지는 않다. 만일 우리가 매번 헤비급 선수 한 명과 페더급 선수 한 명을 골라서 권투시합을 시킨다면, 무거운 쪽이 이긴다는 규칙을 발견할 것이다. 반면 전 세계의 권투선수들을 무작위로 뽑아서 시합을 시킨다면 이 규칙의 보편성은 깨질 것이며, 시합 결과는 완전한 예측가능성에서 완전한 불규칙성, 그리고 권투 천재의 탄생을 포함하는 스펙트럼으로 나타날 것이다. 역사적인 변화의 가장 뚜렷한 특징 역시 이런 식으로 설명할 수 있다. 사건들의 스펙트럼은 가장 예측하기 쉽고 규칙적인 것부터 가장 예측 불가능한 것까지 망라하면서 펼쳐진다. 우리의 에너지 이론은 우연들의 일원론이다. 다시 말해서 다원론이다. 우리는 관성과 혁신을, 물질과 생의 약동Élan vital을, 그리고 그 밖의 선과 악의 변형을 마니교도처럼 대립시키지 않을 것이다. 동등하지 않은 행위자들의 우연한 충돌은 물리적 필연과 급진적인 개혁 둘 다를 잘 설명한다. 모든 것은 그때그때 매번, 발명이거나 재발명이다.

사실 규칙적인 연속 또는 재발명은 사후적 분석이나 회고적 착각의 효과다. 불은 비등을 설명하고 미끄러운 도로는 자주 일어나는 어떤 유형의 자동차 사고를 설명한다―만일 우리가 셀 수 없이 많은 각본들 속, 무한히 다양한 다른 상황들을 모두 빼버린다면 말이다. 역사가와 사회학자는 이렇듯 아무것도 예측하지 못하면서 항상 옳을 수 있다. 베르그송이 가능한 것과 현실적인 것에 관한 그의 멋진 연구에서 말한 것처럼, 생성은 아주 창조적인 성격을 띠기 때문에 가능성은 회고적 착각illusion rétrospective에 의해서만 현실성에 선행하는 것처럼 보인다. "사건이 언제나 사후적으로 이런저런 선행하는 사건들에 의해 설명된다면, 동일한 상황에서 일어난 완전히 다른 사건도, 달리 선택된 선행사건들, 뭐랄까, 다른 식으로, 회고적인 주목에 의해 인식되고 분석되고 분배된 선행사건들에 의해 설명될 수 있다는 것을 우리가 어떻게 모를 수 있는가?"

그러므로 우리는 누가 1968년 4월 낭테르 대학 학생들 속에 존재했다고 여겨지는 인과적 구조를 사후적으로 분석하더라도, 흥분해서 동조하거나 반대하지 말기로 하자. 68년 5월이든 89년 7월이든, 어떤 사소한 원인에 의해 혁명론자들이 새로운 '신앙심'으로 불타오르기 시작했다 하더라도, 사후적으로 우리는 그들의 **망탈리테** mentalité 속에서 이 유행을 이해할 수 있게 해줄 수단을 찾아낼 것이다. 가장 간단한 방법은 역시, 사건의 원인들보다는 사건 자체를 편리하게 분석하는 것이다. 예를 들어 68년 5월이 (실제로는 그렇지 않았지만 안타깝게도 난장판이라는 과장된 비난을 받았던) 행정적 불만의 폭발이라면, 68년 5월에 대한 진짜 설명은 당연히 당시 대학 시스템의 빈약한 행정조직이 될 것이다.

마르크스 이래 우리는 진지함의 정신에 따라서 역사적 혹은 과학적 진보를 인류가 문제를 제기하고 푸는 과정의 연속으로 이해해왔다. 하지만 행동하는 인류, 혹은 사유하는 인류는 새로운 문제를 풀기 위해 조금 전의 문제를 잊어버리는 게 분명하다. 리얼리즘이란 "이 모든 게 어떻게 끝날까?"라고 묻는 것이 아니라 "이번에는 그들이 뭘 또 만들어낼까?"라고 자문하는 것이라고 해야 할 정도다. 창의성이 존재한다는 것은 역사가 도식대로 흘러가지 않는다는 뜻이다. 히틀러주의는 창의적이었다. 생산력에 의해서도, '영원한 정치 politique éternelle'에 의해서도 설명되지 않는다는 점에서 그렇다. 사소한 인과관계들의 얽힘이 있었다. "사실들은 존재하지 않는다"라는 명언(이 말을 한 사람은 막스 베버가 아니라 니체다)은 역사인식의 방법에 대해서 말하고 있는 것이 아니라, 역사가들이 과거를 서로 다르게 해석한다는 점을 지적하는 것이다. 즉 이 발언은 물리적이고 인간적인 현실의 구조를 묘사하고 있다. 각각의 사실(생산관계, "권력", "종교적 필요성", 사회적 요구, 등등)은 상황이 바뀌면 다른 역할을 한다. 아니 그것은 더 이상 동일한 사실이 아니라고 말하는 편이 정확할 것이다. 사실들에는 정해진 역할이나 정체성이 없다. 상황만이 있을 뿐이다.

게다가 역사적 구성체들formations historiques에 대한 설명보다 더욱 놀라운 것은 그러한 구성체들의 존재 자체다. 역사는 창의적이면서도 난해하다. 도대체 어떤 능력이 있기에, 인간은 문화적이고 사회적인 실천이자 작품인 이 널따란 건축물들, 생명체들만큼이나 복잡하고 예측할 수 없는 형태들을 아무 이유 없이 무에서부터 만들어내는가? 에너지가 넘쳐나서 어디에 써야 할지 모르겠다는 듯이 말이다.

자연적인 탄력성, 혹은 권력에의 의지는 '토크빌 효과'로 알려진 패러독스를 설명한다. 혁명이 폭발하는 것은 억압적인 체제가 좀 더 자유주의적으로 바뀌기 시작할 때이다. 왜냐하면 민중 봉기는 끓어오르면서 뚜껑이 날아가는 주전자가 아니기 때문이다. 그 반대다. 어떤 외부의 힘이 뚜껑을 살짝 들어 올리면 주전자가 끓기 시작하고 이어서 뚜껑이 날아간다.

이 긴 여담은 우리를 논의의 핵심으로 데려간다. 만일 역사가 분별 있게 살림을 꾸리는 알뜰한 주부가 아니라 끊임없이 새로운 것을 만들어내는 발명가라면, 신화를 비롯하여 아무 근거도 쓸모도 없는 온갖 어리석은 이야기들이 넘쳐나는 것은 신기한 일이 아니다.

우리는 어떤 힘이 피동적인 물체를 예측 가능한 방향으로 몰아간다는 식으로 사건들을 설명하는 데 익숙해져 있다("근위병들이여, 내게 복종하라!"). 그러나 미래는 알 수 없는 법이므로 우리는 이해가능성intelligibilité과 우연성contingence을 혼합하는 절충적 해결책을 택한다. 작은 자갈 하나가 이 움직이는 물체를 멈춰 세우거나 궤도에서 벗어나게 만들 수 있다고 말이다. 근위병들은 복종하지 않을 수 있고(근위대가 차르에게 복종했다면 1917년 2월 레닌그라드에서는 혁명이 일어나지 않았을 것이라고 트로츠키는 주장한다), 혁명은 발발하지 않을 수 있다(트로츠키는 또 말하기를, 만약 레닌의 방광에 결석이 있었다면 1917년 10월 혁명은 시작되지 않았을 것이라고 한다). 이해 가능한 도식들의 일부가 되기에는 너무 하찮고, 그런 도식들을 반박하기에는 너무 가벼운, 정말 작은 돌들이지만.

하지만 (우연에 의해 수정된) 어떤 원인 대신에, 모서리의 수가 정해지지 않은(사건의 회고적인 불빛 아래서만 모서리를 셀 수 있는) 다면체와 탄력성을 가정해보자. 발생한 사건은 그 자체로 능동적이다. 그것은 원인들 사이에 자유롭게 남겨진 공간을 기체처럼 점유하며, 또한 원인들을 (내버려두기보다는) 점유한다. 역사의 에너지는 특별한 필요가 있어서가 아니라, 별 이유 없이 소비된다. 예견의 가능성은 각각의 다면체의 상황적인 구성에 달려 있으며, 언제나 제한적이다. 모서리의 수가 무한하고(또는 불확정적이고) 어느 모서리도 다른 것보다 결정적이지 않다면, 우리가 이 모서리들을 모두 고려하는 것은 불가능하기 때문이다. 우연성과 이해가능성의 이원적 대립—

전자를 인정하면서 후자를 수정하는―은 사라진다. 또는 다른 의미에서의 우연성―클레오파트라의 코로 대표되는 우연성보다 더 풍요로운―이 그것을 대체한다. 이는 역사의 일차적 원동력(생산관계, 정치, 권력의지)에 대한 부정이자, 원동력의 복수성에 대한 인정이다. 아니면 장애물(다면체의 모서리들)의 복수성에 대한 인정이라고 할 수도 있다. 수많은 작은 원인들이 이해가능성의 자리를 차지한다. 다면체는 도식이 아니므로, 이해가능성은 사라진다. 혁명을 설명하는, 혹은 문학이나 요리의 영역에서 사회적 선호를 설명하는 초역사적인 구조는 존재하지 않는다. 모든 사건은 예측 불가능한 발명과 얼마간 비슷하다. 사건 자체를 분명하게 서술하는 것이 작은 원인들을 나열하는 것보다 더 흥미로우며, 아무튼 더 먼저 해결해야 할 과제라고 할 수 있다. 결국 모든 게 역사이고, 혁명의 숫자만큼이나 많은 다면체들이 존재한다면, 과연 인간과학은 무엇에 대해 이야기할 수 있을까? 인간과학은 그리스 신화에 관해 역사가 우리에게 가르쳐 주지 않는 어떤 것을 가르쳐 줄 수 있을까?

믿음의 사회적 다양성과
두뇌의 발칸화

사람들은 질문할 권리가 없는 사안들에 대해서 무지하며 (자식에 대해 무지한 부모와 아내에 대해 무지한 남편이 그토록 많은 이유다), 존경할 만한 타인들이 믿고 있는 것에 대해 의심을 품지 않는다. 진실들의 관계는 세력관계다. '자기기만mauvaise foi'이라 불리는 것의 뿌리가 여기에 있다.

그리스인들은 신들의 영역과 영웅들의 영역을 구별했다. 우화fable를, 더 일반적으로 말해서 이야기 짓기의 기능fonction fabulatrice†을 이해하지 못했고, 신화를 그 내용에 따라 평가했기 때문이다. 영웅들의 시대에 대한 비판의 핵심은, 영웅들을 보통의 사람으로 바꾸고 그들의 시대를 인간 시대, 즉 트로이 전쟁 이후의 역사와 동질적

---

† 영역판에서는 'mythmaking function', 즉 신화창작 기능.

으로 만드는 데 있었다. 이 비판의 첫 단계는 역사에서 신들의 가시적인 개입을 제거하는 것이었다. 신들의 존재 자체는 조금도 의심받지 않았다. 하지만 우리 시대에는 신들이 일반적으로 인간의 눈에 보이지 않는 곳에 머문다. 이는 트로이 전쟁 이전에도 마찬가지였을 것이다. 불가사의한 일에 대한 호메로스의 묘사 전체는 날조와 순진한 믿음에 지나지 않는다. 종교적 신념에 대한 비판은 실로 존재했지만 아주 달랐다. 어떤 사상가들은 그저 단순하게 특정한 신의 존재를 부정하거나 사람들이 믿는 신들을 모두 부정했다. 반면 절대다수의 철학자들은 교양 있는 일반인들과 마찬가지로, 신을 비판하기보다는 신적인 위엄을 부여할 가치가 있는 사상을 추구했다. 종교 비판은 신의 관념을 미신으로부터 정화하여 보존하는 것으로 이루어졌다. 그리고 영웅신화의 비판은 영웅들을 보통 사람처럼, 있었을 법한 존재로 만듦으로써 그들을 구제했다.

이 두 비판적인 태도는 독립적이었다. 그리고 호메로스가 《일리아드》에서 들려주는 신들의 전쟁이나 기적, 유치한 개입 등을 이른바 영웅시대에서 가장 먼저 빼버린 것은 가장 경건한 사람들이었을 것이다. 아무도 추잡한 것을 분쇄하려 하지 않았고[†] 영웅들에 대한 비판을 종교에 대항하는 풍자들의 게릴라전 또는 전쟁기계로 바꾸려 하지 않았다. 이것은 하나의 역설이다. 신의 존재를 믿지 않을 사람들은 있었지만, 영웅들의 존재를 의심하는 사람은 없었다. 그도 그럴 것이, 영웅들은 인간에 지나지 않았다. 어리석은 믿음이 그들

[†] 이 구절은 "추잡한 것을 분쇄하라Ecrasez l'infâme"라는 볼테르의 슬로건을 소환한다. 여기서 볼테르가 말하는 "추잡한 것"은 종교이다. 종교는 미신, 무지, 불관용, 광기의 근원이다. 영역판 역주 참조.

에게 초자연적인 특성을 부여하고 있었을 뿐이다. 인간들이 지금 존재하고 또 존재했다는 것을 어떻게 의심할 수 있단 말인가? 다른 한편, 모두가 신의 존재를 믿는 쪽으로 기울어졌던 것은 아니었다. 아무도 자기 눈으로 신을 보지 못했기 때문이다. 그 결과, 기원전 5세기에서 서기 4세기까지 거의 천 년에 걸쳐 펼쳐지는, 우리가 연구하려는 시대 전체를 통틀어 기독교인들을 포함하여 단 한 명도 결코 아이네이아스, 로물루스, 테세우스, 헤라클레스, 아킬레우스, 심지어 디오니소스의 역사적 실존에 대해 아주 작은 의심도 표현한 적이 없었다. 그렇기는커녕, 모두가 그들의 역사성을 단언했다. 나중에 우리는 이 장구한 믿음의 전제들을 명확히 할 것이다. 우선 이 긴 기간 동안 어떤 그리스인들이 무엇을 믿었는지 살펴보기로 하자.

민중 사이에는 수많은 민속적 미신들이 존재했는데, 이것들은 당시에 이미 신화학mythologie이라고 불렸던 것에서도 찾아볼 수 있었다. 글을 읽을 줄 아는 계층에서는 이 신화학이 핀다로스의 시대에서만큼이나 완전하게 신뢰를 얻었다. 대중은 켄타우로스의 존재를 믿었고, 헤라클레스나 디오니소스의 전설을 전혀 비판하지 않았다. 동일한 순진함이 《황금전설》의 독자들에게서도 발견된다. 동일한 이유에서이다. 타인의 말을 순순하게 잘 믿는 사람들이기 때문에, 또 일상적인 경험을 체계화할 다른 방법을 갖고 있지 않기 때문에, 그리고 경건하고 도덕적인 사고방식을 가지고 있기 때문에, 그들은 성 니콜라우스의 기적과 (신교도들이 "가톨릭의 미네르바"라고 명명한) 성 카타리나의 전설을 믿을 것이다. 마지막으로, 학자들은 신화에 대한 역사적 비판을 우리가 아는 바와 같이 성공적으로 형식화했다. 그리하여 다음과 같이 사회학적으로 흥미로운 결과가 나타났다. 대중의 순진함과 학자들의 비판 사이에서, 이성의 승리를 위한 전쟁이 벌어지지도 않았고 전자가 문화적으로 평가 절하되지도 않았다. 그 결과 사람들은, 식자층에 속하는 이들을 포함하여, 각자 상징적인 세력관계의 장에서 일종의 평화로운 공존을 내면화했다. 개인의 내면에는 한편으로는 반쪽짜리 믿음, 망설임, 모순이 생겨났고, 다른 한편으로는 상이한 층위를 오가는 놀이의 가능성이 생겨났다. 신화학의 "이데올로기적인"—아니면 차라리 수사학적인—사용은 특히 이 후자에서 비롯된다.

페트로니우스[†]의 《사티리콘Satyricon》에는 《천일야화》의 지니처럼 조그맣게 축소되어 병에 갇힌 시빌Sibyle을 자기 눈으로 보았다고 주장하는 순진한 벼락부자가 나온다. 메난드로스[††]의 《심술쟁이 Dyskolos》에 등장하는 인간혐오자는 거액을 지불하고라도 페르세우스의 보물—머리에 쓰면 투명인간이 되는 모자와, 성가신 사람들을 석상으로 만들 수 있는 메두사의 얼굴을 손에 넣으려 한다. 그는 비유적으로 이야기하지 않는다. 그는 정말로 이런 경이로운 물건들의 존재를 믿고 있다. 같은 시대에, 더 상류계급에 속하는 지식인들, 소小플리니우스 같은 유명한 작가들은 귀신을 진지하게 믿는 일이 가능한지 의문을 품었다. 셰익스피어 시대의 영국인들이 던진 질문과 동일하다.

그리스인들이 신화를 믿었다는 사실에는 의심의 여지가 없다. 그들은 유모나 엄마로부터 그 이야기를 듣고 자랐다. "아리아드네는

[†] [편집자 주] Petronius, 생몰년도 미상. 로마 시대의 작가.

[††] [편집자 주] Menandros, ?342 BCE–?290 BCE. 고대 그리스 아테네의 시인, 희극작가.

디아섬에서 잠이 든 사이에 배신자 테세우스에게 버림받았지. 너도 이 이야기를 유모에게서 들었을 텐데. 그런 신분의 여자들은 이 분야에서 아는 게 많고 이야기하다가 울기도 잘하니까 말이야. 그러니까 아가야, 배에 탄 사람이 테세우스이고 해변에 있는 사람이 디오니소스라는 것을 너에게 말해주지 않아도 되겠지."[56]

그러므로 우리는 "신화의 신봉"[57]은 진짜가 아닌, 지어낸 사건들

---

56 Pilostrate, *Imagines*, I, 14(15), *Ariane*. 우화를 들려주는 유모 또는 어머니라는 주제는 플라톤으로 거슬러 올라간다. 《국가》 378 C와 《법률》 887 D. 유모들은 마녀 라미아나 태양의 머리카락에 대해서 무시무시한 동화들을 들려주었다고 테르툴리아누스는 쓴다. Tertullien, *Ad Valentinianos*, 3. 플라톤에게 그것은 '늙은 아낙네들의 이야기'다(《리시스》 205 D). 미누키우스 펠릭스가 말하는 이 "해묵은 우화들aniles fabulae"을 사람들은 무지한 부모imperiti parentes로부터 전해 듣는다. Minucius Felix, XX, 4; XXIV, 1. 필로스트라투스의 《영웅전》에서 포도밭 주인은 작가에게 묻는다. "언제부터 자네는 우화를 믿을 수 없다고 생각하게 되었지?" 그러자 필로스트라투스는, 혹은 그의 대변자인 작가는 대답한다. "오래 전, 내가 청소년이었을 때부터. 왜냐하면 어린 시절에는 그런 우화들을 믿었거든. 유모는 그런 이야기들로 나를 즐겁게 해주었고 아름다운 노래를 곁들여서 불러주었지. 때로는 눈물을 흘리기도 하면서 말이야. 하지만 청년이 된 뒤에는 그 우화들을 가볍게 받아들이면 안 된다고 생각했어." Philostate, *Heroikos*, 136-137. 퀸틸리아누스 역시 "해묵은 우화들"에 대해 이야기한다. Quintilien, *De institutione oratoria*, I, 8, 19. 에우리피데스의 《히폴리토스》에 나오는 유모는 이 문제에 학자들을 끌어들인다. 세멜레 이야기를 시작하기 전에 그녀는 이 전설에 대한 책을 읽은 학자들을 내세운다(451). 키오스섬의 어느 묘비에 새겨진 놀라운 운문에서는 "코스섬의 훌륭한 가문 출신"인 두 노부인이 빛을 그리워한다. "오, 상냥한 새벽의 여신이여, 너를 위해 우리는 노래했지, 램프의 희미한 불빛 아래서, 반인반신들의 설화를!" Kaibel, *Epigrammata*, 232. 실제로 만인의 입에 회자되었던 노래 구절들은 대부분 신화를 주제로 삼았을 것이다. 호라티우스의 《시가詩歌》(Horace, *Odes*, I, 17, 20)에서 아름다운 틴다리스는 호라티우스에게 다정하게 읊조린다. '페넬로페와 푸른빛 유리알 같은 키르케Penelopen vitreamque Circen…'

57 Sextus Empricus, *Hypotyposes pyrrhoniennes*, I, 147.

의 수용"이라고 주장하려 한다. "크로노스와 관련된 신화들이 좋은 예다. 사실 많은 사람들이 이를 믿는다."

하지만 유모들은 아이들에게 어떤 신화를 들려주었는가? 그들은 필시 신에 대해 이야기했을 것이다. 그래야 미신과 경건함이 생겨나니 말이다. 유모들은 식인귀나 라미아†를 가지고 아이들을 겁주었다. 하지만 그들은 테베나 오이디푸스 혹은 아르고호 원정에 관한 위대한 서사시도 들려주었을까? 어린 소년들과 소녀들은[58] 문법학교에 갈 때까지 기다리지 않고도 이런 위대한 전설들에 대해 배울 수 있었을까?[59]

유명하지만 아직까지 거의 연구되지 않은 고전인 필로스트라투스††의 《영웅전Heroicus》에 대해 한 마디 해야겠다. 이것은 어려운

---

† 어린아이나 젊은이의 피를 좋아하는 상반신은 여자이고 하반신은 뱀인 그리스 신화의 괴물.

58 여자아이들은 문법 교사의 지도를 받았으며, 수사학 교습으로 넘어가기 전에 공부를 그만두었다. 덧붙이자면 고대의 학급은 혼성이었다. 소년과 소녀는 나란히 문법 교사의 말을 경청했다. 별로 알려지지 않은 듯한 이 사실은 다음의 문헌에서 찾아볼 수 있다. Martial, VIII, 3, 15와 IX, 68, 2; Soranos, *Sur les maladies des femmes*, chap. 92(p. 209 Dietz); cf. Friedländer, *Sittengeschichte Roms*, 9ᵉ éd., Leipzig: Hirzel, 1919, I, 409. 신화는 학교에서 가르쳐졌다.

59 마녀 라미아와 아이를 잡아먹는 다른 요괴들에 대해서는 Strabon, I, 8, C. 19를 참고하라. 이 부분을 포함하는 챕터는 신화를 대하는 태도에 관한 연구로서도 중요하다. 에로스와 프시케에 관해서는 O. Weinreich, *Das Märchen von Amor une Psyche une andere Volksmärchen im Altertum*, in Friedländer, *Sittengeschichte Roms*, 9ᵉ éd., op. cit., vol. IV, p. 89.

†† [편집자 주] Philostratus, ?170-?247. 로마 제정 시대 그리스의 소피스트. 《소피스트의 생애》, 《영웅전》 등 총 다섯 종의 저작이 그의 것으로 인정되고 있다.

텍스트다. 제2차 소피스트 운동Seconde Sophistique을 이끈 그리스 작가들에게서 흔히 보이듯이, 특유의 스타일과 판타지, 의고擬古적이고 애국적인 이데올로기에 동시대의 현실이 혼합되어 있기 때문이다. 필로스트라투스는 트로이 전쟁의 영웅 프로테실라오스[†]의 무덤 근처에서 포도밭을 경작하는 가난한 농부를 알게 된다.[60] 농부는 밭의 일부를 놀리고 있었다(그는 수확량을 늘리기 위해 노예를 쓰지 않고 직접 농사를 지었다). 왜냐하면 그 포도밭이 프로테실라오스에게 봉헌되어 있었기 때문이다. 그 밭을 영웅에게 바친 예전 주인은 거기서 영웅의 유령을 만났었다. 유령은 그 뒤에도 트로이 원정에 참가했던 다른 아카이아인들의 유령과 함께 우리의 포도재배자와 인근의 농부들 앞에 계속 나타났다. 깃털 달린 투구 그림자가 들판에 어른거리는 것이 자주 보였다. 사람들은 유령을 두려워하지 않았고 오히려 반겼다. 유령은 농부들에게 조언을 해주었다. 유령의 출현은 비와 좋은 날씨를 예고한다고 여겨졌다. 그 고장 사람들은 영웅에게 기도를 드리고 무덤 위에 서 있는 형체를 잃은 석상에 소원을 썼다.[61] 프

† 트로이 땅에서 제일 먼저 전사한 그리스 용사로 알려져 있다.

60 이 농부는, 자급자족을 하는 건 아니지만, 어찌나 가난한지 화폐의 사용법을 모른다. 그는 밀과 포도주를 소나 염소와 바꾼다(I, 129, 7 Kayser). 그랬을 법한 일이다. 고대의 비도시권 지역에서의 화폐의 희소함에 대해서는 J. Crawford, *Journal of Roman Studies*, LX, 1970을 참고하라.

61 *Heroikos,* IX, 141, 6. 클리툼누스의 샘물 근처에 있는 그 신전의 벽과 기둥은 "신을 찬양하는" 낙서로 뒤덮여 있었다(Pliny, *Letters* 8.8). Mitteis-Wilcken, *Chrestomatie d. Papyruskunde* (Hildesheim: Olms, 1963)에 실린 네아르코스Nearchus라는 사람의 편지(n. 117)를 참조하라. 이집트에도 유사한 "장식procynème" 낙서들이 있다. 예를 들면 탈미스Talmis의 신전의 돌들 위에 있는 낙서가 그렇다(A. D.

로테실라오스는 모든 병을 고치기 때문이었다. 그는 미소년의 사랑을 구하는 구애자들을 도와주었다. 하지만 도덕적인 감각을 지닌 유령이었기에 간통만큼은 용서하지 않았다. 이처럼 《영웅전》은 영웅 숭배 이야기일 뿐 아니라 유령 이야기이기도 하다.[62] 대화 형식으로 된 이 책의 나머지는 그 시대의 방식으로 쓰인 호메로스풍의 판타지다. 우리의 포도재배자는 트로이 전쟁의 영웅들과 관련된 알려지지 않은 세부사항을 잔뜩 발견한다. 그는 자신과 친구가 된 프로테실라오스에게서 직접 그런 지식을 얻는다. 대화의 이 부분은 가장 길고, 필로스트라투스가 보기에 가장 중요하다. 우리는 저자가 시골의 어느 오래된 신전을 둘러싼 농민들의 미신을 알고 있었고, 이를 지금은 고전이 된 교과서적인 신화와 연결 지었다는 인상을 받는다. 이런 식으로 그는 자신의 독자와 동포들을, 영원히 늙지 않는 헬레니즘, 루키아노스Lucianos와 롱구스Longus의 헬레니즘 속으로, 혹은 영원한 그리스 속으로 밀어 넣는다. 필로스트라투스가 살았던 시대에는 로마의 지배에 대한 반동으로 헬레니즘적인 애국주의가 나타났고, 영원한 그리스의 관념은 당시의 민족주의적 고전주의에서 매우 중요했다. 그의 모델이 된 농부들이 트로이 전쟁에 대해 아무것도 몰

Nock, *Essays,* Oxford: Clarendon Press, 1972, p. 358). 《프리아페이아Priapeia》[작자미상의 라틴어 시 80편을 모은 책]의 첫 작품(O Priapus)은 이런 낙서들의 존재를 알려준다. "당신의 신전 벽에 내가 재미로 쓴 이 구절들, 보잘것없지만 많이 즐겨주세요, 부디." 이 작품은 금석문의 사본─이것이 원본이 아니라면─으로도 존재한다. *Corpus inscr.* lat. V, 2803,..

62   2세기의 "유령 논쟁"에 대해서는 Pline, *Lettres,* VII, 27과 Lucien, *Philopseudès,* 그리고 Plutarque, *Vie de Dion*의 서문을 참고하라.

랐으리라는 점은 의심의 여지가 없다. 우리는 그들이 프로테실라오스의 오래된 무덤을 소박하게 숭배했다고 기꺼이 믿을 것이다. 하지만 그들은 자기들이 프로테실라오스라고 부르는 이 영웅에 대해서 대체 무엇을 알고 있었을까?

민중에게는 그들 나름의 전설들이 있다. 그 전설들 속에서는 어떤 신화들이 언급되기도 한다. 또 헤라클레스같이 누구나 이름을 알고 (구체적으로 어떤 모험을 했는지까지는 모르더라도) 특징을 아는 영웅들이 존재한다. 그 밖의 완전히 고전적인 전설들은 노래를 통해서 알려져 있다.[63] 어느 경우이든 구전문학과 도상집iconographie은, 모두가 그 향기를 맡을 수는 있지만 속속들이 알지는 못하는 신화적인 세계의 존재와 허구적인 존재양식을 만들었다. 이 세계의 세세한 부분은 학교에 다닌 사람들만 알았다. 그런데 다소의 차이가 있었을 뿐 언제나 이랬던 게 아닐까? 우리는 정말 고대 아테네가 모든 사람이 조화롭게 행동하고, 연극을 통해서 한마음이 되며, 평균적인 시민은 이오카스테나, 헤라클레이다이[헤라클레스의 자손들]의 귀환에 대해 훤히 꿰고 있는 위대한 시민적 공동체였다고 믿고 있는 것일까?

신화의 핵심은 모든 사람이 그것을 알고 있다고 간주되며 또 알 가치가 있다고 여겨진다는 것이다. 모든 사람이 실제로 그걸 알고 있다는 것이 아니다. 사람들은 대체로 신화에 대해 잘 몰랐다. 《시학》의 한 문장이 이를 잘 드러낸다.[64] 비극을 쓸 때 정식으로 인

---

63 이 노래들에 대해서는 본서의 주 56 끝부분을 볼 것. Euripide, *Ion,* 507도 참고하라.

64 Aristote, *Poéetique,* IX, 8. W. Jaeger, *Paideia,* Paris: Gallimard, 1964, vol. I, p. 326.

정된 신화에만 의지할 필요가 없다고 아리스토텔레스는 말한다. "그러는 것은 사실 부조리하다. 알려진 이야기라고 해도 소수에게만 알려져 있다. 그래도 그 이야기들은 여전히 만인에게 즐거움을 준다." 일반적으로 아테네의 청중은 비극이 전개되는 신화적 세계의 존재를 의식하고 있었지만, 신화의 자세한 내용은 잘 몰랐다. 그들은 또한 오이디푸스 전설에 대해 전혀 모른다 해도 《안티고네》나 《페니키아의 여인들》을 잘 따라갈 수 있었다. 비극의 작가는 청중에게 모든 것을 가르쳐주려고 세심하게 노력했다. 마치 자신이 그 줄거리를 만든 사람인 것처럼 말이다. 하지만 그는 자신을 청중보다 위에 놓지 않았다. 왜냐하면 신화는 알려져 있다고 간주되었기 때문이다. 그는 청중들이 아는 것 이상으로 잘 알지 못했다. 그는 학술적인 작품을 만들고 있는 게 아니었다.

이 모든 것은 헬레니즘 시대에 와서 바뀐다. 문학은 학술적이고 싶어 한다. 문학이 처음으로 엘리트의 전유물이 되었기 때문이 아니다(핀다로스나 아이스킬로스[†]도 엄밀히 말해서 대중 작가는 아니었다). 문학이 관객 쪽에서 문화적인 노력을 기울이도록 요구하면서 아마추어 작가들을 구석으로 밀어냈기 때문이다. 이제 신화는 우리가 여전히 신화학이라고 부르는 것에 자리를 내주며, 그 신화학은 18세기까지 살아남는다. 민중은 여전히 자기들의 설화와 미신들을 가지고 있지만, 신화학은 그들에게서 멀어져 식자들의 관심사가 된다.

[†]   [편집자 주] Aeschylos, 525/524 BCE – 456/455 BCE. 고대 그리스의 대표적인 비극작가. 현존하는 가장 오래된 비극인 《페르시아인들》의 작자이며, 《테베를 공격한 일곱 장군》, 《오레스테이아》 3부작 등 현대에도 잘 알려진 그리스 비극 작품들을 썼다.

신화학은 그 소유자가 특정 계급에 속해 있음을 표시하는 엘리트 지식의 위엄을 지니게 된다.[65]

헬레니즘 시대에 이르러 문학이 저자와 교양 있는 독자의 특별한 활동, 그 자체를 위한 활동이 되자, 신화학은 곧 학교에서 가르치는 학문분야로 바뀌었다. 이것은 신화학의 죽음을 의미하지 않는다. 오히려 그 반대다. 신화학은 문화의 위대한 구성요소 중 하나로 남으며 문사들이 넘어야 할 장애물이 된다. 칼리마코스[†]는 위대한 전설과 지역적 신화의 희귀한 이본들을 모았다. 경박한 관심에 의해서가 아니라(알렉산드리아 문화만큼 경박하지 않은 것도 없다) 경건한 애국심에 의해서였다. 그와 그의 제자들이 전설을 수집하기 위해서 일부러 그리스 세계를 여행했다고 추측하는 사람들도 있었다.[66] 4세기가 지난 후 파우사니아스는 그리스 전역을 돌아다니며 동일한 열정을 가지고 도서관들을 뒤졌다. 일단 책 속으로 들어가자 신화학은 자라나기 시작했다. 하지만 출판물에는 그 시대의 취향이 입혀진다. 새로운 문학은 전설을 오락거리로 제시하면서, 변신 이야기와 별이 되는 이야기catastérisme를 특별하게 애호했다.[67] 후자에 대한 취향은 카툴루스와 《키리스》와 오비디우스의 시대[1세기 초]에 계속 만개했다. 이렇게 말해도 좋다면, 문법학자들과 수사학자들 덕택에 신

---

65   이것은 트리말키온의 생각이다. Petronius 39.3-4; 48.7; 52. 1-2.

†   [편집자 주] Callimachos, ?305 BCE-?240 BCE. 헬레니즘 시대의 시인, 학자, 비평가. 프톨레마이오스 왕조의 후원을 받고 알렉산드리아 도서관에 고용되어 그때까지의 모든 그리스 문학의 포괄적 목록인 《피나케스Pinakes》를 편찬했다.

66   E. Rohde, *Der griech. Roman*, Berlin, 1876, p. 24, p. 99.

67   Nilsson, *Geschichte der griech. Religion,* vol. Ⅱ, p. 58.

화는 교과서 속으로 들어갔으며 거기서 정전화正典化 작업을 거쳤다. 신화는 단순화되고 위대한 서사시들은 공식적인 판본으로 만들어졌으며 이본들은 망각 속으로 던져졌다. 루키아노스 같은 사람에게 친숙했던 신화학은 바로 고전적인 저자들의 연구에 도움이 되도록 만들어진 이 불가타들로 구성되었다. 바로 이 신화학이 고전주의 시대 유럽의 젊은 학자들에게 가르쳐질 것이다. 하지만 여전히 중요한 문제가 남아 있었다. 이 엄청난 이야기 더미를 어떻게 생각해야 하는가? 여기 우리가 "신화의 이성적 접근"이라는, 지나치게 근대적인 용어로 부당하게도 합쳐버리는 두 학파가 있다. 하나는 디오도로스†나 에우헤메로스††처럼, 신화를 믿는 사람들이다. 다른 하나는 학식 있는 사람들이다.

사실 신화를 믿으면서도 교양 있는 청중이 존재했다. 그들은 새로운 유형의 경이로움을 원했다. 그 경이로움은 더 이상 참과 거짓의 문제 너머에 있는 영원한 과거에 위치하지 않을 것이다. 그것은 "과학적"이어야 한다. 아니, 차라리 역사적이어야 한다. 왜냐하면 경이로운 것을 예전에 믿던 식으로 믿기가 더 이상 불가능해졌기 때문이다. 이런 변화의 이유는, 내 생각에, 소피스트의 계몽이 아니라 역사 장르의 성공에 있었다. 청중에게 수용되기 위해서 신화는 이제

---

† [편집자 주] Diodoros, 생몰년도 미상. 기원전 1세기에 활동한 그리스의 역사가. 저서인《역사총서Bibliotheca Historica》로 잘 알려져 있다. 이 저서는 총 3부 40권으로 되어 있으나 현전하는 것은 1~5권과 11~20권이다. 특히 처음 여섯 권에서는 그리스의 신화적 역사와 지리를 설명하고 있다.

†† [편집자 주] Euhemeros, 생몰년도 미상. 기원전 4세기에 활동한 그리스의 역사가, 신화학자. 많은 신화가 역사적 사건에 기인했으나 그에 대한 설명이 시간이 지남에 따라 과장되고 변형되었다는 가설을 제시했다.

역사로 변장해야 했다. 그리고 이 신비화는 합리화의 기만적인 외관을 띠었다. 여기서 (이 장르의 위대한 공급자 중 한 명이었던) 티마이오스의, 언뜻 보기에 모순적인 면모가 드러난다. 그는 역사가 "꿈, 기적, 믿을 수 없는 이야기, 간단히 말해서 아낙네들의 조잡한 미신과 설화로 가득 차 있다"고 썼다.[68] 바로 그 티마이오스가 신화에 합리적인 해석을 부여한다.

디오도로스가 쓰기를, 많은 역사가들은 "전설 시대의 역사를 어렵게 생각하면서 기피해왔다."[69] 그는 이 빈틈을 직접 메우려 한다. 제우스는 왕이었고 크로노스라는 사람의 아들이었다. 크로노스 그 자신도 서쪽 지역 전체를 다스렸다. 이 제우스가 진정한 세계의 지배자였다. 이 제우스를, 쿠레테스 형제들이라 불리는 열 명의 아들들을 두었던 크레타의 왕인 동명이인 제우스와 혼동해서는 안 된다.[70] 그런데 이 동일한 디오도로스가 백 페이지쯤 뒤에, 우라노스, 크로노스, 제우스가 다스린 섬을 비롯하여 환상적인 섬들을 주유한 에우헤메로스의 상상적 여행기를 액면 그대로 수용한다.[71] 이 세 명

---

68 Polybe, XII, 24, 5.

69 Diodore, I, 3.

70 Diodore, III, 61. IV권과 VI권은 영웅들과 신들의 시대를 다룬다. 트로이 전쟁은 VII권에 등장한다. 디오도로스[의 주저 *Bibliotheca Historica*]의 이 앞 권들은 지리학적인 개괄이나 신화의 높은 비중과 더불어, 티마이오스의 첫 책들이 어땠을지 짐작하게 해준다.

71 Diodore, V, 41-46, 그리고 에우세비오스의 《복음 준비》 속에 남아 있는 VI권의 파편들을 참조할 것(Eusèbe, *Préparation évangelique*, II, 59). H. 되리는 에우헤메로스의 소설이 정치적 이상향이자 군주들의 거울이라고 생각한다(H. Dörrie, "Der Königskult des Antiochos von Kommagene," in *Abhandl. Akad. Göttingen*, III, 60,

의 왕은 그들의 관대함évergésies 때문에 신격화되었고 "우리 나라에서는" 신처럼 받들어진다. 이는 이 왕들이 다스린 나라의 언어로 새겨진 금석문을 통해 알 수 있다. 에우헤메로스는 이야기의 형식을 빌려 어떤 종교적인, 또는 정치적인 탈신비화를 시도한 것일까? 아니면 반대로 그는 독자들에게 신화나 신비로운 이야기를 믿어야 할 근대적인 이유들을 제공하고 싶었던 것일까? 사람들은 이야기꾼 앞에서 마음이 느슨해졌다. 역사가들의 작업 속에서 지어낸 이야기가 발견된다고 해도 대수롭게 생각하지 않았다. 역사가들이 이야기를 지어냈다는 것을 부정한다고 해도 말이다. 왜냐하면, 스트라본†의 말대로, 우리는 그들이 경이로운 이야기를 창작하는 이유가 독자에게 놀라움과 즐거움을 주려는 의도 외에 다른 것이 아님을 알고 있기 때문이다.[72] 하지만 헬레니즘 시대에는 경이로운 일들에 대한 묘사가 합리적인 색채를 띠었다. 그래서 근대인들은 거기서 진실과 계몽을 위한 전투가 벌어지고 있다고 착각하게 되었다.

1964, p. 218). 이것은 은혜를 베푸는 왕의 모델 또는 정당화를 제공했다는 것이다. 그럴지도 모른다. 하지만 그렇게만 보기에는 경이로움과 화려함에 대한 묘사가 지나치게 많다. 게다가 판카이아섬 전체가 한 명의 왕에게 복종하는 것도 아니다. 또한, 하나의 사제가 다스리는 도시, 일종의 교권 공화국도 있다. 사실 신들이 신격화되고 신으로 간주된 훌륭한 인간이라는 생각은 에우헤메로스의 작품에 국한되지 않고 어디에나 퍼져 있었으며, 그는 그 생각을 이용하여 이야기를 쓴 것에 지나지 않았다.

† [편집자 주] Strabon, 63/64 BCE-?24 BCE. 헬레니즘 시대 그리스의 지리학자, 역사가, 철학자. 그의 대표적 저작인 《지리학Geographica》는 그리스와 이탈리아, 소아시아는 물론 브리타니아부터 게르마니아, 아나톨리아에 이르는 당대의 거의 모든 유럽 및 지중해 연안을 포괄하는 정치, 경제, 사회, 문화, 지리 설명으로 구성되어 있다.

72   Strabon, I, 2, 35, p. 43 C.

실제로는, 진실에 대한 요구가 존재하는 독자들이 있었고, 그것이 중요하지 않은 독자들이 있었다. 디오도로스의 책에 나오는 한 문단이 이를 예시한다. 신화적인 시대의 역사는 서술하기 어렵다고 그는 말한다. 연대의 불명확함 때문에라도 그렇다는 것이다. 이런 부정확함은 많은 독자들에게 신화적 역사를 진지하게 받아들이기 어렵게 만든다.[73] 게다가 이 아득한 옛날의 사건들은 순순히 믿기에는 시간적으로 너무 멀리 떨어져 있고 너무 비현실적이다.[74] 그러면 어떻게 해야 하는가? 헤라클레스의 업적은 눈부시고 초인적이다. "역사가가 이 위업 중에서 일부를 언급하지 않는다면 그만큼 신의 영광이 줄어들 것이다. 하지만 그렇다고 모든 것을 이야기하면 독자의 신뢰를 얻기 어려워질 것이다. 왜냐하면 어떤 독자들은 불공정한 기준을 세우고 오래된 전설에 대해서도 우리 시대의 사건들과 똑같은 엄격함을 요구하기 때문이다. 그들은 연약한 현대인들을 기준으로 헤라클레스의 힘을 평가하고, 논란이 되고 있는 업적들을 그에 따라 판단한다." 현존하는 사물들을 기준으로 삼는다는 잘못된 원리를 헤라클레스에게 적용하는 이런 독자들은 또한, 자신들이 실제 삶에서 겪는 것과 같은 일들이 무대에서 일어나기를 바라는 오류를 범한다. 이는 영웅들에 대한 존경심이 부족한 것이다. "신화적 역사에 관한 한, 우리는 너무 가혹하게 진실을 요구해서는 안 된다. 예를 들어 연극을 볼 때 우리는 몸뚱이가 셋인 게리온이나 반은 인간이고

---

73   Diodore, IV, 1, 1.

74   Diodore, IV, 8. 《복음 준비》 제2권에서 에우세비오스는 카드모스나 헤라클레스에 관한 디오도로스의 신화집mythographie을 길게 인용한다.

반은 짐승인 켄타우로스가 존재하지 않는다는 것을 알면서도, 이런 신화의 산물들을 호의적인 눈길로 바라보며, 갈채로써 신의 영광을 드높인다. 헤라클레스는 황무지를 인간이 거주할 수 있게 만드는 데 평생을 바쳤다. 인류가 헤라클레스가 베푼 선행을 망각하고 그에게 돌아갈 칭찬의 몫을 가지고 트집을 잡는 것은 가히 충격적이다."

이 재치 있고 솔직한 텍스트는 매우 시사적이다. 우리는 여기서 두 개의 진실 프로그램—하나는 비판적이고 다른 하나는 관습을 존중하는—의 불편한 공존을 엿본다.[75] 둘의 갈등은 두 번째 프로그램의 지지자들을 자연스러운 입장표명에서 완고함으로 옮겨가게 만들었다. 이제 그들은 "신념"을 가지고 그에 대한 존중을 요구하게 되었다. 진실 관념은 뒷전으로 물러났다. 불경은 욕먹을 짓이었고 따라서 잘못이었다. 올바른 것은 진실되므로, 올바른 것만이 진실이었

---

75 1873년경, 젊은 문헌학자 니체는 다음과 같이 썼다. "그리스인들은 얼마나 큰 시적 자유를 가지고 그들의 신을 다루는가! 우리는 역사에서 진실과 진실이 아닌 것을 대립시키는 데 너무 익숙하다. 기독교의 신화들은 역사적 진실로 수용되는 것이 절대적으로 필요하다는 점을 생각해보라! … 인간은 진실을 요구하고 그것을 다른 인간들과의 윤리적 교환에서의 급부leistet sie로 삼는다. 모든 집단생활이 여기에 토대를 둔다. 우리는 상호간의 거짓말이 야기할 불길한 결과를 예감한다. 거기서 바로 진실을 말해야 하는 의무가 생겨난다. 하지만 우리는 서사시의 화자에게는 거짓말을 허락한다. 왜냐하면 여기서는 두려워해야 할 해로운 결과가 전혀 없기 때문이다. 거짓말이 즐거움을 가져올 경우 그것은 허용된다. 거짓의 아름다움과 매력, 그러나 단지 해롭지 않다는 조건에서! 성직자가 신화를 만들어내는 것은 이렇게 해서다. 거짓은 신들의 숭고함을 증명하는 데 쓰인다. 거짓말하는 자유라는 신화적 감정을 소생시키는 것은 우리에게 가장 큰 어려움이다. 그리스의 철학적 거장들은 아직 온전하게 이 거짓말 할 권리Berechtigung zur Lüge 속에서 살았다. 진실의 탐구는 인류가 지극히 더디게 획득한 자산이다." (*Philosophenbuch*, 44 및 70, tome X de l'édition Kröner)

믿음의 사회적 다양성과 두뇌의 발칸화

다. 디오도로스는 여기서 청중의 비위를 맞추면서 일인극을 펼친다. 그는 이쪽으로 갔다가 저쪽으로 갔다가 하면서, 자신이 비판적인 자들의 관점을 융합시키고 있다는 인상을 올바르게 생각하는 자들에게 심어주며, 최종적으로는 올바르게 생각하는 자들의 대열에 합류한다.† 그는 표리부동하게 보인다. 저쪽의 비판적인 언어를 사용하여 이쪽의 공손한 믿음을 표현하고 있기 때문이다. 하지만 아무튼 이를 통해서, 우리는 신자들이 항상 다수였음을 확인할 수 있다. 그들의 근대화된 판본에서 헤라클레스와 디오니소스는 신적인 인물이 아니라, 인간(또는 신적인 인간)이 된 신이었다. 인류는 그들에게 문명을 빚지고 있었다. 그리고 이따금씩 충격적인 사건[76]을 통해 대중과 엘리트들이 이 반인반신을 계속 믿고 있었다는 사실이 드러났다.

증언들은 모두 한 방향을 가리킨다. 섹스투스 엠피리쿠스에 따르면, 사람들은 대부분 크로노스에 대한 전설들을 믿었다. 또 그들은 비극들이 프로메테우스, 니오베, 테세우스에 대해 이야기하는 바

---

† 이 책의 영역판에는 프랑스어 원문의 '올바르게 생각하는 자들bien‑pensants' 이 'orthodox'로 번역되어 있다

76 디오 카시우스(Dion Cassius, LXXIX, 18)는 221년 동방에서 다음의 사건을 가까이서 접한 증인이었고, 그 사건을 아무런 유보 없이 믿는다. "마케도니아의 알렉산드로스를 자처하는, 알렉산드로스와 얼굴이 비슷하고 차림도 비슷한 귀신daimon이 다뉴브강 근처에 홀연히 나타났다. 그는 디오니소스처럼 행동하면서 사백 명의 남자들을 이끌고 (모이시아?)와 트라키아를 지나갔다. 그를 따르는 남자들은 사슴가죽옷nebris을 입고 [디오니소스의] 지팡이thyrsus를 들었으며 사람들에게 아무 해도 끼치지 않았다." 지사들과 행정관들을 선두로 하여 군중이 몰려들었다. "그는 자신이 예고했듯이 한나절 만에 비잔티온까지 옮겨갔고(혹은 "사람들이 그를 따라 행진했고") 곧 이 도시를 떠나 칼케돈으로 향했다. 거기서 그는 밤의 의식을 수행했고, 나무로 된 말을 땅 속에 묻은 뒤 사라졌다."

를 믿었다고 아르테미도로스와 파우사니아스는 말한다. 왜 아니겠는가? 식자들 역시 테세우스를 믿었다. 대중은 단지 신화를 정화하지 않았을 뿐이다. 고졸기l'époque archaïque[†]에 그랬듯이, 그들은 인류의 역사에 선행하는 신비로운 시대가 있었다고 생각했다. 그 시대는 우리가 사는 세계와 달랐으며, 그 자체로는 현실적이었지만 우리 세계와 비교하면 비현실적이었다고 말이다. 플라우투스의 희곡에 등장하는 한 인물[77]이 돈이 떨어져서 "아킬레우스에게 헥토르의 몸값으로 받은 황금을 나눠달라고 빌어야겠어"라고 말할 때, 그는 황금을 얻는 가장 환상적인 방법을 유쾌하게 지적하고 있는 것이다. 이런 문명에서 사람들의 상상력은 아주 가까운 시간지평을 넘지 못했다. 사람들은 에피쿠로스와 더불어 이 세계가 얼마나 오래되었을지, 천 년이나 이천 년쯤 되었을지 궁금해했지만, 그 이상은 아니었다. 또는 그들은, 아리스토텔레스와 플라톤과 더불어, 세계가 영원하지 않고 주기적인 멸망을 겪으며 매번 이전같이 다시 소생하는지 궁금해했는데, 이는 결국 에피쿠로스와 비슷한 생각이었다. 우리 세계의 생애주기는 아주 짧기 때문에 세계는 이미 상당한 진화를 경험한 상태일 수 있다는 것이었다. 그들의 시각에서 호메로스의 시대와 영웅 시대는 고대를 구성했다. 베르길리우스가 초창기의 카르타고를 자기 시대보다 열한 세기나 앞선 것으로 묘사하고 싶어 할 때, 그는 그

[†] [편집자 주] 그리스 역사에서 고전기 이전의 시기로, 기원전 8세기 중반 혹은 7세기 중반부터 기원전 480년 페르시아 전쟁까지의 시기를 일컫는다.

[77] Plaute, Mercator, 487. 플라우투스에 대한 논평으로 Ed. Fränkel, *Elementi plautini in Plauto*, Florence, La Nuova Italia, 1960, p. 74. 섹스투스 엠피리쿠스, 아르테미도로스, 파우사니아스에 대해서는 본서의 주 57, 134, 22를 참조하라.

도시국가에 호메로스적인 성격을 부여하고 있는 것이다. 디도의 도시만큼 플로베르와 어울리지 않는 것은 없다….[†]

헤로도토스는 이미 영웅시대를 인간시대와 대립시켰다. 훨씬 뒤에, 키케로는 불멸에 대한 철학적 몽상에 사로잡혀서 엘리시온 평야를 배경으로 짧은 서사시를 만들고 싶어 한다. 그는 지성이 넘쳐나는 이 극락세계에서 자신의 영혼이, 지혜로운 율리시즈[오디세우스]나 명민한 시시포스와 담소하는 모습을 즐겁게 상상한다.[78] 키케로의 몽상이 좀 더 현실적이었다면 그는 스키피오나 카토 또는 마르켈루스 같은 로마사의 인물들과 대화를 나누었을 것이다(네 페이지 뒤에 그는 이들에 대해 회상한다). 같은 시대의 한 학자가 이 문제를 교과서적으로 깔끔하게 설명했다. 바로Varro에 의하면, 프로메테우스의 아들인 데우칼리온에서 대홍수까지는 암흑기이고, 대홍수에서 최초의 올림피아드까지는 신화의 시대(연표가 확실해지는 시대)이다. 신화의 시대라고 불리는 이유는 "많은 우화를 포함하고 있기 때문" 이다. 그리고 기원전 776년에 열린 최초의 올림피아드에서 바로와 키케로의 시대까지는 역사적 시대로서, 이 시대의 "사건들은 진실된 역사책 속에 기록되어 있다."[79]

유식한 사람들은, 우리가 보다시피, 쉽게 속지 않는다. 하지만

[†] 디도는 페니키아의 공주이자 카르타고의 첫 번째 여왕이다. 페니키아인들이 카르타고를 세운 것은 기원전 9세기 말쯤이지만, 베르길리우스는 연대를 무시한 채 트로이 전쟁을 배경으로 한 서사시 《아이네이스》에서 디도를 아이네이아스와 사랑에 빠지게 한다. 한편 플로베르는 카르타고를 배경으로 《살람보》라는 역사소설을 썼다.

78 본서의 주 24를 참고할 것. Cicéron, *Tusculanes,* I, 41, 98.

79 Varron, Censorinus, *De die natali,* 21에서 재인용(Jahn, p. 62).

그들이 영웅보다 신을 훨씬 더 쉽게 의심했다는 것이 첫 번째 패러 독스이다. 예를 들면 키케로가 그렇다. 정치학과 윤리학에서 그는 [절충주의의 창시자] 빅토르 쿠쟁Victor Cousin에 필적한다. 그는 자신 의 이해관계에 부합하는 것을 믿는 능력이 있다. 한편 그는 종교적 으로 냉정하며, 이 영역에서는 자신이 믿지 않는 것을 설파하는 능 력이 없다. 신들의 본성에 대한 그의 논고를 읽은 독자라면 누구든 그가 신을 그다지 믿지 않으며, 정치적인 목적으로 믿는 체를 하려 고 하지도 않는다는 데 동의할 것이다. 키케로를 통해서 우리는 오 늘날과 마찬가지로 당시에도 개인들이 종교 문제를 둘러싸고 분열 되어 있었음을 알 수 있다. 쌍둥이 별 카스토르와 폴리데우케스는 정말 로마 외곽의 도로를 지나던 바티에누스라는 사람에게 나타났 는가?[†] 이것은 종교의 신봉자와 회의주의자 사이에서 자주 토론되었 던 문제다.[80] 신화와 관련해서도 여론이 갈라졌다. 키케로에 따르면 테세우스와 페이리토스의 우정 및 그들이 함께 저승에 내려간 이야 기는 **파불라 픽타**fabula ficta, 즉 창작에 지나지 않는다. (종교와 신화의

[†]   3차 마케도니아 전쟁 당시 바티에누스라는 시골사람에게 쌍둥이별이 나타나 로마군의 승리를 예언했다는 전설이 있다.

80   Cicéron, *De natura deorum,* Ⅲ, 5, 11. 마찬가지로 Art de l'aimer, Ⅰ, 637에서 오비디우스는 자신이 주저하고 망설이면서 신을 믿는다고 고백한다(cf. Hermann Fränkel, *Ovid, ein Dichter zwei Welten,* Darmstadt: Wiss. Buchg. 1974, p. 98 et n. 65, p. 194). 필레몬은 이렇게 썼다. "신을 가지라. 그리고 그에게 경배하라. 하지 만 조금도 그에 대해 묻지 말라. 너의 탐구는 아무것도 가져다주지 못한다. 신이 존 재하는지 아닌지 알려고 하지 말라. 신이 존재한다는 듯이, 바로 네 곁에 있다는 듯 이 신을 사랑하라."(fragment 118 AB Kock, chez Stobée, Ⅱ, 1, 5). Cf. Aristophane, *Cavaliers,* 32. 테세우스와 페이리토스의 우정, 그리고 파불라 픽타에 대해서는 *De finibus,* Ⅰ, 20, 64.

밑바탕에 깔린 계급적 이해관계에 대한 고찰은 생략하기로 하자.) 그런데 동일한 키케로, 카스토르와 폴리데우케스의 현현뿐 아니라 그들의 존재 자체를 믿지 않으며, 이 사실을 숨기지도 않던 바로 그 키케로가 아이네이아스와 로물루스의 역사적 실존을 완전히 인정하는 것이다. 사실 19세기까지 이들의 역사성에 의문을 품는 사람은 한 명도 없었다.

여기에 두 번째 패러독스가 있다. 이 인물들에 대해 이야기된 모든 것은 공허한 우화에 지나지 않는다. 그러나 이 모든 영zero들의 합은 영이 아니다. 테세우스는 실제로 존재했다. 키케로는 《법률론 De Legibus》의 첫 페이지에서 로물루스가 죽은 뒤 나타난, 그로 추정되는 유령에 대해서, 그리고 로물루스의 뒤를 이은 선한 왕 누마 폼필리우스와 님프 에게리아의 대화에 대해서 유쾌하게 농담을 던진다. 《국가론De re publica》에서 키케로는 로물루스가 베스타를 섬기는 여사제와 마르스 사이에서 태어난, 신의 아들이라는 것을 믿지 않는다.[81] 멋진 이야기지만, 어쨌든 이야기니까. 그는 로마의 창건자가 죽어서 신이 되었다는 것 역시 믿지 않는다. 이는 소박한 시대에 어울리는 전설에 불과하다. 하지만 로물루스는 역사적으로 진짜 있었던 사람이다. 키케로에 의하면, 그의 신격화와 관련하여 이상한 점

---

81 Cicéron, *De re publica*, Ⅱ, 2, 4 et 10, 18. 사람들은 19세기가 한창일 때까지 로물루스의 역사적 실존을 믿었다. 하지만 이는, 앞으로 보겠지만, 키케로와는 다른 이유에서였다. 키케로는 로마의 창건자인 로물루스를 믿는다. 왜냐하면 신화는 역사적인 핵심을 간직하기 때문이고(불이 없다면 연기도 없을 것이다), 역사는 과거의 정치학이기 때문이다. 반면 보쉬에는 로물루스와 헤라클레스를 믿는다. 책에 그렇게 쓰여 있기 때문이다. 그는 책과 현실을 구별하지 못한다.

은 그것이 일곱 번째 올림피아드 이후에 나타난다는 것, 다시 말해 역사 시대의 중간에 창작되었다는 것이다. 로물루스와 누마에 관한한, 키케로는 그들의 존재 자체를 제외한 모든 것에 의문을 표시한다. 정확히 여기서 세 번째 패러독스가 나타난다. 유식한 사람들은 때로 우화 전반에 대해 매우 회의적인 태도를 보이면서 몇 마디 말로 신속하게 그것을 다른 데로 보내버린다. 하지만 때로 그들은 다시 순진한 믿음으로 돌아오는데, 이런 복귀는 그들이 우화의 어떤 에피소드를 대하면서 진지하고 책임감 있는 사색가가 되려고 할 때마다 일어난다. 자기기만? 반신반의? 아니다. 그보다는 진실의 두 가지 기준 사이에서의 망설임이다. 그 두 가지 중 하나는 초자연적인 것에 대한 거부이고 다른 하나는 처음부터 끝까지 철저하게 거짓말을 하기란 불가능하다는 확신이다.

우화는 의심쩍다. 그것은 진실인가 아니면 거짓인가? 유식한 사람들은 불편한 반응을 보인다. 그건 아낙네들의 이야깃거리에 지나지 않는다고 말이다. 모든 도시는 자신의 기원을 신이나 영웅이나 아니면 그 도시를 창건한 어떤 인간에게 빚지고 있다고 어느 수사학자는 말한다. "이 기원론들 중에서 신이나 영웅과 관련된 것은 **미토데스**mythôdes[전설]이고, 인간과 관련된 것은 좀 더 신뢰할 가치가 있다."[82] 고졸기 이래 신화라는 단어의 가치는 변했다. 예를 들어 어느 작가가 어떤 이야기를 자기 것으로 삼지 않고 간접화법으로 전할 때 ("신화에 의하면…"), 그는 더 이상 어떤 정보, 허공을 떠도는, 잘 알려

---

82 Ménandre le Rhéteur, *Sur les discours d'apparat* (Rhetores Graeci, vol. III, p. 359, 9 Spengel).

진 정보의 한 조각을 낚았다고 주장하는 게 아니다. 그는 발을 빼면서 듣는 이들이 각자 좋을 대로 생각하게 내버려두는 중이다. "신화"는 의심스러운 전승을 가리키는 얼마간 경멸적인 용어가 되었다.

이런 변화를 알려주는 중요한 텍스트가 있다. 어느 날 이소크라테스[†]는 어떤 전설을 모든 사람이 믿는다는 사실에 용감하게 불평할 필요성을 느꼈다. 그는 이렇게 썼다. "신화에 따르면, 그리고 모두가 믿고 있는 바에 따르면, 제우스는 헤라클레스와 탄탈로스를 낳았다."[83] 이 서툰 열정은 얼마간 의식의 거리낌을 드러낸다. 신화를 어떻게 생각해야 할지 더 이상 알 수 없어서 에포로스[††]는 헤라클레이다이의 귀환에서 역사 기술을 시작했고[84] 그 이상으로 거슬러 올라가지 않았다(우리가 보기에는 헤라클레이다이의 귀환 역시 전설적인 과거의 일부이지만). 에포로스는 더 오래된 이야기들은 거짓이라고 생각한 것일까? 차라리 이렇게 생각하자. 그가 거기서 진실을 골라낼 수 있다는 희망을 버리고 조용히 손을 뗐다고. 사실 그는 모든 전승을 불가타처럼 일괄적으로 받아들이는 고대 역사가들의 경향을 고통스럽게 포기해야 했다.

에포로스는 신화가 진실이라고 말하지 않을 것이다. 하지만 그

---

† [편집자 주] Isocrates, 436 BCE – 338 BCE. 고대 그리스 아테네의 변론가, 수사학자. 수사학을 정립하고 교육하는 데 큰 공헌을 했다. 그는 아테네의 리시움에 아카데미를 세워 제자들을 모아 가르쳤다.

83 Isocrate, *Démonicos*, 50.

†† [편집자 주] Ephoros, ?400 BCE – ?330 BCE. 고대 그리스의 역사가. 이소크라테스의 아카데미에서 교육을 받았으며, 최초의 보편사를 저술한 것으로 알려져 있다. 폴리비오스와 디오도로스가 자신들의 역사기술을 두고 그의 영향을 받았다.

84 Diodore, IV, 1, 2.

와 그의 동료들은 신화가 거짓이라고도 하지 않을 것이다. 여기서 앞에서 우리가 언급한 두 번째 움직임이 시작된다—체계적인 비판을 통해 순진한 믿음으로 돌아가기. 모든 전설에는 역사적 배경이 있다. 따라서 의심스러운 전체에서 벗어나 개별적인 신화와 세부사항들로 옮겨갈 때 역사가들은 다시 신중해진다. 그들은 덩어리로서의 신화를 의심하지만, 어떤 전설의 배경에 있는 역사적인 것을 부정하지는 않는다. 전반적인 의심을 표현하는 것이 아니라 진지한 학자로서 특정한 부분에 대해 의견을 제시해야 하는 순간이 왔을 때, 역사가는 다시 믿기 시작한다. 그는 진실한 알맹이를 골라내고 지키는 일에 매달린다.

여기서 우리는 주의해야 한다. 키케로가 《국가》에서, 혹은 티투스-리비우스가 그의 서문에서 "로마가 탄생하기 전"의 사건들이 "역사적 기록의 탄탄함보다는 시적인 매력을 더 많이 가지고 있는 오래된 이야기의 형식으로만" 알려져 있다고 인정할 때, 그들은 근대적 역사비판의 단초를 제공하거나 보포르, 니부어, 뒤메질†을 예고하는 게 아니다. 그들은 로마 창건 후의 네 세기가 전반적으로 불확실하며 동시대의 기록이 남아 있지 않다는 사실을 지적하지 않는다. 그들이 한탄하는 것은 그보다 더 오래된 시대에 관한 기록의 불확실성이다. 왜냐하면 그들이 보기에 기록이 아예 없는 것은 아니기 때문이다. 전승이 바로 그 기록이다. 전승이 의심스러운 이유는 후대에 만들어져서가 아니라 순진한 믿음이 거기 섞여 있기 때문이다. 리비우스나 키케로가 거부하는 것은 로물루스의 신적인 탄생이나

---

† [편집자 주] Georges Dumézil, 1898–1986. 프랑스의 문헌학자. 인도유럽어족 종교와 사회에 관한 연구로 유명하며, 신화학에 크게 기여했다.

아이네이아스의 함대가 님프로 변신하는 기적이다.

전설 시대에 관한 지식은 그러므로, 우리에게는 완전히 친숙하지만 역사에 적용되었을 때 고대인들을 불편하게 만든 어떤 지식의 존재양식으로부터 생겨난다—비판, 추론, 과학적인 가정. **에이카시아**eikasia 즉 추정이 전승에 대한 신뢰를 대신한다. 과거는 현재와 유사하다는 생각 혹은 원칙이 그러한 추정의 토대가 될 것이다. 투키디데스가 그리스의 탄생에 대해 전승이 알려주는 것 이상을 알고자 했을 때, 그의 명쾌하지만 완벽하게 거짓이고 아무 근거도 없는 재구성의 토대에는 바로 이 원칙이 있었다.

이 원칙에 따라 신화에서 마술적인 부분을 걸러내면, 모든 전설을 믿는 것이 가능해진다. 이것이 이 위대한 시대의 더없이 위대한 지성들이 했던 일이다. 아리스토텔레스를 예로 들어보자. 그는 언어의 거장이었고, 필요할 때면 "사람들이 말하기를"이나 "사람들이 믿는 바로는" 같은 표현을 썼다. 또 신화와 신화가 아닌 것을 구별했다.[85] 그런데 그는 우리가 보았듯이 테세우스가 역사적 실존인물이라고 믿으며 미노타우로스 이야기의 합리적 버전을 제시한다.[86] 투키디데스 역시 미노스의 역사적 실존을 의심하지 않으며 헬렌 역시 실존했다고 믿는다. 헬렌은 헬레네스, 즉 그리스인들의 왕을 가리키

---

85 예를 들어 《정치학》 1284A의 "아르고호의 승선자들이 헤라클레스를 버렸다는 신화"나 《니코마코스 윤리학》 1179a25의 "사람들이 믿듯이, 신들이 인간사에 어느 정도 관심을 갖는다면…" 같은 구절을 보라. 아리스토텔레스는 신을 믿지 않는다. 금성이나 목성 같은 신-천체는 우주의 원동력이지 전지전능한 존재가 아니다.

86 본서의 주 4 및 23 참조. 팔라이파토스에게 미노타우로스는 파시파에가 한눈에 반한, 타우로스라는 이름의 잘생긴 청년이었다. 투키디데스도 케크롭스나 테세우스의 존재를 의심하지 않는다(Ⅱ, 15).

는 옛말이라는 것이다. 그는 또 (전설에 따르면 새가 되었다고 하는) 이티스, 판디온, 프로크네, 필로멜라가 정치적으로 수행한 역할을 재구성한다.[87] 하지만 다른 한편으로 투키디데스는 키클롭스나 괴물 라에스트리고네스에 대해서는 아무 설명도 하지 않는다. 이들에 대해서는 각자 생각하고 싶은 대로 생각하고 시인들이 하는 말을 믿으면 된다![88] 왜냐하면 옛날에도 왕이 있었다고 믿는 것과, 옛날에는 괴물들이 살았다고 믿는 것은 전혀 별개이기 때문이다. 괴물은 더 이상 존재하지 않는다. 이처럼 향후 천 년간 전승의 비판을 지배할 원칙이 이미 플라톤의 시대에 확립되어 있었다.[89]

그리하여 스트라본은 학자답게 진실과 거짓을 분리한다. 디오니소스와 헤라클레스는 존재했다. 그들은 위대한 여행가이자 지리학자였다. 전설에 의하면 이들은 의기양양하게 지구 전체를 돌아다녔다. 오디세우스는 존재했지만 호메로스가 이야기하는 것처럼 여행을 많이 하지는 않았다. 시인은 그의 모험을 이용하여 청중에게 유용한 지리학적 사실들을 가르쳐주려 했던 것이다. 이아손과 아르고호의 선원들, 그리고 아이에테스로 말하자면, "이들의 존재에 대해서는 모두가 동의하는 바이다." 심지어 "호메로스도 역사적인 문제들에 동의하면서 이야기를 풀어간다." 허구가 시작되는 것은, 시

---

87 Thucydide, I, 3과 II, 29.

88 Thucycide, VI, 2.

89 플라톤의 저작에서 신화적인 시대를 다룬 부분으로는 *Politique*, 268E-269B; *Timée*, 21 A-D; *Lois* 677D-685E. 플라톤은 더도 덜도 말고 투키디데스와 파우사니아스만큼 신화적 시대를 믿으며, 이 시대와 관련된 오류들을 바로잡는다. 참고로, Raymond Weil, *L'Archéologie de Platon* (Paris: Klincksieck, 1959), pp. 14, 30, 44.

인이 아르고호가 대양에 도달했다고 주장할 때이다. 다른 위대한 항해자들, 테세우스와 페이리토스는 그들이 지옥까지 갔다 왔다는 전설적 주장이 있을 만큼 세계를 많이 탐험했다.[90]

관습적이지 않은 사고의 소유자들도 이 스토아학파 지리학자와 크게 다르지 않았다. 에피쿠로스학파의 루크레티우스는 우화를 매우 싫어했지만, 그에게도 트로이 전쟁과 테베 전쟁은 분명히 일어났다. 이 둘은 역사상 가장 오래된 사건이었다.[91] 마지막으로 위대한 폴리비오스를 언급하자면,[92] 그는 공식적인 판본을 대할 때는 어떤 논평도 하지 않았다. "그들[아카이아인들]의 첫 번째 왕은 오레스테스의 아들 티사메노스였다. 그는 헤라클레스의 후손들이 돌아올 무렵 스파르타에서 추방되었다." 그가 대수롭지 않은 신화를 제시할 때는 거리를 유지한다. 아카이아인들의 나라에 있는 어떤 작은 마을은 "먼 옛날 헤라클레스가 건설했다는 전설이 있다." 하지만 그가 역사가로서의 책임을 짊어지려고 할 때는 이미 시험을 거친 비판적인 방법을 신화에 적용한다. "아이올로스는 메시나 해협에서 물길을 안내해 주었는데, 이곳은 바람이 두 방향으로 불어서 역류로 인해 건너가기 힘든 곳이다. 그래서 사람들은 그를 바람의 관리자라고 이야기했고 바람의 왕으로 간주했다. 마찬가지로 다나오스가 아르고스 지방에서 볼 수 있는 저수지들의 축조법을 가르쳤기 때문에, 또 아트레우스가 태양의 역행에 대해 가르쳤기 때문에, 사람들은 그들을

---

90   Strabon, I, 2, 38, C. 45; 40, C. 46; I, 3, 2, C. 48.

91   Lucrèce, *De natura rerum*, V, 324.

92   Polybe, II, 41, 4; IV, 59, 5; XXXIV, 4.

왕으로, 예언자로, 점쟁이로 묘사한다."

　신화는 이제, 순진한 믿음, 주저하는 회의주의, 모험적인 추측의 대상으로서 엄청나게 신중을 기해서만 이야기할 수 있는 무엇이 되었다. 그러나 이 신중함의 표현들은 잘 계산된 것이었다. 어떤 전설에 대해 자세히 이야기할 때, 헬레니즘 시대와 로마 시대 작가들은 주저하는 것처럼 보인다. 그들은 자기 이름을 걸고 표현하기를 꺼릴 때가 많다. "사람들이 말하기를…" 혹은 "신화에 따르면…"이라고 그들은 쓴다. 그러나 이어지는 문장에서 그들은 같은 전설의 다른 부분을 언급하며 매우 단정적으로 바뀌곤 한다. 이러한 과감함과 신중함의 교대는 조금도 우연이 아니다. 그것은 세 가지 규칙을 따른다. 경이롭고 초자연적인 것에 관해 의견을 표명하지 않을 것, 역사적인 배경을 인정할 것, 디테일에 대해서는 책임지지 않을 것. 예를 하나 들어보겠다. 카이사르가 루비콘강을 건너자 브린디시와 두라초로 도망치는 폼페이우스에 대해 서술하면서, 역사가 아피아노스는 말이 나온 김에 두라초, 즉 고대의 디라키움의 기원을 설명한다. 이오니아해에 면한 이 도시는 그 이름을 어느 공주와 "사람들 말로는 넵투누스[포세이돈]" 사이에서 태어난 아들인 디라코스에게 빚지고 있다. 이 디라코스는, 하고 아피아노스는 말한다. "헤라클레스를 동맹으로 삼아" 왕자인 자기 형제들에 맞서 전쟁을 벌였다. 이런 이유로 그 지방 사람들은 디라코스를 신처럼 숭배한다. 그 지방 사람들에 따르면, "전투가 한창일 때 헤라클레스가 실수로 그의 동맹인 디라코스의 친자 이오니오스를 살해하여 그 시신을 바다에 던졌는데, 이로부터 이 바다가 그 불행한 자의 이름을 갖게 된다." 아피아노스는 이처럼 헤라클레스와 전쟁은 믿으면서 넵투누스와 디라코스의 관계는 믿지 않고, 전해지는 일화에 대한 책임은 지역 주민들에게 남겨놓는다.

신화에 대한 순진한 믿음과 비판적인 믿음, 그리고 전반적인 회의주의는 서로 관용적이었다. 유식한 사람들은 뒤의 둘 사이를 오갔지만, 그렇다고 덜 배운 사람들의 맹목적인 믿음이 문화적으로 평가절하되지는 않았다. 모순적인 믿음들의 이 평화로운 공존은 사회적으로 독특한 결과를 낳았다. 사람들은 각자 모순을 내면화했고, 신화에 대해서, 적어도 논리학자의 관점에서 본다면, 양립 불가능한 생각들을 가지고 있었다. 그러나 그들이 개인적으로 이러한 모순 때문에 괴로워한 것은 아니었다. 오히려 그 반대였다. 이 양립 불가능한 생각들 각각은 상이한 목적에 봉사했다. 의사이자 뛰어난 철학자였던 갈레노스†를 예로 들어보자.[93] 그는 켄타우로스의 존재를 믿었

---

† [편집자 주] Galenos, 129-?199. 로마 시대 그리스의 의학자, 철학자. 그리스 의학의 성과를 집대성하여 해부학, 생리학, 병리학에 걸친 방대한 의학체계를 만들어냈는데, 이는 이후 십수 세기 동안 유럽 의학을 지배하면서 커다란 영향을 끼쳤다.

93 우리는 다음 저서들을 연이어서 인용할 것이다. Galien, *De optima secta ad Thrasybulum*, 3(*Opera*, vol. I, p. 110 Kühn); *De placitis Hippocratis et Platonis*, Ⅲ, 8(Ⅴ, 357 Kühn); "전설을 있을 법한 것으로 환원한다"라는 표현은 cf. Platon, *Phèdre*, 229 E(갈레노스는 이 구절을 거의 글자 그대로 옮기고 있다); *De usu partium*, Ⅲ, 1(Ⅲ, 169 Kühn; Ⅰ, 123 Helmreich); *Isagoge seu Medicus*, Ⅰ(ⅩⅣ, 675 Kühn). 갈레노스는 의술의 신 아스클레피오스를 수사학적인 맥락에서 언급하지만, 동시에 그에게 개인적인 경배를 바치고 있다. 갈레노스와 동시대인이며 아스클레피오스를 똑같이 경배했던 아엘리우스 아리스티데스Aelius Aristides의 예로 미루어볼 때 이 감정의 진정성은 의심의 여지가 없다. 하지만 이것은 갈레노스가 신들에 대해서 탈신화적인 관념을 갖는 것을 방해하지 않는다. 당시의 많은 지식인들과 마찬가지로 그는 그리스의 다신교가 신들에 대한 진정한 지식의 민중적 왜곡이라고 생각했다. 갈레노스에게 신들이란 글자 그대로 하늘의 별에 지나지 않았다. 그리고 별은

는가 믿지 않았는가? 경우에 따라 다르다.

갈레노스가 학자로서 이야기하고 자신의 개인적인 이론들을 펼칠 때 그가 켄타우로스에 대해 이야기하는 방식은, 이 경이로운 동물이 그에게, 또 그를 가장 잘 이해하는 독자들에게 거의 현실성이 없음을 시사한다. 그는, 의학은 숙고된 지식 혹은 정리들théorèmes을 가르치며, 훌륭한 정리의 첫 번째 조건은 감각에 의한 확인가능성이라고 말한다. "만일 정리가 실현 불가능하다면, 예컨대 **켄타우로스의 담즙은 중풍을 완화한다**는 식이라면, 이는 쓸모가 없다. 우리의 지각을 벗어나기 때문이다." 켄타우로스는 존재하지 않는다. 아무튼 누구도 그것을 본 일이 없다.

켄타우로스는 중세의 용이나 일각수와 비슷하게 초자연적인 동물군에 속했으며, 이런 동물군의 현실성이 골치 아프고 성가신 문제였으리라는 것을 짐작하기란 어렵지 않다. 갈레노스는 스토아학파 철학자들이 시적 허구들을 검토하면서 보여주는 진지함이나 시인들이 신에 대해 이야기하는 모든 것에 알레고리적 의미를 부여하려는 그들의 노력을 유치하게 생각한다. 플라톤을 흉내 내면서 그는 이렇게 덧붙이고 있다. 그런 목표를 좇다 보면 "켄타우로스나 키메라에 대한 생각을 정정하게 될 것이고, 그러면 고르곤, 페가수스, 그리고 비슷한 종류의 다른 황당하고 불가능한 존재들이 몰려올 것이다. 만일 그것들의 실존을 믿지 않으면서 소박한 지혜라는 명목으

평범한 의미에서의 생물이되, 인간보다 훨씬 완벽한 능력을 부여받은 생물이었다. 이 신성한 생명체의 완벽함에 대해 해부학자 갈레노스가 쓴 놀라운 문장들을 확인하려면 *De usu partium corporis humani*, XVⅡ, 1 (vol. Ⅳ, p. 358 sq. Kühn; vol. Ⅲ, p. 238 Kühn).

로 그것들을 있을 법하게 만들려고 애쓴다면, 이는 쓸데없는 일에 지나친 노력을 기울이는 것이다." 만일 갈레노스의 시대에 켄타우로스의 전설을 글자 그대로 받아들이는 사람이 한 명도 없었다면, 대체 왜 철학자들이 여기에 대해 심각하게 이야기했겠으며, 또 그것을 단지 그럴듯함의 차원으로 축소시키려 했겠는가? 만일 아무도 그런 전설을 믿지 않았다면 왜 갈레노스 자신은 구태여 그것을 믿는 사람과 믿지 않는 사람을 구별해야 했는가? 게다가 갈레노스는 유기체의 각 부분의 기능에 관한 그의 걸작에서, 켄타우로스같이 혼종적인 생명체가 존재할 수 있다는 생각과 싸우는 데 여러 페이지를 바치고 있다. 만일 켄타우로스를 믿는 사람이 없었다면 이는 실로 우스꽝스러운 작업일 것이다.

그러나 이 동일한 갈레노스가, 새로운 제자들을 포섭하려 할 때는 더 이상 자신의 생각을 내세우지 않고 신자들 편으로 옮겨가는 모습을 보인다. 의학에 대한 자신의 관점 전체를 백 페이지로 요약하면서, 이 학문에 관해 최대한 고매한 관념을 제시하기로 마음먹고, 그는 의학의 기원을 이렇게 설명한다. 그리스인들은 여러 기예들의 발견을 신들의 자식이나 친척들에게 귀속시킨다. 아폴론은 그의 아들 아스클레피오스에게 의학을 가르쳤다. 그전까지 인간은 몇 가지 치료법과 약초에 대해 한정된 지식만 지니고 있었다. "그리고 그리스에는, 예를 들어 켄타우로스 케이론과 그가 의학을 가르쳐 준 영웅들의 모든 지식이 생겨났다."[†]

[†] 케이론은 어린 시절부터 아폴론의 가르침을 받아 현자가 되었고 아스클레피오스를 포함하여 아킬레우스, 이아손, 헤라클레스, 아이네이아스 등 그리스 신화에 나오는 여러 영웅들을 가르쳤다고 전해진다.

한 마리 켄타우로스에게 이런 역사적 역할을 맡기는 것은 분명히 과장된 관습적 표현일 뿐이다. 이는 고대인들이 수사학이라고 불렀던 것이며, 수사학은 올바름을 추구하는 기술이라기보다는 이기기 위한 기술이었다. 이기려면, 다시 말해서 설득하려면, 사람들의 생각을 인정하는 데서 출발해야 한다. 당신들이 전부 틀렸고 세계관을 바꾸어야 한다는 말로 재판관들의 심기를 건드리는 것은 피고가 풀려나는 데 도움이 되지 않는다. 파리는 미사 한 번의 가치가 있다.[†] 그리고 새로 들어오는 제자 한 명은 켄타우로스 한 마리의 가치가 있다. 그렇다 하더라도 수사학을 타산적인 태도와 연결하면서 철학과 대립시키는 것은 피상적이다. 수사학에도 철학적 위엄이 없지 않다는 의미가 아니다. 내가 말하려는 바는 오히려 그 반대다. 철학과 진실은 둘 다 이해관계를 기반으로 작동한다. 지식인들이 사심이 없을 때는 진실을 말하고 어떤 동기가 있을 때는 거짓을 말한다는 것은 사실이 아니다. 갈레노스에게는 켄타우로스에 대해 진실을 말해야 할 이유가 얼마든지 있었다. 그의 관심이 새로운 제자의 모집이 아니라 자기 학설의 승리에 있었을 때는 그는 켄타우로스의 존재를 부정했다. 왜냐하면 연구자들은 그때그때 다른 전쟁 목표, 다른 전략을 갖기 때문이다. 우리 모두가 그렇다. 우리가, 그리고 우리의 제자들이 질투심을 정당한 분노로 착각하고 우리 자신의 과학적, 도덕적 초연함에 대해 고상한 관념을 품는다고 하더라도 말이다. 우리는 장클로드 파스롱이 '상징적인 비프스테이크 나누기'라고 부른 것을

---

† "Paris vaut bien une messe." 왕위를 물려받았지만 신교도였기 때문에 프랑스 국민의 인정을 받지 못하고 수도 바깥에 머물던 앙리 4세가 마침내 가톨릭으로 개종하고 파리에 입성하면서 남긴 말이라고 한다.

위해 투쟁한다. 그리고 우리의 정치는 국가나 정당의 정치만큼 복잡하다. 우리는 위치를 고수하고, 동맹을 맺고, 정복을 위해 연대하며, 통치하지 않으면서 군림하고, 팍스 로마나를 확립하고, 제국의 경계를 분명히 하고, 각자의 작은 땅뙈기를 지키고, 미개척지를 찾고, 먼로 독트린을 만들며, 상호부조를 통해 어떤 집단을 통제하기 위해 **공적 관계**들의 네트워크를 조직한다⋯.

하지만 이 사상들의 정치는 흔히 무의식적이고 내재적이다. 예를 들어 공격이나 방어를 위해 어떤 외래의 도그마와 연합전선을 구축한다면, 어느 순간부터 그 도그마를 조금쯤은 믿게 된다. 왜냐하면 우리는 우리의 믿음이 우리의 말에 부합하도록 조정하기 때문이다. 그래서 우리는 우리의 진짜 생각이 무엇이었는지 모르게 된다. 켄타우로스에 대한 대중의 믿음에 기대었을 때 갈레노스는, 냉소주의와 거리가 먼 사람이었던 만큼, 관대하고 고상한 장광설의 늪에 빠졌을 것이고 자신이 그전에 켄타우로스에 대해 어떻게 가르쳤는지 잊었을 것이다. 흔들리는 믿음의 존재양식, 지적인 혼돈의 시대를 특징짓는 이 양립 불가능한 진실들을 동시에 믿는 능력은 이런 순간에 태어난다. 상징적 장의 발칸화Balkanization가 개인의 마음에 반영되는 것이다. 이 혼돈 상태는 분파들 간의 동맹정책에 해당한다. 신화에 관한 한, 그리스인들은 바로 이런 상태에서 천 년을 살았다. 다른 사람들을 설득하고 그들에게서 인정받으려 하는 순간부터, 우리는 다른 생각들을 존중해야 하고 어느 정도는 그것들을 나눠 가져야 한다. 그런데 알다시피, 그리스의 유식한 사람들은 신화에 대한 민중적인 관념들을 존중했으며 그들 자신이 두 가지 원칙 사이에서 분열되어 있었다. 초자연적인 것에 대한 거부와 전설들이 진실한 토대를 가지고 있다는 확신. 그들의 복잡한 정신상태는 여기서 비롯된다.

아리스토텔레스나 폴리비오스가 우화를 경계하면서도 테세우스의 역사성, 혹은 바람의 왕 아이올로스의 역사성을 믿었던 것은 무슨 정치적 계산이나 순응주의 때문이 아니다. 그들은 신화를 거부하지 않았다. 단지 바로잡기를 원했을 뿐이다. 왜 바로잡으려 하는가? 현재 존재하지 않는 것이 과거에 존재했다고 믿을 이유가 없기 때문이다. 그러면 왜 통째로 거부하지 않는가? 그리스인들은 신화가 처음부터 끝까지 거짓말로만 이루어져 있다는 것을 받아들일 수 없기 때문이다. 신화에 대한 고대의 문제제기는, 앞으로 보겠지만, 자명했기 때문에 간과되었던 두 개의 도그마 안에 갇혀 있었다. 아무 이유 없이 거짓말을 하는 것은 불가능하다. 혹은 처음부터 끝까지 모든 것에 대해 거짓말을 하기란 불가능하다. 왜냐하면 지식이란 거울에 지나지 않기 때문이다. 그리고 거울은 거울에 비친 사물과 혼동된다. 그래서 매체는 메시지와 구별되지 않는다.

이 사회학의 뒤에는
암묵적인 진실 프로그램이 있다

세력관계는, 상징적이든 아니든, 불변이 아니다. 세력관계의 형태들은 유사하지만 다르다. 여기에는 의심할 여지 없이 임의성이 있다. 역사를 초월하여 나타나는 세력관계는 유비가 만들어낸 환상이다. 세력관계의 사회학은 하나의 임의적이며 역사적인 프로그램의 한계 안에 놓인다.

신화 비판은 신화가 틀렸음을 입증하는 것이 아니라, 신화의 진실한 토대를 재발견하는 것이었다. 왜냐하면 이 진실에는 거짓이 덧씌워져 있었기 때문이다. "고금을 통틀어, 과거에 일어난 많은 사건들이 사실의 토대 위에 세워진 거짓들 때문에 신빙성을 잃었다. 오늘날 일어나고 있는 어떤 사건들도 마찬가지다…. 신비로운 이야기를 좋아하는 사람들은 그들 스스로 신기함을 보태는 경향이 있다. 그래서 그들은 거짓을 섞음으로써 진실을 망친다."[94]

하지만 이 거짓은 어디서 왔는가? 그리고 어떤 목적에 봉사하는가? 그리스인들은 여기에 대해 그다지 궁금해하지 않았다. 거짓에는 실제적인 것이 전혀 없기 때문이다. 거짓은 비존재다. 단지 그뿐이다. 그들은 누군가가 왜 거짓을 말했는가보다는 왜 누군가는 그걸 믿었는가를 궁금해 했다. 신화의 문제가 발생genesis의 문제로 바뀌는 것은—퐁트넬에서 카시러, 베르그송, 그리고 레비-스트로스에 이르는—근대인들과 더불어서다. 그리스인들에게 이 신화의 발생은 전혀 문제가 아니었다. 근본적으로 신화는 믿을 만한 역사적 전승이다. 어떻게 존재하지도 않는 것에 대해 이야기할 수 있단 말인가? 진실이 변질될 수는 있다. 하지만 무에 대해 말하는 것은 불가능하다. 반면에 이 점에 있어서 근대인들은, 아무런 동기도 이해관계도 없이 말하는 것이 가능한지 의문을 품는다. '까닭 없는 신화창작'이라는 아이디어를 한껏 밀고 나간 베르그송조차도 스토리텔링이 원래는 필수적인 기능을 가지고 있다고 주장한다.[95] 단지 이 기능이 엉클어지거나 작동하지 않을 뿐이다. 퐁트넬은 의심의 여지 없이 다음과 같이 말한 최초의 인물이다—신화는 진실에 토대를 두고 있지 않으며, 알레고리조차 아니라고. "그러므로 허튼 이야기들 속에서 인간 정신의 오류의 역사 외에 어떤 것도 찾지 말기로 하자."[96]

94   Pausanias VII, 2, 6-7.

95   신화창작 기능fonction fabulatrice에 대해서는 *Deux sources de la morale et de la religion*의 훌륭한 두 번째 장을 보라(Paris: Presss Universitaires de France, 1932, pp. 111, 123, 204).

96   Fontenelle, *De l'origine des fables, in Oeuvres diverses* (Amsterdam, 1742), pp. 481-500. 퐁트넬의 개념은 완전히 독창적이고, 볼테르의 생각과도 20세기의 관념

그리스인들로 말하자면, 그들은 거짓말들을 가로지르는 진실을 찾아내려 했다. 그들은 누구에게 잘못이 있는지 자문했다. 잘못은 순박함, 순진함, 즉 에우에테이아euetheia에 있다.[97] 에우에테이아 — 이것이 당시의 관례적인 용어였다 — 로 인하여 사람들은 "역사적 바탕에 스며든 거짓된 것"[98]을 믿는다. 신화에 섞인 이 거짓들은 미토데스라고 불린다.[99] 순박함이 이 거짓들의 진정한 원인이다. 순진한 청중이 줄어든다면 이야기를 꾸며내는 사람도 줄어들 것이다.[100] 고대의 순진한 믿음antiqua credulitas에 의하면 대부분의 신화는 옛날 옛적으로 거슬러 올라간다.[101] 신화는 진짜 있었던 일에 전설légendes을 섞어

들과도 닮지 않았다. 퐁트넬에게 있어서 신화는 無無를 위하여 무에 대해 이야기한다. 실로, 그의 관점에서 신화는 어떤 진리도 감추고 있지 않으며, 상상하는 기능이 작동하는 것도 아니다. 모든 것은 무수한, 사소하고 무해한 잘못들의 운명적인 결합으로 설명된다. 무지, 열광, 일화를 멋지게 꾸미는 취향, 저자의 허영심, 쓸모 있는 호기심 등등. 한편에는 속이는 자가 있고 다른 한편에는 어수룩하게 속는 자가 있는 게 아니다. 모든 인간은 제 스스로 속는 자다. 인간은 작은 "결점들"로 이루어져 있다. 위대한 본질 같은 것은 존재하지 않는다.

97　이 용어는 헤로도토스에게서 처음 나타나며(I, 60; Ⅱ, 45), 스트라본과 파우사니아스에게로 이어진다(Pausanias. IX, 31, 7; Ⅷ, 29, 3; Ⅷ, 8, 3). 또 할리카르나소스의 디오니시오스에게서도 발견된다.

98　Strabon, I, 1, 8, C. 6.

99　Thucydide, I, 21; Strabon, 앞의 주 98 참조; Plutarque, 앞의 주 3 참조; Pliostrate, 주 124 참조; Isocrate, Paneg., 28. 수사학자 메난드로스에게 있어 '미토데스'는 평범한 인간의 역사와 대립한다. 후자는 "더 믿을 만하다"(p. 359 Spengel).

100　Cicero, De re publica, Ⅱ, 10, 18: "minus eruditis hominum saeculis, ut fingendi proclivis esset ratio, cum imperiti facile ad credendum impellerentur[이야기를 꾸며내는 방법은 오랜 세월 동안, 덜 배운 사람들에게 더 잘 먹혔을 것이다. 투박한 자들은 쉽게 믿도록 되어 있기 때문이다]."

101　Seneca, De constantia sapientis, Ⅱ, 2.

서 이야기하는데, 세월이 흐르면서 전설이 늘어난다는 것이다. 오래된 전승일수록 더 많은 미토데스로 혼잡해지며 이는 전승의 신뢰도를 떨어뜨린다.[102]

반면, 근대인들에게 신화는 커다란 사건에 대한 이야기이다. 신화의 전설적인 면모는 바로 여기서 생겨난다. 그 사건은 부수적인 요소들에 의해 변질된다기보다 서사시적으로 부풀려진다. 왜냐하면 민중의 영혼이 국가적인 위업들을 과장하기 때문이다. 전설의 기원에는 정말로 진실된 것을 말하기 위해 이야기를 꾸며내는 민중의 천재성이 있다. 전설 속에서 가장 진실된 것, 그것은 바로 경이로운 요소들이다. 민중의 영혼은 이를 통해 감동을 표현한다. 옳든 그르든 고대인들과 근대인들은 둘 다 트로이 전쟁의 역사성을 믿는다. 하지만 상반된 이유에서다. 우리는 그 경이로운 요소 때문에 믿고, 그들은 그런 요소에도 불구하고 믿었다. 그리스인들에게 트로이 전쟁은 진짜로 일어났다. 왜냐하면 그 점과 관련해서는 신비로울 게 하나도 없기 때문이다. 호메로스에게서 경이로운 요소들을 제거하면 전쟁이 남게 된다. 근대인들에게 트로이 전쟁은 호메로스가 그 주위에 둘러놓은 경이로운 요소들 때문에 진실이다. 민족의 영혼을 감동시킨 진정한 사건만이 서사시와 전설을 탄생시킨다.

그리스인들에게 신화적 전승은 경이로움**에도 불구하고** 진실이었다. 오리게네스가 이를 아주 잘 표현한 바 있다.[103] 역사적 사건들

---

102 Thucydide, I, 21. 1. 이소크라테스는 반대되는 입장이다(Isocrate, Paneg., 30). 여러 세기에 걸쳐 어떤 전승을 인정하는 자들이 많을수록 더욱더, 이 오래된 합의는 진실을 입증한다는 것이다.

103 Origène, *Contre Celse*, I, 42(Patrologia Graeca, XI, 738). 오리게네스는 또 이

은 진짜로 일어났다고 해도 논리적인 증명의 대상이 될 수 없다. 예를 들어 누가 트로이 전쟁의 역사성을 부인하면서 그 이야기의 믿기 어려운 디테일들(아킬레우스가 어떤 여신의 아들이었고, 아이네이아스는 아프로디테의 아들이었으며, 사르페돈은 제우스의 아들이었다는 것 등등)을 지적한다고 해도 [그에게 맞서서] 그 전쟁이 실제로 일어났다고 증명하기란 불가능하다. 그러한 증명은 "트로이에서 정말로 전쟁이 있었다는 보편적인 믿음과 단단히 얽혀 있는 그 모든 신화적인 허구들"이 우리를 불편하게 하기 때문에 더욱더 어렵다. "또 이렇게 가정해 보자" 하고 오리게네스는 말을 이어간다. "오이디푸스, 이오카스테, 에테오클레스, 폴리네이케스의 이야기가 반인반수의 괴물인 스핑크스와 얽혀 있기 때문에 그들의 존재를 믿지 않으려 하는 사람이 있다고. 그러나 증명은 여기서도 불가능해질 것이다. 같은 말을 에피고네스[테베를 공격한 일곱 장군의 아들들]에 대해서도 할 수 있다. 그들의 이야기는 아무런 허구적 요소를 담고 있지 않지만 말이다. 헤라클레이다이의 귀환도 마찬가지고, 다른 수천의 이야기들도 마찬가지다." 그러므로 신화들은 진실을 바탕으로 한다. 그리고 모두가

렇게 덧붙인다. "역사서들에 속아 넘어가지 않으면서도 공정하기 위해서는 사건들의 종류를 구별하면서 역사서를 읽어야 한다. 우리가 전적으로 믿는 진짜 사건, 비밀스러운 알레고리적 의미를 간파해야 하는 (즉 비유적 의미의) 사건, 그리고 마지막으로 믿을 가치가 없는, 즐거움을 주기 위해 쓰인 사건." (마지막 부분의 텍스트는 확실하지 않다. 어떤 사람들은 이렇게 읽는다. "어떤 이들의 기분을 맞춰주려고 쓰인.") 고대의 역사 및 경험주의의 오래된 문제에 관해서는, 갈레노스의 놀라운 페이지들을 참조하라. Galien, *De optima secta, ad Thrasybulum*, chapter 14-15 (I, 149 Kühn). 트로이 전쟁의 역사성에 대해서 우리는 모제스 핀리의 회의주의를 공유한다. Finley, *Journal of Hellenic Studies*, 1964, pp. 1-9.

인정하는 트로이 전쟁과 테베 전쟁의 역사성이 증명 가능하지 않다면, 이는 어떤 사건도 증명될 수 없기 때문이다.

하지만 이제, 신화가 거짓과 더불어 얼마간의 진실을 내포한다면, 가장 긴급한 과제는 이야기꾼의 심리를 분석하는 게 아니라 거짓을 조심하는 법을 배우는 것이다. 희생자는 범죄자보다 더 흥미롭다. 그리스인들은 언제나 인간과학들이 서술적이라기보다 규범적이라고 생각했다. 아니, 그들은 이 둘을 구별할 생각을 하지 않았다.[104] 그들이 보기에 신화의 과학은 오류를 분석하는 학문이 아니라 오류를 조심하는 법을 연구하는 학문이었다. 신화는 의례를 설명해주는가? 혹은 그 구조를 통해서 인간 정신의 구조를 드러내는가? 신화는 기능적인, 혹은 미쳐버린 상상력의 활동인가? 이런 질문들을 던지기보다는 생각의 감시인이 되는 편이 더 유용하다. 사람들은 인간의 순진함을 비판하고 가라지에서 알곡을 가려낼 것이다.

그리고 생각을 감시할 때는 위조자를 찾아내는 것이 그의 동기를 이해하는 것보다 더 긴급하다. 누가 신화의 지은이인가? 젖먹이들에게 신에 대한 잘못된 관념을 심어주는, 이 터무니없고 점잖지 못한 전설의 무더기를 누가 만들어냈는가? 누가 신들에게 그들의 성스러움에 어울리지 않는 행위를 전가했는가? 그런데 사람들은 여기에 대해서 잘 알지 못했다. 그들은 신화의 창작자가 누구인지 몰랐다. 하지만 어쨌든 죄인이 필요했으므로 그들은 호메로스와 헤시오도스와 그 밖의 시인들을 죄인으로 지목했다. "인류에게 이 허망

---

104 G. Granger, *La Théorie aristotélicienne de la science*, Paris: Armand Collin, 1976, p. 374.

한 이야기들을 안겨준 것은 이들임에 분명하다."[105] 이들은 최소한 몇몇 신화를 날조했다. 게다가 허망한 창작을 직업으로 삼는 전문가들이 아니라면 누가 이런 거짓말을 지어내겠는가? 이 창작물들이 고도의 알레고리적 의미를 지닌다 하더라도, 그것들은 여전히 교육적으로 위험하다. 바로 이런 이유에서 호메로스는 나라 밖으로 추방될 것이다.[106] 여기서 호메로스는 우리가 알고 있는 시인이 아니다. 그는 《일리아드》의 작가가 아니라 신화 전체를 지어냈다고 여겨지는 인물이다. 플라톤은 국가와 문학의 관계가 아니라 국가와 집단의식의 관계를 정립한다. 그의 입장을 설명해주는 것은, 시인은 다들 신화를 지어낸다는 그리스적 생각이 아니라, 모든 신화는 시인에 의해 만들어졌다는 또 하나의 생각이다.[107]

이런 합리주의의 맞은편에는 한 걸음 더 나아간 합리주의가 있었다. 시인들이 즐거움을 위해 신화를 지어냈다고 진지하게 믿어도 될까? 상상력이 그렇게 쓸모없는 것일 수 있을까? 플라톤은 신화를 잘 고르기만 하면 교육적으로 활용할 수 있다고 말했다. 하지만 이렇게 말하는 것만으로는 부족하다. 스트라본이 추측하기에, 모든 신화는 교육적인 의도를 지니며, 시인은 즐거움을 위해서가 아니라 지리학을 가르치기 위해 《오디세이아》를 썼다.[108] 상상을 거짓으로 치

---

105 Platon, *République*, 377 D.

106 *République,* 378 D, 382 D. 알레고리적, 비유적 의미에 관해서는 본서의 주 103(오리게네스의 인용) 참조. 크세노파네스는 이미 신들에게 부여된 부당한 특성들에 대해 항의했다. 이소크라테스도 마찬가지다(Isocrate, *Busiris,* 38).

107 Platon, Phédon, 61 B. 시적 신화들은 진실을 말할 수도 있다(*Phèdre,* 259 C-D; *Lois,* 682 A).

108 Strabon, I, 1, 10, C. 6-7; I, 2, 3, C. 15. 아리스토텔레스의 《형이상학》에 나

부하는 합리주의적 비난에 맞서서, 상상의 옹호자들은 그 안에 어떤 숨겨진 합리성이 있다고 응수한다. 왜냐하면 거짓말을 한다는 것은 가능하지 않기 때문이다.

따라서 어떤 신화가 완전히 신화적이기란 불가능하다. 그리스 인들은 우화를 세부적으로 비판할 수는 있었지만, 우화 자체를 무시할 수는 없었다. 단지 신화가 부분적으로만 진실인지, 아니면 전체적으로 진실인지를 두고 논쟁했을 뿐이었다. 오디세우스의 여행담은 모든 것이 진실인 지리학 강의이고, 제우스의 머리에서 태어난 아테네의 전설은, 크리시포스[†]에 따르면, 기예에 대한 지식이 머리에서 태어나 언어에 의해 전달된다는 사실을 드러낸다. 신화는 진실하지만, 비유적으로만 그렇다. 그것은 [역사가들이 생각하는 것처럼] 거짓이 섞인 역사적 진실이 아니다. 신화를 글자 그대로 받아들이지 않고 그 안에서 알레고리를 찾으려 하는 한, 신화는 완전히 진실된, 수

오는 놀라운 구절을 인용해 보겠다. "아득한 옛날부터 내려와 신화의 형태로 후대에 전해진 어떤 전승이 우리에게 알려주는 바에 의하면, 천체들은 신이다. … 이 전승의 나머지 부분은 모두 나중에 신화의 형태로 덧붙여진 것이다. 대중을 설득하기 위해서, 그리고 공공의 법과 이익에 부합하기 위해서. 사람들은 이런 식으로 신들에게 인간적인 형태를 부여했다. … 만일 우리가 이 이야기에서 원래의 토대를 분리하여 그것만 검토한다면, … 우리는 그것이 진정으로 숭고한 전승임을 알게 될 것이다. 모든 기예들과 철학들은 최대한 발전했다가 소멸하기를 반복해왔다는 아주 그럴듯한 주장이 있는데, 이 전승은 말하자면 [이런 반복에서 살아남아] 우리 시대까지 전해진 고대의 지혜로움의 유물이다."(*Métaphysique*, 1074b1, Tricot의 불역). 그리스 사상가들의 천체숭배에 대해서는 P. Aubenque, *Le Problème de l'Etre chez Aristote*, Paris: PUF, 1962, p. 335 sq.을 참고하라. 매우 놀라운 이야기들이 훌륭하게 서술되어 있다.

† [편집자 주] Chrysippos, 279/280 BCE – 206/207 BCE. 고대 그리스의 스토아학파 철학자.

준 높은 철학적 가르침이다. 즉 신화에 대한 학자들의 접근은 둘로 나뉘었다. 역사가들은 전설을 비판했고, 스토아학파를 포함하여 대부분의 철학자들은 그것을 알레고리적으로 해석했다.[109] 이후 천오백 년에 걸쳐 득세하게 될 성서의 알레고리적 해석 역시 여기서 생겨났다.

스토아학파의 알레고리 해석은 성서 해석과 동일한 전제에서 출발한다. 해당 텍스트가 진정한 권위서라는 것이다. 호메로스와 다른 시인들이 이야기한 모든 것이 그 증거였다. 이것은 그리스적 사고의 한 측면인데, 여기에 대해서는 몇 마디 덧붙일 필요가 있다. 어떤 것을 증명하기 위해, 또는 누군가를 설득하기 위해 그리스인은 적어도 세 가지 수단에 의존할 수 있었다. 엄밀하다고 평가되는 방법에 따라 논증을 펼치는 것, 수사학을 통해 청중의 마음을 움직이는 것, 호메로스나 다른 권위 있는 고대 시인을 인용하는 것. 스토아학파 철학자들은 논리 전개의 명수들이라고, 갈레노스는 짜증스러워하면서 쓴다. 하지만 이 논리를 구체적인 문제에 적용하는 단계에 이르면 그들은 무력해지고 가장 공허한 논증 방식에 의존한다. 시인들로부터 이런저런 구절들을 가져와 무슨 증거라도 된다는 듯이 늘어놓는 것이다.[110]

그럼 엄밀한 논증은? 아리스토텔레스의 《분석론 후서》의 애독자인 갈레노스는 오직 삼단논법적 증명을 알고 있을 뿐이다(그는 이

---

109 본서의 주 98 참조. 아리스토텔레스는 첫 번째 집단에 속했으며 알레고리를 배척했다. "신화의 기묘함은 진지한 고찰에 적합하지 않다."(Aristote, *Méetaph.*, B 4, 1000A, 19)

110 Galien, *De placitis Hippocratis et Platonis*, II, 3(vol. V, p. 225 Kühn).

것을 '기하학적 증명'이라고 부르기까지 한다).[111] 갈레노스가 과연 《신체의 각 부분들의 유용성에 대하여De usu partium》에서 자신의 원칙에 충실했는지는 의문이다. 그는 이 책에서 인체를 기계와 비교하면서 장기 하나하나에 목적이 있음을 논증한다. 엄밀하다는, 심지어 아리스토텔레스적인 이상에 따라 연역하고 있다는 자부심은 일종의 윤리적 태도로 귀착되며('나는 진지하며 아무 말이나 내뱉지 않을 것이다') 또한 타자들과의 어떤 관계로 귀착된다('나는 논증과 설득을 구별할 것이며 수사학에서처럼 독자의 감성에 호소하지 않을 것이다'). 물론

---

111 아리스토텔레스 《분석론 후서》에 관해서는 De placitis, Ⅱ, 3 (p. 222 Kühn), 크리스포스의 삼단논법 및 논리학에 대해서는 같은 책 p. 224를 참조할 것. 갈레노스는 여기서 과학적 증명을 대화술 및 그 주제topiques와, 수사학 및 그 논법lieux과, 궤변술sophisique 및 그 교묘한 말장난과 대립시킨다. 갈레노스는 스스로를 자명성apodicticité을 추구하는 엄격한 정신의 소유자로 간주한다(De libris propriis, 11; vol. XIX, p. 39 Kühn). 그리고 의학에 있어서 그는 "수사학적 수단pisteis"보다 "문법적인", 즉 기하학적인 "증명"을 선호한다(De foetuum formatione, 6; vol. Ⅳ, p. 695 Kühn). 수사학자들 자신이 과학적 증명에 기대는 척 할 수도 있을 것이다(De praenotione ad Epigenem, 1 ; vol. XⅣ, p. 605). 여기서 내가 엄격함과 달변을 구별할 때는 상반되는 두 가지 태도에 대해서 이야기하는 것이다. 철학 학파들이 증명, 대화술, 수사학이라고 불렸던 것을 나는 고대적인 의미로 또는 동일한 정확성을 가지고 취급하지 않을 것이다. 고대의 수사학은 삼단논법을, 혹은 적어도 그 생략된 형태를 사용했다. 증명은 부지불식간에 대화술에 호소했고, 논증적이라기보다 수사학적이었다(P. Hadot, "Philosophie, dialectique, rhétorique dans l'Antiquité," in Studia philosophica, XXXⅨ, 1980, p. 145). 우리가 지금 고찰하고 있는 것은 설득의 방법들이라기보다는 진실과 설득을 대하는 태도들이다. 이 점과 관련하여 흥미로운 사실은 갈레노스가 특정한 설득 방법을 거부한다는 것이다. 그는 "사람들이 예수와 모세의 계명들을 믿듯이" 증거 없이 믿는 것을 거부한다(De pulsuum differentiis, vol. Ⅷ, p. 579와 p. 657). 스토아학파 철학자들이 "설득의 객관적 조건들과 강력한 주관적 확신을 뒤섞는다"(E. Bréhier, Chrysippe et l'Ancien Stoïcisme, Paris: PUF, 1951, p. 63)는 점 역시 그 못지않게 흥미롭다.

수사학은 연설가와 웅변가에게 발화의 유형들과 논리 전개의 모델들, 그리고 논의의 출발점으로 삼을 수 있는 흔한(혹은 흔치 않은) 생각들을 제공한다. 그럼에도 불구하고 수사학의 독특함은 차갑고 기교적인 겉모습을 거부하고 전염성 있는 열광, 은근한 매력, 신나는 움직임, 매혹적이고 불안한 긴장의 힘을 빌려 설득하는 데 있다. 이러한 비전문적 설교자들의 수사술은 완전히 정당한 것으로 인정받았다. 아니, 이 방식과 앞서 말한 논리 전개 방식 사이에서 청중이 분열되어 있었다고 말하는 편이 더 낫겠다.

하지만 세 번째 설득 방식도 존재했다―시인들의 증언, 특히 호메로스의 증언을 원용하는 것. 이는 스토아주의의 제창자들이 즐겨 쓰는 방식이었다. 갈레노스는 크리시포스가 너무 자주 과학적 증거를 팽개치고 호메로스에게서 가져온 문장들을 쌓아올리는 것을 보면서 분개한다.[112] 이는 법정에서 수사학자들이 재판관들에게 깊

112 *De placitis* 6. 8 (vol. 5, p. 583 Kühn). 크리시포스가 헤게모니콘hegemonikon [고대 그리스에서 인체 기관 중 영혼을 구성하는 가장 핵심적인 부분으로 다른 기관들을 지휘한다고 믿어졌던 기관]이 머리가 아닌 심장에 깃들어 있음을 증명하기 위해서 주워 모으는, 호메로스에서 에우리피데스에 이르는 유명한 시인들의 인용문에 대해서는 *De placitis* 3.2-3 (pp. 293 ff). 갈레노스에 따르면 크리시포스는 그가 증인으로 불러오는 시인들이 많을수록 그의 주장이 탄탄해진다고 믿었는데, 이는 전형적인 수사학자의 전략이었다(3.3, p. 310). 스토아학파 철학자들은 시와 신화의 권위에 호소하는 것을 어떻게 정당화했는가? 시와 신화를 상식의 표현으로 간주하면서? 아마도 그것이 그들이 제시한 대답이었을 것이다. 모든 인간은 감각이 제공하는 경험 자료로부터 공통된 관념을 추출한다. 그리고 모두가 신의 존재나 영혼의 불멸성 등을 믿는다(Bréhier, *Chrysippe*, p. 65). 시와 신화 외에도, 단어의 어원은 상식의 또 다른 증거물이다(단어의 원초적 의미이자 진정한 의미로서의 **어원**etymon 에 대해서는 Galien, vol. V, p. 227와 p. 295를 참고하라). 속담, 경구, 상투적 문구 역시 증거로 기능했다. 하지만 여기서도 우리는 스토아 학자들이 스스로 행하고 있

은 인상을 주기 위해 최대한 많은 증인을 부르는 것과 비슷하다. 바로 이런 식으로, 크리시포스는 지배적 이성이 머리가 아니라 심장에 깃들어 있음을 입증하려 하면서 "아킬레우스는 그의 칼을 뽑으려고 단단히 마음을 먹었다" 따위의 시적인 인용들로 여러 페이지를 가득 채운다. 스토아주의자들이 시에 의한 증명의 진정한 본성을 인식했는지, 누군가가 여기에 대해 이론을 만들었는지는 나로서도 모르겠다. 하지만 그들의 실천은 암묵적인 이론을 구성한다.

고전classique으로서, 그리고 그리스 세계 전체를 아우르는 민족적 인정의 중심으로서 호메로스가 누렸던 권위는 여기서 별로 중요하지 않다. 시 일반의 권위도 마찬가지다.[113] 크리시포스는 하이데거

다고 믿었던 것보다는 그들이 자신도 모르게 행했던 것을 살펴보고 있다. 어떤 경우든 그들의 머릿속에는 적어도 두 가지 생각이 공존했다. 한편으로 인간들은 시대를 막론하고 진실된 개념들을 공유한다. 하지만 다른 한편으로 태초의 인간들이 오늘날의 인간들보다 더 위대하고 더 성스러운 참된 지식을 가지고 있었다. 아귀가 잘 맞지 않는 이 두 생각은 각각 스토아 철학자들이 신화나 시나 어원에 관한 담론들에 부여한 신비로운 권위를 정당화하는 데 사용되었다. 시가 지닌 진실을 말하는 능력에 대해서는 플라톤의 《법률》(Platon, *Lois*, 682 A)을 참조하라. 시는 영감의 소산이고, 영감에서 우러나온 모든 텍스트(플라톤 자신의 텍스트를 포함하여)는 산문의 형식을 띠고 있다고 하더라도 시와 유사할 것이다(811 C). 시가 신화와 유사하다면, 이는 시인들이 신화를 들려주기 때문이 아니라, 시와 신화가 모두 불가피하게 진실이며 신성한 영감의 소산이라고 할 수 있기 때문이다. 이제 우리는 에피쿠로스가 어째서 시를 비난했는지 이해할 수 있다. 그는 산문이 아닌 운문으로 글을 쓰는 행위를 공격했던 게 아니다. 심지어 그는 수많은 시가 (그가 보기에 거짓인) 신화적 **내용**을 담고 있다고 비난했던 것도 아니다. 그는 **권위로서의 시**, 진실의 출처로서의 시를 비난했으며, 그것을 신화와 같은 자격으로, 같은 차원에서 비난했던 것이다. 그는 또한 우리가 앞서 이야기한 또 하나의 설득 방식을, 즉 수사학을 비난했다.
113 고대 말기까지 지속된, 호메로스와 시 일반에 대한 이런 맹신은 연구해볼 만한

가 아니다. 그는 호메로스 외에도 다른 많은 시인들을 인용한다. 심지어 그는 비극시인들마저 인용한다. 비극의 저자들은 주인공의 입에서 진실이 요구하는 말이 아니라 그의 배역이 요구하는 말이 흘러나오게 한다는 사실을 망각한 채 말이다.[114] 그리고 크리시포스와 다른 모든 스토아주의자들은 시뿐 아니라 신화를, 그들이 체계적으로 추구했던 우의적인 해석을 인용했다.

그렇다고 해서, 신화와 시가 천계의 지혜를 전파한다고 그들이 생각했던 것은 아니다. 왜냐하면 그들은 동일한 목적으로 속담들과 어원들을 인용했기 때문이다. '어원적$_{etymologique}$' 의미는 그들이 보기에 '진짜' 의미, 즉 '참된' 의미였다(이것이 그리스어 '에티몬$_{etymon}$'의 의미였다). 그러므로 그들은 시적 활동을 진실에 도달하는 특권적 방법으로 간주했던 게 아니다. 시와 신화와 어원과 금언들의 공통점은 무엇인가? 합의에 의해 증거로 사용될 수 있다는 것? 아니다. 만약 그렇다면 산문도 마찬가지의 설득력을 지녔을 것이며, 또는 아주 단순히, 길 가는 사람 입에서 얻어들은 구절도 그랬을 것이다. 그러

주제다. 5세기 초에는 사람들이 베르길리우스를 두고 양쪽으로 나뉘었다. 어떤 이들은 그를 단순한 시인이자 허구를 지어내는 사람으로 여겼고, 다른 이들은 그가 지식의 우물이라고 여겼다. 그의 아주 짧은 시구도 진실을 이야기하며 심층적인 탐구의 가치가 있다고 말이다. Macrobe, *Saturnales*, I, 24 및 III-V를 참고하라. 여기서는 텍스트와 지시 대상 사이의 관계라는 별개의 문제를 다룬다. 스토아 학자들이 생각한 시적 진실에 관한 폴렌츠의 지적(M. Pohlenz, *Die Stoa*, Göttingen: Vandenhoeck & Ruprecht, 1978, vol. I, p. 1183, 235)은 책의 나머지 부분에 비해 그다지 쓸모가 없다.

114 Galien, *De placitis*, V, 7 (vol. V, p. 490 Kühn). 크리시포스, 호메로스, 갈레노스에 관해서는 F. Buffière, *Les Mythes d'Homère et la pensée grecque*, Paris: Les Belles Lettres, 1956, p. 274.

면 오래되었다는 것? 아니다, [불과 한두 세기 전 사람인] 에우리피데스†역시 원군으로 호출되었기 때문이다.

　내 생각에 그 대답은, 시가 신화나 관용적인 표현들 또는 어휘와 같은 편에 있다는 것이다. 시인의 천재성에서 권위authority를 끌어내는 것이기는커녕, 시는 시인의 존재에도 불구하고 일종의 저자 없는authorless 말이었다. 시는 발화자locuteur를 갖지 않는다. 다만 '이야기될' 뿐이다. 따라서 시는 거짓말을 할 수 없다. 발화자만이 거짓말을 할 수 있기 때문이다. 산문에는 진실을 말하거나 거짓을 말하는, 혹은 오류를 범하는 화자가 있다. 그러나 어휘에 화자가 없듯이 시에는 화자가 없다. 시는 신화와 흡사하다. 그리고 시인은 본디 신화를 창조하는 존재라고 그리스인들이 말했던 이유는 아마도, 시 속에 신화적 암시가 자주 등장해서라기보다, 신화와 시가 그 자체로부터 권위를 끌어낸다는 사실 때문이었을 것이다. 진실은 아이들의 입에서처럼 자연스럽게 시인의 입에서 흘러나온다. 그들은 사물을 있는 그대로 비출 뿐이다. 그들은 샘물이 흐르듯이 자연스럽게 진실을 표현하며, 따라서 그들이 실재하지 않는 무언가를 비추는 것은 불가능하다. 안티스테네스와 크리시포스가 그랬듯이, 존재하지 않는 것에 대해서 말할 수는 없다고 믿는다면….[115] 시는 무의지적이며 충실한 거울이다. 크리스포스가 지치지 않고 시인들의 증언을 축적한 것은 바로 이 때문이다. 만약 그가 보기에 시인들이 어떤 학설을 책임

---

† 　[편집자 주] Euripides, ?480 BCE-?406 BCE. 고대 그리스 아테네의 시인, 비극작가. 소포클레스, 아이스킬로스와 함께 3대 그리스 비극작가로 꼽힌다.

115 　P. Aubenque, *Le Problème de l'Être chez Aristote*, p. 100.

지는 반성적인 사상가들이었다면, 갈레노스가 지적했듯이, 단 하나의 인용으로 충분했을 것이다. 그러나 시인들은 무심한 듯이 진실을 말한다. 황홀해진 크리시포스는 자신의 철학이 자리 잡은 땅 밑에서 어떻게 진실이 사방으로 분출하는지 지치지 않고 보여준다.

신화와 시가 진실을 말한다고 처음부터 확신하고 있었던 만큼, 스토아 철학자들에게 남은 일은 신화와 시에 해석적인 폭력을 가하여 진실에 끼워 맞추는 것뿐이었다. 알레고리가 이 프로크루스테스의 침대를 제공해 줄 것이다. 스토아 철학자들은 그 무엇 앞에서도 주저하지 않았다. 어느 날 크리시포스는 한 폭의 그림을 보았다. 관광안내인들ciceroni의 음란한 상상력에 의하면 헤라가 제우스에게 솔직히 명명하기 곤란한 쾌락의 행위를 하고 있는 그림이었다. 크리시포스는 거기에서 우주를 생성하기 위해 정액 형태의 이성을 흡수하는 물질의 알레고리를 발견했다.

역사가들에게 신화는 역사적 진실의 가벼운 변형이었지만, 철학자인 크리시포스에게 신화는 철학적 진실의 우의적 표현이었다. 덧붙이자면 플라톤에게는 이 두 가지 해석이 모두 나타난다. 하지만 가장 대담한 주석가들도 뒷걸음치게 할 이 문제 위에 너무 오래 머물지는 말자. 때로 플라톤은 자기만의 신화들을, 이데아의 근사치들을 만들어낸다. 그리고 때로는, 앞에서 잠깐 언급했듯이, 사색 도중에 조우하는 그리스의 역사적 신화들에 대해 당시 역사가들이 했던 것과 같은 종류의 비판을 가한다. 하지만 플라톤에게 있어 철학적 알레고리라는 이 반쪽의 진실은 이데아의 진실에 대한 감각세계의 참여에 해당하면서, 동시에―그럼에도 불구하고―감각세계에 대한 엄밀한 지식의 불가능성과 관련되어 있었다. 그렇다면 어째서 스토아 학자들은 시인이 알레고리를 통해 진실을 말했다고 이야기했는가? 진실을 수수께끼 속에 숨겼다가 다시 드러내기 위해서? 고대인들의 어떤 순진함에 의해서? 아마도 이 사상가들은 다음의 문제를 고려하지 않았던 듯하다—고대 그리스인들에게는 매체가 메시지 뒤로 사라진다는 것을.

알레고리이든 얼마간 변질된 전승이든, 신화는 일반적인 신뢰를 받았다. 그리하여 우리는 손쉬운 비판을 전개하는 성향과 거리가 먼 아리스토텔레스 같은 사람이 《형이상학》의 한가운데서, 좋은 기회가 왔다는 듯이, 불로장생의 음식 암브로시아와 넥타르에 대한 전설을 신랄한 야유를 담아 논박하는 것을 본다.[116] 신화를 경계했던 이들도 그것을 근본에서부터 거부하지는 못했던 것이다. 그들의 곤경은 여기서 시작된다. 바로 이 때문에 그들은 그토록 자주, 그들의 전설들을 반만 믿는 것처럼, 혹은 믿고 있다고 믿는 것처럼 보인다 …. 그러나 이처럼 부분적인 믿음의 양식이 정말 존재했을까? 그보다는 그들이 두 가지 진실 프로그램 사이에서 망설였던 게 아닐까? 분열되어 있었던 것은 그들의 믿음이 아니라, 그들이 보기에 반쯤 부패해 있었던 신화였을지도 모른다. 왜냐하면 신화는 두 가지 진실[프로그램]에 관련되어 있었기 때문이다. 그중 하나는 내용과 관련된 것으로서, 그럴듯하지 않음 혹은 부적절함에 대한 비판이었다. 다른 하나는 상상력에 관한 합리주의로서, 그릇에는 무언가가 담겨 있기 마련이라는, 즉 상상에는 알맹이가 있다는 생각이었다. 그러므로 신화에는 언제나 진실과 허위가 섞여 있었다. 거짓은 진실을 장식하여

---

116   Aristote, *Métaphysique*, B 4, 1000 A 12.

삼키기 좋게 만드는 데 사용되었거나,[117] 아니면 수수께끼와 알레고리로 진실을 말하고 있는 것이거나, 아니면 진실의 바탕 위에 들러붙어 있었다. 하지만 사람이 처음부터 거짓말을 할 수는 없는 법이었다. 신화는 때로는 유용한 교훈을, 때로는 알레고리의 베일에 감싸인 물리적이거나 신학적인 원리를,[118] 때로는 과거의 사건들에 대한 기억을 전달할 것이다. 플루타르코스의 말마따나, 진실과 신화의 관계는 태양과 무지개의 관계와 같다. 무지개는 빛을 다채로운 색깔로 분산시킨다.[119]

이 문제에서 우리의 관심사는 역사적 전승으로서의 신화이다.

---

117 진리를 삼키기 좋게 만드는 장식, 혹은 꾸밈에 대해서는 Cf. Lucrèce, I, 935; Aristote, *Métaphysique*, 1074 B 1; Strabon, I, 6, 19, C. 27. 처음부터 거짓을 말하는 것은 불가능하다는 생각에 대해서는 P. Aubenque, *Le Problème de l'Être chez Aristote*, p. 72와 각주 3.

118 호메로스를 비롯한 신화의 알레고리적 해석이라는 방대한 주제에 대해서는 이야기할 수 있는 게 너무나 많다. 우선 다음의 저서부터 언급해야겠다. Jean Pépin, *Myth et Allégorie,* Paris: Les Belles Lettres, 1958. 그리고 스토아학파가 출현하기 훨씬 전부터 이런 해석이 존재했고 민중 속에서 널리 받아들여졌다는 것(Diodore, Ⅲ, 62: 디오니소스가 포도의 알레고리라는 물질적 해석. Cf. Artemidore, *Clé des songes*, Ⅱ, 37, p. 169, 24 Pack과 Ⅳ, 47, p. 274, 21), 그리고 이는 성경의 우의적 해석으로 연결된다는 것을 상기시키고 싶다. 여기서는 포르피리오스의 《님프의 동굴 Antre des nymphes》과 헤라클리토스Héraclitos의 《호메로스의 알레고리 Allégories homériques》, 코르누투스Cornutus의 《신학개요 Résumé de théologie》를 언급하는 데 그치려 한다. 참고문헌으로는 F. Cumont, *Recherches sur le symbolisme funéraire*, Paris: Geuthner, 1942, p. 2 sq; F. Buffière, *Les Mythes d'Homère et la pensèe grecque*, Paris: Les Belles Lettres, 1956; P. Decharme, *La Critique des traditions religieuses chez les Grecs, des origines à Plutarque,* Paris, 1905.

119 Plutarque, *De Iside,* 20, p. 358 F. 플로티노스도 매우 유사한 생각을 발전시킨다(Plotin, *Ennéades,* Ⅲ, 5, 9, 24).

신화라는 형식 자체는 전혀 의문시되지 않았기에, 고대의 신화 비판은 그 내용에 따라 달라졌다. 신화의 신들에 대해 좀 더 경건한 해석을 제시하거나 영웅을 역사적 인물로 변형시키는 등. 전설들은 사실 영웅시대의 위대한 인물들에 관한 이야기나 삽화들이다. 즉 전설은 역사의 원천이다. 그러면 역사란 무엇인가? 역사는 옛 시대의 정치이다. 따라서 사람들은 신화를 정치적인 방향으로 몰고 갈 것이다. 고대 그리스인들이 이런 방향으로 나아간 마지막 사례는 아니었다. 마키아벨리 역시 그랬다. 마키아벨리에 따르면 모세는 왕위를 쟁취해야 하는 왕자였는데, 이는 그저 상속하는 수고만 하면 되는 자들에 비해 월등히 우수한 자격을 가정한다. 하지만 모세는 이 자격을 키루스, 로물루스, 테세우스와 공유한다. 이들 역시 권력을 손에 넣었다. "물론 모세는 신의 의지대로 행했을 따름이므로 그를 언급해서는 안 되겠지만, 그래도 어쨌든" 그의 방법이 위의 군주들과 "크게 달라 보이지 않는다"는 점에 다들 동의할 것이다. "상식을 가지고 성서를 읽는 자라면 누구든, 모세가 십계명을 준수하도록 만들기 위해 무수한 사람을 죽여야 했음을 깨달을 것이다." 마키아벨리가 모세에 관해 이러한 정치적 해석을 제시하는 데 사실 성서는 조금도 필요하지 않았다. 그는 플라비우스 요세푸스의 《유대 고대사》를 읽기만 하면 되었다. 플라비우스 요세푸스는 투키디데스나 아리스토텔레스가 테세우스나 미노스를 취급했던 식으로 모세를 취급한다.[120] 그리고 아마도 이는 그들이 군주에 대해 유치한 관념을 조장해서는 안

---

120 Machiavel, *Le Prince,* chap. 61: *Discours sur Tite-Live,* Ⅲ, 30. Cf. F. Josèphe, *Contre Apion,* 157 sq. (특히 이 책의 chap. 160에 나오는, 종교 덕택에 모세가 민중을 온순하게 만들 수 있었다는 생각에 주목할 것.)

된다는, 비밀스러운 감정을 공유했기 때문일 것이다. 정치라 불리는 위대하고 숭고한 것은 순진한 사람들을 위해서 있는 게 아니다. 그런데 전설처럼 순진한 것은 없다. 전설은 어린아이의 눈으로 군주들을 본다. 그것은 신들의 연애, 화려한 무훈, 늙은 아낙네들을 놀라게 하려고 만들어진 기적 이야기들일 뿐이다. 가장 오래된 역사의 텍스트에 어떻게 그 정치적인 진지함을 되찾아줄 것인가?

다행히 그것은 가능하다. 있을 법하지 않은 유치한 이야기들은 분명히 거짓이지만, 거짓이란 다름 아닌 왜곡된 진실이기 때문이다. 따라서 역사의 진실한 텍스트를 복원하는 일은 가능하며, 우리가 본 바와 같이 폴리비오스와 아리스토텔레스는 아이올로스와 미노타우로스의 원래 의미를 찾아냈다. 그러나 이런 종류의 교정에 있어서 팔라이파토스[†]만 한 거장은 없었다. 그의 원칙들은 매우 건전하다. 교육받지 않은 사람들은 전해들은 이야기를 모조리 믿는다. 현자들로 말하자면, 그들은 아무것도 믿지 않지만, 바로 이 점에서 틀렸다. 사람들이 이야기하는 모든 것은 존재했기 때문이다(그렇지 않다면 어떻게 그것에 관해 이야기하겠는가?). 우리는 단지 오늘날 여전히 존재하는 것만이 가능하다는 원칙을 고수할 것이다.[121]

---

† [편집자 주] Palaephatos. 정확한 신원이 추정되지 않는, 그리스 신화에 대한 합리화된 설명을 담은 책 *Incredibilia*의 저자. 해당 책은 서론과 그리스 신화 52편에 대한 설명으로 되어 있는데, 45편까지는 대상이 되는 경이로운 이야기에 대한 서술, 해당 이야기의 신빙성 없음에 대한 설명, 그리고 오해로 인해 경이로운 이야기를 낳은 일련의 일상적인 사건들이 이어지는 공통된 형식을 가진다. 마지막 일곱 편은 합리화할 만한 설명 없이 신화를 간략하게 재구성한 것이다.

121 내가 입수할 수 있었던 팔라이파토스의 가장 오래된 판본은 1689년에 간행된 것으로 토마스 게일Thomas Gale이 암스테르담에서 출판한 《신학적, 물리학적, 윤리

따라서 신화에서 역사로 넘어가기 위해서는 언어의 혼란에서 생겨나는 오류들을 바로잡는 것으로 충분하다. 시인들이 이야기하는 켄타우로스는 있을 수 없다. 만일 그런 혼성체가 실재했다면 지금도 존재해야 하기 때문이다. 잠깐만 생각해보면 그 전설이 어디서 나온 것인지 알 수 있다. 들소를 사냥하려는 어떤 사람이 말에 올라타서 창kentô으로 들소를 찌르는 방법을 고안했을 것이다. 다이달로스는 살아 움직이는 조각들을 제작하지 않았다. 단지 그의 표현방식이 경쟁자들보다 유연하고 생동감 있었을 뿐이다. 펠롭스에게는 날개 달린 말이 없었다. 대신 그는 날개 달린 말이 그려진 배를 가지고 있었다. 주목할 점은 팔라이파토스가 한 순간도 다이달로스, 펠롭스, 아이올로스의 역사성을 의심하지 않는다는 사실이다(그는 이 역사성을 뒤에 폴리비오스가 따르게 될 방식으로 설명한다). 게다가 그는 아득한 옛날에는 신들과 인간들이 섞여 살았음을 인정한다. 아테나와 아폴론은 마르시아스의 처형에 관여했고, 아폴론은 실제로 히아킨토스를 사랑했다. 그러나 이 신이 자기 연인의 이름을 꽃잎 위에 썼다고 믿는 것은 유치한 일이리라. 진실은 아폴론이 이 꽃에 미소년의 이름을 붙였다는 것이다.

우리는 팔라이파토스가 낙관적인 합리주의를 어디까지 밀고 나가는지 본다. 진실의 텍스트는 복원할 수 없을 만큼 손상된 게 아니다. 왜냐하면 진실을 변형시킨다면 모를까, **무에서**ex nihilo 거짓을

적 소품Opuscula mythologica, physica et ethica》에 들어 있다. 팔라이파토스에 관한 저술로는 Nestle, *Vom Mythos zum Logos,* p. 149; K. E. Müller, *Geschichte des antiken Ethnographie*, vol I. p. 218; F. Jacoby, *Atthis: the Local Chronicle of Ancient Athens,* Oxford University Press, 1949, p. 324, 주 37.

만들어낼 수는 없기 때문이다. 그리스인들에게 매우 소중했던 이 관념이 팔라이파토스의 사고를 받쳐주고 있다는 사실을 안다면, 그의 낙관주의는 더 이상 우리를 당혹스럽게 하지 않을 것이다. 그의 사고를 받쳐주는 또 다른 관념은, 원래의 텍스트를 복원하는 문제가 아주 좁게 정의된다는 것이다. 왜냐하면 오류는 다양하지만 올바른 의미는 하나이기 때문이다.

그러면 어떻게 이 올바른 의미를 되찾을 것인가? 자연스러운 경향에 맞서 비탈을 거꾸로 올라감으로써. 인간들은 사물과 말의 관계에 의해 형성된 온갖 장애물들 위로 미끄러지면서 왜곡을 향해 나아가는 경향이 있다. 그들은 말을 사물로 착각하고, 한 단어를 다른 단어로, 그림을 현실로, 사물을 개념으로 착각한다. 여기서, 헤카타이오스[†] 이래 실천되어 온 유형의 신화 비판과 대조를 이루는 팔라이파토스의 독창성이 드러난다. 그에게 신화는 외부의 첨가물들이 덧입혀진 게 아니라 내적인 변질을 겪은 것이다. 이런 이유로 팔라이파토스는 신화의 비판자들 중에서 유일하게 신들의 개입을 허용한다. 그는 신들이 더 이상 개입하지 않는 현재의 상태에 비추어서 신화적 과거를 가늠하는 대신, 신화를 그 자체로서 검토하며, 오해나 말장난에 의해 그것이 희화화되어 있다고 결론짓는다. 초자연적인 요소들을 제거하는 대신 그는 기호학적인 변형들을 바로잡는다.

신화는 과거의 모사물이고, 이 모사물은 가필되었다기보다는 변질된 것이다. 팔라이파토스는 신화가 왕들, 창건자들, 바다의 지배

[†] [편집자 주] Hecataeos, ?550 BCE-?476 BCE. 고대 그리스의 역사가이자 지리학자. 그의 저술은 단편들만 남고 나머지는 소실되었다. 그중에는 신화에 관한 저술이 있는데, 남은 단편을 통해 신화에 대해 회의적으로 접근했다는 것을 알 수 있다.

자들에 대한 기억을 실어 나르는 역사의 수레라고 생각하지 않는다. 아무튼 그가 비판하는 유일한 신화들은 과거의 단순한 사적 일화들, 인간적인 흥미를 불러일으키는 사소한 사건들이 기호학적 왜곡을 통해 신비롭게 변형된 것이다. 신화는 말장난에서 태어난다. 이런 식으로 팔라이파토스는 판도라의 전설을 몸치장하기 좋아하는 부유한 여인의 일화로 환원한다(환원의 과정은 중요하지 않다).

신비로운 요소들이 달라붙는 바람에 오늘날까지 그 기억이 보존된 사소한 사건들. 하지만 이렇게 말하는 것은 우리이지 그리스인들이 아니다. 그들은 왜 그리고 어떻게 전승들이 전해 내려왔는지 결코 자문하지 않았다. 전승들은 단순히 거기 있었고, 그리스인들에게는 그것으로 충분했다. 그들은 한순간도 과거에 대한 성찰이 그 속에 있다는 것에 놀라지 않았다. 그들은 사방에서 신화를 긁어모았다. 어떻게 이 운석들이 그들에게 도착했는가? 그들은 여기에 대해 생각해보지 않는다. 단지 메시지만을 받아들이면서 매체에 대해서는 주목하지 않는 것이다. 그리스인들은 또한 과거가 기억을 남긴다는 사실에 대해 놀라지 않았다. 몸이 그림자를 갖듯이 모든 것은 반영反影을 갖기 마련이다. 신화는 신화가 반영하는 역사적 실체에 의해 설명된다. 이는 복사본이 원본에 의해 설명되는 것과 마찬가지다. 그리스인들은 어떻게 반영들이 그토록 긴 세월을 건널 수 있었는지 의문을 품지 않았으며, 어떤 수단에 의해 그리고 무슨 까닭으로 그랬는지에 대해서도 궁금해하지 않았다. 유사하게, 플라톤의 《크라틸로스Kratylos》에서 단어는 그 단어가 지시하는 사물에 의해 설명된다. 시간의 역할은 단어에 나타난 변화를 설명하는 데 국한되며, 이러한 변질은 역사라는 이름을 붙일 가치가 없다. 그것은 음성학적 법칙을 따르지 않으며 우연적이고 비본질적이다. 그것은 어떤 규칙성도 보여주지 않으므로 전혀 흥미롭지 않다. 무엇보다 그리스인들은 신화가 긍정적인 이유에서, 예컨대 민족적인 정서나 경탄 때문에 진리를 왜곡할 수 있었다고 가정하지 않을 것이다. 변형의 원인은 오직 부정적이다. 즉 비판정신의 결여가 문제인 것이다. 그리스인들에게는 문자 그대로의 신화학이 없었으며 오직 신화들이 전달하는 역사에 관한 학문만이 있었다.

왜냐하면 전달 방식은 중요하지 않기 때문이다. 말은 단순한 거울이다. 그리스인들에게 말이란 신화, 어휘 혹은 어원, 시, 금언 등을 의미했다. 즉 "이야기되고" 저절로 말해지는 모든 것(사람들은 그것을 그저 반복할 뿐이다)을 가리켰다. 그러니 존재하지 않는 것에 대해 말하는 일이 어떻게 가능하겠는가? 우리는 플라톤에 이르기까지 그리스 철학에서 비존재의 존재가 얼마나 큰 문제였는지 안다. 이것은 우리가 방금 신화의 문제 속에서 발견한 이 거울 "담론"의 또 다른 징후다. 틀리려면, 혹은 거짓말이나 헛소리를 하려면, 우리는 없는 것에 대해 이야기해야 한다. 따라서 없는 것을 이야기하려면 없는 것은 있어야 한다. 하지만 무가 아닌 없는 것은 무엇인가? 플라톤은 "우리의 아버지 파르메니데스"를 죽임으로써 이 난관을 타개한다. 그리고 그리스 수학자들이 무리수(저 유명한 "비이성적인" 수)를 받아들인 것에 맞먹는 일격으로 비존재의 존재를 인정한다. 우리는 여기에 그렇게까지 큰 노력이 필요했다는 데 놀라움을 느낀다. 하지만 말이 거울이라면 그 어려움은 이해할 수 있다. 어떻게 거울이 거기 없는 것을 비출 수 있겠는가? 존재하지 않는 것을 비추는 것은 비추지 않는다는 말과 같다. 역으로 거울이 무언가를 비춘다면 그

무언가는 존재한다는 것이다. 따라서 신화는 무에 대한 이야기가 아니다. 결론은, 우리는 아무리 어리석은 신화도 진실한 토대를 가지고 있다는 것을 처음부터 확신한다는 것이다. 그리고 우리가 팔라이파토스와 더불어 신화 안에서 발견되는 오류들에 대해 자문한다면, 우리는 이 오류들이 복제 과정에서 나타난 단순한 사고들임을 확인하게 될 것이다. 원본은 진짜였다. 하지만 그것을 복제하는 과정에서 어떤 단어를 다른 단어로 착각하고 또 어떤 사물을 어떤 단어와 착각한 결과….

무를 반영한다는 것은 반영하지 않는다는 것이다. 마찬가지로 안개를 반영한다는 것은 혼란스러운 방법으로 반영한다는 뜻이다. 대상 자체가 흐릿하면 거울도 흐릿해진다. 지식의 등급은 그러므로 존재의 등급과 평행을 이룬다. 플라톤주의 전체가 여기 있다. 청년 아리스토텔레스는 여전히 다음과 같은 문제에 걸려들 것이다. 모든 것이 소멸 가능하다면 그러한 원칙 자체도 소멸 가능해야 한다. 하지만 이 원칙이 소멸된다면 사물들은 소멸되지 않을 것이다…. 사물들에 대해 이야기된 것은 사물들의 운명을 나누어 갖는다. 혼란스러운 어떤 것에 대한 학문은 그 자체로서 혼란스러운 학문일 것이며, 빈곤한 추측으로 이루어질 것이다. 반대로 고귀한 사물들에 대한 학문은 고귀하다.

플라톤은 이렇게 쓴다. "신화에 관한 한, 과거의 사건들이 실제로 어땠는지 알 길이 없기 때문에, 우리는 거짓이 최대한 참처럼 보이도록 만든다."[122] 플라톤은 빈정거리는 게 아니다. 거짓이란 알다

---

122 Platon, *République*, 382 D.

시피 부정확함에 지나지 않는다. 그리고 우리는 진실처럼 여겨지는 것을 다시 발견함으로써 부정확한 전승을 바로잡을 수 있다. 근대적인 용어를 사용하자면, 우리는 그럴듯한 역사적 가정들을 작성한다. 신화적인 시대를 바라보는 그리스인들의 태도는 양면적이었다. 한편으로 그들은 순진하게 믿으면서 황홀해지고 싶어 했고, 다른 한편으로는 맑은 정신으로 의심에 의심을 거듭했다. 이런 영구적인 의심을 우리는 과학적 가정이라고 부른다. 하지만 그들은 그들이 순수하게 역사적인 시대로 물러나자마자 갖게 되는, 그들의 선행자들 즉 역사가들의 말을 믿을 때의 고요한 확신에는 결코 이르지 못했다. 그들은 완벽한 확신을 가지고 신화의 윤곽을 그리기에는 영웅시대가 너무 아득하고 세월에 의해 너무 심하게 지워졌다고 말함으로써, 자기들이 신화를 대할 때 품고 있었던 학문적 의심을 표현했다.[123]

---

123 Pline, *Histoire naturelle*, XI, 17: "reliqua vetustatis situ obruta"; Thucycide, I, 21, 1; Diodore, IV, 1, 1.

어떻게 신화에 그 근원적 진실을
되찾아줄 것인가

신화를 정화하여 순수하게 역사적인 전승으로 만들려면, 우리의 역사 시대 속에서 분명한 대응물을 찾을 수 없는 것을 모두 신화에서 제거해 버리면 된다. "미토데스와 관련하여 나는 불신을 갖는 편이다. 그도 그럴 것이, 나는 한 번도 그것을 자기 눈으로 확인했다는 사람을 만나지 못했다. 한 사람은 다른 사람에게서 들었다고 하고, 두 번째 사람은 자기도 같은 생각이라고 하며, 세 번째 사람은 시인이 말하자마자 잊어버린다."[124]

그러므로 분명하게 관찰되어 온, 지금도 존재하는 현실에만 집중하기로 하자. 죽음을 면치 못하는 인간이었던 헤라클레스가 나중에 신이 되었다고? "그러면 과거에 가능했던 일이 왜 지금은 더 이

---

124 Philostrate, *Heroikos,* VIII, 9, p. 136 (p. 7, 26 De Lannoy).

상 일어나지 않는지 설명해 주시오."[125] 현존하는 사물들은 자연적으로 무엇이 가능한지에 대한 관념을 제공한다. "영웅들은 십 척 장신이었다고 전해진다. 이것은 매혹적이지만, 자연으로 눈을 돌려 요즘 사람들의 키와 비교해보면, 거짓이고 믿을 수 없는 신화이다."[126] 신화를 역사로 환원하려면 두 가지 작업이 필요하다. 팔라이파토스는 전승에서 물리적으로 믿을 수 없는 부분을 제거하는 데 그쳤다. 남은 일은 역사적으로 불가능한 것, 즉 신과 인간의 공존을 제거하는 일이다. 파우시니아스의 굴곡 많은 성찰은 이 두 지점 사이에 펼쳐진다. 우리는 앞으로 그에게서 많은 사례를 끌어올 것이다.

에피쿠로스학파 철학자들에 의하면, 자연에는 이러저러한 것이 행해지도록 만드는 법칙까지는 아니더라도, 최소한 어떤 것을 금하는, 특히 생물종들 간의 경계를 교란시키는 것을 금하는 조약 혹은 협정 foedera이 있다. 따라서 변신은 불가능하다. 포 강가에서 한 음악가가 그 나라의 왕이 되었고 죽은 뒤에는 아폴론의 뜻에 따라 백조로 변신했다는 이야기가 있다. 여기에 대해 파우사니아스는 이렇게 적는다. "나는 음악가가 그 나라의 왕이 되었다는 것은 믿을 준비가 되어 있다. 하지만 사람이 새가 되었다는 것은 믿을 수 없다."[127] 하물며 괴물들은 존재할 수가 없다. 케르베로스를 어떻게 할 것인가? 테나론 지방에는 헤라클레스가 이 저승의 사냥개를 지상으로 끌어낼 때 통과했다는 동굴이 있다. 하지만 파우사니아스는 말하기

---

125 Cicéron, *De natura Deorum,* Ⅲ, 16, 40; *De divinatione,* Ⅱ, 57, 117.

126 Philostrate, *Heroikos,* Ⅷ, 9, p. 136 (p. 7, 29 De Lannoy).

127 Pausanias, I, 30, 3.

를, "이 동굴에는 땅밑으로 내려가는 길이 없으며 신들이 영혼들을 집결시켜 놓을 지하 거주지를 갖고 있다고 믿기도 어렵다." 케르베로스에 대해 진실일 법한 설명'을 찾아낸 사람은 바로 밀레토스의 헤카타이오스였다. 그 저승의 사냥개는 사실 치명적인 독을 품은 거대한 뱀이었으며, 헤라클레스는 그 뱀을 죽였다는 것이다.[128] 학식 있는 사람들은 켄타우로스, 키메라, 스킬라 등의 괴물을 믿지 않았고,[129] 루크레티우스는 이러한 회의주의를 에피쿠로스 자연학의 용어로 언급했다.[130] 이것은 아무도 신과 기간테스 사이의 전쟁을 믿지 않은 이유이기도 했다. 하반신이 뱀인 거인을 물리치는 일은 신들의 위엄에 어울리지 않으며, 생물학적으로도 불가능하다.[131]

파우사니아스는 새로운 팔라이파토스다. 하지만 그 이상이기도 하다. 호메로스는 인간들 사이에 섞인 신들을 묘사하면서, 영웅시대 이후에는 더 이상 이런 모습을 볼 수 없음을 암묵적으로 인정했다. 하지만 옛날의 역사가 오늘날의 역사와 본질적으로 다르지 않다면, 영웅시대에도 신들이 인간들과 섞이지 않았어야 한다. 역사적 신화mythe historique는 신이 없는 신화가 될 것이다. 신과 인간과 야수가 친숙하게 섞여 있던 시절은 황금시대였다. 하지만 세상이 현실적으로 바뀌면서 신들은 숨어버렸고, 이제는 더 이상 어떤 교류도 가능하지 않다.[132] "오호 통재라" 하고 파우사니아스는 결론짓는다. "사

---

128 Pausanias, Ⅲ, 25, 5.

129 Artémidore, *Clé des songes,* Ⅱ, 44 (p. 178, 7); Ⅳ, 47 (p. 272, 16 Pack).

130 Lucrèce, Ⅴ, 878; Ⅳ, 730.

131 Platon, *République,* 378 C; Cicéron, *De natura deorum,* Ⅱ, 28, 70; Pausanias, Ⅷ, 29, 3; Artémidore, *Clé des songes,* Ⅳ, 47, p. 274, 16 Pack; Aetna, 29-93.

악함이 하늘을 찌르는 오늘날에는 인간이 더 이상 신으로 바뀌지 않는다. 군주에게 아첨하기 위한 공허한 수사학 속에서라면 모르겠지만 말이다."[133]

　이로부터 아르테미도로스와 더불어 신화적 전승들을 그 문화적 품격에 따라 분류하는 것이 가능해졌다.[134] 어떤 전승들은 역사적으로나 자연적으로나 그럴듯하며, 그러므로 그것들은 진실이다. 신들이 개입하지만 물리적으로 수긍할 만한 전승들은 "본질적으로 진실이 아니지만 대중에 의해 처음부터 진실로 받아들여진다." 예를 들면, "프로메테우스, 니오베, 그리고 다양한 비극의 영웅들에 관한 이야기들"이 그렇다. 반면 "신들과 거인들의 싸움Gigantomachia, 용의 이빨에서 태어난 콜키스와 테베의 전사들, 그 밖의 유사한 전설들" 같은 자연에 반하는 전설들은 "아무런 근거가 없으며 어리석고 무의미한 내용으로 채워져 있다." 진실한 신화와 진실일 법한 신화, 그리고 진실일 법하지 않은 신화. 역사는 오직 첫 번째 것만 받아들이지만, 두 번째 것도 일반 문화 안에서는 수용된다. 후자는 비극의 주제들을 공급하며, 수사학적 **본보기**exempla로 인용될 수 있다.[135] 근대의 심리학자나 철학자들이 소설에서 사례들을 끌어오는 것과 비슷하

132 Cf. P. Veyne, *Pain et Cirque, op. cit.,* p. 581, p. 741 (주 102); Xénophon, *Mémorables,* Ⅳ, 3, 13.

133 Pausanias, Ⅷ, 2, 4-5.

134 Artémidore, Ⅳ, 47, p. 274, 2-21 Pack. 말할 것도 없이 나는 지금 페스튀지에르Festugière의 훌륭한 번역을 보고 있다. 나도 1968년에 나의 제자들인 모리스 블랑Maurice Blanc, 질베르 카시미리Gilbert Casimiri, 자크 셸랑Jacques Cheilan과 함께 아르테미도로스를 번역했었지만… 우리는 방금 언급한 번역자보다 잘하지 못했다!

135 Dion de Pruse, XI, *Discours Troyen,* 42; Quintilien, *Institution oratoire,* XII, 4.

다. 이 본보기들은, 퀸틸리아누스[†]와 디온에 의하면, 진실로 여겨지지 않은 경우에도 최소한 논쟁의 대상으로는 받아들여졌다. 만일 누가 거짓이지만 그럴듯한 꿈을 꾼다면, 아르테미도로스는 그 꿈을 명확하게 해석하라고 충고한다. 하지만 꿈의 내용이 터무니없다면 희망을 품어도 부질없는 일이다.

역사가는 신화적 시대에서 신들을 제거할 의무가 있다. 키케로도 티투스-리비우스도, 로물루스의 아버지가 마르스라고 믿지 않았다. 그리고 파우사니아스는 오르페우스의 어머니가 님프였다고 믿지 않았다.[136] 우리가 에우헤메로스설이라고 부르는 것, 즉 신화가 실제 역사를 반영한다는 가설이 당시 많은 사상가들의 호응을 얻은 이유가 여기에 있다. 헤라클레스가 신이었다고 믿기란 불가능하다.[137] 하지만 헤라클레스, 디오니소스, 그리고 디오스쿠로이 형제[카스토르와 폴리데우케스]가 위대한 인물이었고 사람들이 감사하는 마음에서 그들을 신으로, 혹은 신의 아들로 받들었다고 가정하는 것은 역사적으로 건전하다.[138] 엄밀한 의미에서 역사가라기보다는 신화전문가인 파우사니아스는 자신이 수집한 전설을 대개는 못마땅한 기색 없이 보고하지만, 때로는 화를 내면서 신들의 개입을 신화에서

---

† [편집자 주] Marcus Fabius Quintilianus, ?35-?100. 로마 제국 시대의 수사학자. 전 12권으로 된 수사학 교과서를 집필했으며, 중세 및 르네상스 시대의 글쓰기에 많은 영향을 미쳤다.

136 Cicéron, *De re publica,* Ⅱ, 10, 18; Tite-Live, 서문, 7과 Ⅰ, 4, 2; Pausanias, Ⅸ, 30, 4,

137 Cicéron, *De natura deorum,* Ⅲ, 16, 40 sq.

138 Cicéron, *Tusculanes,* Ⅰ, 12, 27 sq.

제외시킨다. 악타이온은 아르테미스 여신의 뜻에 따라 자신의 개들에게 물려 죽었다고 사람들이 말한다. "그러나 나는 신의 개입 없이 악타이온의 개들이 광견병에 걸려서 주인을 알아보지 못하고 낯선 사람을 물어뜯듯 그를 물어뜯었다고 생각한다."[139] 우리의 신화수집가는 그러므로 그의 동료인 팔라이파토스보다 더 멀리 나아간다. 디오니소스는 해신 트리톤 혹은 반인반어 트리톤 한 마리나 여러 마리의 죽음에서 아무 역할을 하지 않았다.† 다른 버전의 전설을 믿는 편이 낫다. 디오니소스는 포도의 알레고리이고, 타나그라의 어부들이 해변에서 날뛰는 트리톤을 취하게 만들려고 바다에 포도주를 부었으며 덕택에 쉽게 괴물을 죽일 수 있었다. 왜냐하면 트리톤은 실제로 존재하고 파우사니아스는 그것을 본 적이 있기 때문이다. 로마에서 황실의 진귀한 물품 조달관imperial procurator a mirabilibus이 그에게 군주의 수집품 가운데 보관된 트리톤의 유해를 보여주었다.[140]

모든 것의 척도로서의 현존하는 사물들이라는 기준은 건전한 원칙이지만, 다루기에 까다롭다. 파우사니아스는 많은 것을 의심하지만 트리톤의 존재는 의심하지 않는다. 그리고 그는 스팀팔로스

---

139 Pausanias, IX, 2, 3-4.

† 그리스 보이오티아 지방의 도시 타나그라에는 디오니소스 축제 전날 바닷가에 몸을 씻으러 간 여인들이 트리톤의 습격을 받았는데 디오니소스가 나타나 이를 물리쳤다는 전설이 내려온다.

140 Pausanias, IX, 20, 4; IX, 21, 1. 파우사니아스가 그리스어로 'οἱ ἐπὶ τοῖς θαύμασιν'라고 쓴 것(VIII, 46, 5)은 'procurator a mirabilibus'나 'minister a mirabilibus', 혹은 그 비슷한 직책을 가리키는 것 같다. 로마에서 그가 찾아본 경이로운 것thaumata[그리스어로는 θαύμα]에 대해서는 다시 한번 Pausanias, IX, 21, 1을 참조하라. 이 직책이 금석학적으로 증명되었는지는 기억나지 않는다.

의 괴조[†]에 대해서도 의문을 품지 않는다. 아직도 아라비아에서 이 새가 관찰되기 때문이다.¹⁴¹ 사실 우리가 가진 지식만으로 현존하는 사물들을 판단해서는 안 된다.¹⁴² 시필로스의 마그네시아Magnesia ad Sipylum 출신으로 《기이한 것들Paradoxa》을 쓴 클레온이라는 사람이 지적하기를, 아무것도 보지 못한 자는 기묘한 것들의 존재를 그릇되게 부정한다.¹⁴³ 그리고 파우사니아스는 [오이디푸스의 아들들로 부왕의 사후에 왕위를 놓고 서로 싸우다 죽은] 에테오클레스와 폴리네이세스에게 제사를 지낼 때, 제단에서 솟아난 불꽃이 신비롭게도 둘로 갈라졌다는 것을 인정한다. 왜냐하면 이 기이한 현상은 여러 차례 일어났고, 파우사니아스 자신이 그것을 목격했기 때문이다.¹⁴⁴ 따라서 문제는 현실의 경계선을 아는 데 있다. 스파르타와 맞서 싸운 메세니아 사람들의 영웅 아리스토메네스가 죽은 뒤에도 레욱트라 전투에 참가했다는 이야기를 믿어야 할까? 영혼은 불멸이라고 말했던 칼데아인들, 인도인들, 그리고 플라톤이 옳다면, 이 신화를 거부하기

---

† 그리스 신화에 나오는, 스팀팔로스의 호수 근처에 떼 지어 사는 괴물 새. 깃털이 청동으로 되어 있다고 한다.

141 Pausanias, VIII, 22, 4. 유사한 추론을 I, 24, 1에서 찾아볼 수 있다. 미노타우로스는 실제로 인간이었고 전설 속에서만 괴물이었을까? 이는 확실하지 않다. 왜냐하면 괴물을 낳는 여자들을 흔히 볼 수 있기 때문이다.

142 성 아우구스티누스는 므두셀라[성서 중 〈창세기〉의 인물로, 969년을 살았다고 전해진다]의 장수를 설명하기 위해 같은 말을 한다(Saint Augustin, *Cité de Dieu*, XV, 9).

143 파우사니아스는 X, 4, 6에서 이 마그네시아의 클레온에 대해 이야기한다.

144 Pausanias, IX, 18, 3-4.

가 어려워진다.[145] 영혼이 불멸일 수도 있지만 그래도 신화는 지어낸 것이라고 받아치지 말자. 모든 신화는 진실이라고 가정되며, 그것이 거짓임을 밝히는 것은 비평가들의 몫이다. 왜냐하면 진실이 거짓보다 더 자연스럽기 때문이다. 실로, 다소 혼란스러운 논리이기는 하지만, 우리의 문헌학자들이 반복해서 말한 바에 따르면, 필사된 텍스트는 진실이라고 주장하는 것이 불가능하지 않은 한, 진실로 간주되어야 한다….

우리가 지금 하고 있는 이야기는 그러니까, 계몽적인 이야기, 신화에 대항하는 이성의 이야기가 아니다. 왜냐하면 첫째로 이성은 승리하지 않았고(신화의 문제는 해결되었다기보다는 차라리 잊혔다), 둘째로 이성의 투쟁은 아름다운 대의명분을 따르지 않았으며(현존하는 사물들의 원칙은 온갖 편견의 피난처였으니, 에피쿠로스와 성 아우구스티누스는 이 원칙의 이름으로 대립물들antipodes을 부인했다), 셋째로 투쟁한 것은 사실, 이성이 아니라 하나의 진실 프로그램이었기 때문이다. 이 진실 프로그램은 우리에게는 매우 낯선 전제들을 깔고 있다. 그래서 우리는 그것들을 놓치거나 아니면 놀라면서 깨닫게 된다. 사람들은 참, 거짓, 신화, 미신에 대해서 한 번도, 완전한 통찰을, 명증성을, 내적 기준index sui을 제시하지 않았다. 투키디데스는 신탁을 믿었고,[146] 아리스토텔레스는 예지몽을 믿었으며, 파우사니아스는 자신의 꿈이 시키는 대로 했다.[147]

145　Pausanias, IV, 32, 4.

146　Thucydide, II, 17.

147　Pausanias, I, 38, 7; IV, 33, 5. 파우사니아스의 꿈들은 그에게 어떤 신비로운 사실들을 폭로하지 못하도록 했다. 파우사니아스의 시대의 문인들 사이에서는 자신의

일단 전승의 부정확함을 바로잡고 나면 진정한 사실들이 얻어진다. 구전된 것이든 기록된 것이든 신화 문학은, 이름 없거나 이름난 무수한 작가들과 수많은 이본을 가지고, 이제 일상의 현실과 경쟁해야 한다. 다시 말해 역사가 가진 연대기적, 인물탐구적 prosopographique, 전기적 일관성을 갖추어야 한다. 예를 들어 만일 오이디푸스의 무덤이 아테네에 있다면 이 주어진 사실에 나머지를 일치시켜야 한다. "오랜 연구 끝에 나는 오이디푸스의 유골이 테베에서 아테네로 이장되었음을 알아냈다." 호메로스는 오이디푸스가 죽어 테베에 묻혔다고 말했지만 "나는 오이디푸스의 죽음에 관해 소포클레스가 이야기한 것을 믿을 수밖에 없었기 때문이다."[148]

신화적 시간은 깊이도 척도도 갖지 않는다.[149] 엄지동자의 모험이 신데렐라의 무도회보다 먼저인지 나중인지 어떻게 따지겠는가? 그럼에도 불구하고 영웅들, 이 고귀한 인물들에게는 계보가 존재했다. 마찬가지로 어떤 영웅이 그의 가문을 덮친 불행이 그의 사후 다섯 세대 혹은 열 세대가 지나야 끝난다는 예언을 듣는 일도 가능했

꿈을 따르는 일이 매우 흔했다. 아르테미도로스는 꿈 속에서《해몽서Clé des songes》를 집필하라는 아폴론의 명령을 받았다(Artémidore, *Onir.*, II, 서문 끝부분). 디오 카시우스는 꿈속에서 신들의 명을 받고《로마사Histoire romaine》를 썼다(Dion Cassius, XXIII, 2). 아들이 의사가 되는 꿈을 꾼 아버지 덕택에 갈레노스는 의학을 공부했다(Galien, vol. X, 609; XVI, 223 Kühn). 그는 꿈에서 어떤 약의 조제비법을 얻기도 했다(XVI, 222).

148 Pausanias, I, 28, 7.

149 L. Randermacher, *Mythos und Sage bei den Griechen,* 1938, 재간행 1963, p. 88. 다음 책은 이 문제와 무관하다: F. Prinz, *Gründungsmythen und Sagenchronologie,* Munich, 1979.

다.[150] 그러므로 초기의 신화수집가들은 신화적 세대의 연대기를 확립할 수 있었다. 그들은 "옛날 옛적에 왕과 님프가 살았답니다"라고 말하지 않아도 되었고, 연대기가 없다는 이유로 전설을 의심하는 사람들을 설득할 수 있었으며,[151] 사건 발생의 연대배열synchronismes을 통하여 가짜 전설과 진짜 전설을 구별할 수 있었다.[152] 이소크라테스가 수사학자 폴리크라테스를 비판하고 부시리스를 옹호한 것이 좋은 예다. 폴리크라테스는 전설이 이야기하는 대로 이집트의 왕 부시리스가 헤라클레스를 제물로 바치려다 도리어 죽임을 당했다고 말했는데, 이소크라테스는 이에 대해 부시리스가 헤라클레스보다 여섯 세기나 앞서 존재한 인물이라고 반박했다.[153†] 인물탐구 역시 그만큼 일관성을 갖게 되었다. 사람들은 동명이인들에 관해 논쟁했

---

150 Eschyle, *Prométhée enchaîné,* 774, 853.

151 Diodore, IV, 1, 1.

152 연대배열을 수단으로 삼아 전설의 여러 이본들을 검토하는 예로는 Pausanias, III, 24, 10-11; IX, 31, 9; X, 17, 4. 이 전설적 연대기들에 관해서는 W. Kroll, *Studien zum Verständnis…,* chap. III 및 p. 310. 오노마크리테스, 탈레스, 리쿠르고스, 카론다스, 잘레우코스 같은 고대 그리스의 입법자들nomothetes이 사제지간이라고 주장되어 왔는데, 이에 대해 아리스토텔레스는 연대기에 입각하여 반론을 편다 (*Politique,* 1274 A 28). 같은 방식으로 티투스-리비우스는 누마 폼필리우스가 피타고라스의 제자일 수 없었음을 증명한다(I, 18, 2). Denys, *Antiquités,* II, 52도 참고할 것. 그리스 역사 기록에서 연대배열의 문제에 대해서는 A. Momigliano, *Essays in Ancient and Modern Historiography,* p. 192; *Studies in Historiography,* p. 213.

153 Isocrate, *Busiris* 36-37.

† 이 부분은 원문이 다소 모호하여 원문을 그대로 번역하지 않고 이소크라테스의 《부시리스》를 참조하여 알기 쉽게 재서술했다. 또한 이 대목에 등장하는 전설상의 이집트 왕 부시리스는 이집트 신화의 신 오시리스가 그리스에서 와전되게 번안된 이름으로 알려져 있다.

고 모호함을 제거했다(파우사니아스는 페네우스에 무덤이 있는 텔라몬
이, 대大아이아스의 아버지가 아니라 누구인지 모를 동명이인임을 제시했
다).[154] 또 어떤 사건들은 두 번 이상 일어난 것으로 결론지어졌다.
기록에 남아 있는 가장 오래된 올림픽이 기원전 776년에 열렸으므
로, 이 제전이 창시된 연도는 기원전 776년으로 정해졌다. 하지만
사람들은 아폴론이 올림픽에서 헤르메스와 아레스를 누르고 승리했
다는 것을 알고 있었기에, 최초의 제전이 훨씬 더 이전에 개최되었
다가 얼마 후 폐지되고 기원전 776년에 다시 시작되었다고 상상해
야 했다. 이러한 상상적 조작은 디오도로스 류類의 역사가나, 텍스트
와 현실을 동일시하는 문헌학자에게 특징적으로 나타났다. 스트라
본과 파우사니아스로 말하자면, 이들은 한순간도 그것을 믿지 않았
다.[155] 이들은 신에 대해 훨씬 덜 유치한 개념을 갖고 있었다.

---

154 Pausanias, VIII, 15, 6-7. 파우사니아스는 다른 동명이인들에 대해서 VII, 19,
9-10과 VII, 22, 5에서 논의한다. 연대기적, 인물탐구적 문제들을 해결하기 위해서
헬레니즘 시대 사람들은 결국 이렇게 결론지어야 했다. 여러 명의 동명이인 헤라클
레스와 여러 명의 디오니소스, 심지어 여러 명의 제우스가 존재했었다고(디오도로
스, 스트라본, 키케로가 이렇게 말하고 있다. Cf. Pausanias, IX, 27, 8).

155 이 최초의 올림픽 경기에 대해서는 다음 문헌들을 참조하라. Strabon, VIII, 3, 30,
C. 355(스트라본은 이와 관련하여 알크메네의 아들 헤라클레스와 쿠레테스의 헤라
클레스를 구별한 뒤 "이 모든 것은 여러 가지 방식으로 이야기되고 있고 결코 신뢰
할 만한 것이 못 된다"고 결론지었다); Pausanias, V, 4, 5; VIII, 26, 4; 올림픽 회차 산
정이 어떻게 시작되었는지에 대해서는 VI, 19, 13과 VIII, 2, 2를 참조하라. 파우사니
아스는 가장 오래된 그리스의 경기들의 연대를 배열하면서 헤라클레스와 아폴론이
참여한 최초의 올림픽을 제외했다. 그는 올림픽 경기 초기에는 승리자의 이름을 기
록하지 않았다는 사실을 알고 있었다(VI, 19, 4). 776년이라는 해와 올림픽을 "발
견"(혹은 "재발견")한 왕 이피토스, 그리고 [스파르타의 왕으로, 아리스토텔레스에
따르면 올림픽 조약을 주도한] 리쿠르고스 간의 연대배열에 대해서는 Pausanias, V,

그럼에도 불구하고 엄밀한 연대기chronologie에 대한 이러한 집착은 의미심장하다. 지금도 그렇지만, 역사 장르의 법칙은 사건들이 연대와 함께 서술되기를 요구한다. 날짜까지 이야기할 수 있으면 더욱 좋다. 쓸모없을 때가 더 많은 이런 정확성이 요구되는 이유는 무엇인가? 연대기는 역사의 눈이고 역사적 가정들의 선택과 거부를 가능하게 해주기 때문에? 물론 그렇기도 하지만, 그 이유만으로 연대기에 그렇게 큰 가치를 두는 것은 아니다. 연대기 연구는 무엇보다 지리학이나 인물탐구처럼 자족적인 진실 프로그램으로서, 사람이든 사건이든 장소이든, 시공간 안에 위치시킬 수 있는 모든 것의 좌표를 알려준다. 이는 역사의 개념들 중에서 가장 우직한 것이다. 그림을 감상할 줄 아는 사람은 미술애호가이지만, 그 그림의 연대를 말할 수 있는 사람은 미술사가이다. 그는 회화의 과거가 어떻게 구성되어 있는지 안다. 그리스인들은 영웅들의 계보에서 역사적 연대기를 추출했고, 신화적 시대는 우리 시대에 선행하는 것으로서—기원전 1200년이라는 숙명적인 연도, 즉 순수하게 인간적인 역사가 시작되는 시점인 트로이 전쟁에 선행하는 시대로서—이 연대기의 일부가 되었다.[156]

영웅시대의 역사에 친숙해지기 위해서는 무엇을 알아야 했는가? 바로 계보들이다. 수많은 예 가운데 하나만 들자면, 파트라라는 도시의 창건은 파트레우스의 업적이다. 프레우게네스의 아들이

4, 5와 Plutarque, *Vie de Lycurgue*, I.

156 트로이 전쟁의 이러한 연대추정에 대해서는 다음 문헌이 인용하고 있는 티마이오스를 참조하라. Censorius, *De die natali*, XXI, 3. 신화적 시간과 역사적 시간의 연결에 대해서는 예컨대 Pausanias, VIII, 1-5 및 6을 참조하라.

자 아게노르의 손자인 그는 이 도시에 자신의 이름을 붙였다. 아게
노르의 아버지는 아레우스이고 아레우스의 아버지는 암픽스, 암픽
스의 아버지는 펠리아스, 펠리아스의 아버지는 에기네테스, 에기네
테스의 아버지는 데레테스, 데레테스의 아버지는 하르팔로스, 하르
팔로스의 아버지는 아미클라스, 아미클라스의 아버지는 라케데몬이
었다.[157] 과거를 완전히 아는 일은 왕들이나 원형적 인물들의 완전한
명단을, 그리고 그들을 이어주는 혈연관계를 아는 것으로 환원되었
다. 그러면 그 시대의 씨줄과 날줄을 완전히 파악한 셈이 된다. 시인
들과 지방사가들은 어디서나 이런 피륙을 직조했다. 신화, 그러니까
진실과 혼동되는 이 작자미상의 "그랬답니다"는 어떤 목격자에서 시
작하여 세대에서 세대로 전달되어온 역사적, 문화적 기억으로 재해
석되었다. 어떤 도시의 기원이 궁금하다면 그 지역 사람들에게 물어
보면 된다. 문법학자 아피온Apion은 페넬로페의 구혼자들이 메가론[†]
의 문 앞에 앉아 동전을 가지고 무슨 놀이를 했는지 알고 싶어서 이
타카의 어느 주민에게 물어보았다.[158] 파우사니아스가 한 일도 이와
다르지 않다. 그는 그리스의 도시들을 하나하나 방문했고, 각 도시
에서 그곳의 역사에 관심이 있는 저명인사들을 찾아갔다. 그들은 잘
알려지지 않은 역사가의 필사본을 소장하고 있을 때가 많았다. 이
박식한 지역 주민들과 사본들을 합쳐서 파우사니아스는 "고대의 해
설가들"이라고 불렀다.[159] 이들을 관광안내인이나 성소지기로 여겼

---

157 Pausanias, Ⅷ, 18, 5; 다른 예로는 Ⅶ, 4, 1.

†   고대 그리스 건축양식에서 궁궐이나 가옥의 한가운데 있는 큰 방.

158 Athéenéee, 1. 16F-17B (Odyssey, 1.107).

159 본서의 주 14 참조. 파우사니아스는 예를 들면 오르코메노스 지방의 역사에 대

던 것은 잘못이다. 파우사니아스는 대개의 경우 그들의 이름을 언급하지 않는다. 고대의 역사가는 알다시피 페이지 하단에 주석을 달지 않으므로….

하지만 왜 시간의 피류은 계보의 형태를 띠었는가? 왜냐하면 신화는 영웅들, 군주들, 원형적인 인물들의 전기를 들려주기 때문이다. 이 오래된 구전문학은 기원, 창건, 무훈에 대해서만, 그리고 왕족이 주연으로 나오는 가족 드라마에 대해서만 이야기했다. 앞서 보았듯이, 신화가 전승으로 해석되는 순간부터 헬렌이나 펠라스고스 같은 원형적 인물들은 고대의 왕들로 간주되었다. 도시의 역사는 왕가의 역사였으며, 영웅들은 왕족들이었다. 그리하여 사람들은 "아주 옛날에는 그리스 어디에서나 민주주의가 아니라 군주정이 지배적인 정치형태였다"[160]라고 결론지었다.

가족 드라마를 묘사하는 비장한 신화 문학이 진지한 역사의 옷

해 책을 쓴 코린트의 칼리포스라는 사람을 인용한다(IX, 29, 2와 38, 10). 그는 자신이 "그 지역 주민들", "사람들"에게 질문했지만 그들도 모를 때가 많았다고 쓴다(VIII, 41, 5). 그래서 그는 "오래된 역사책hypomnèmata들을 물려받아 소장하고 있는 토박이들"에게 다가갔다. 어떤 관습의 기원을 아는 사람이 그 마을의 노인 한 명뿐인 적도 있었다(VIII, 42, 13 및 VI, 24, 9). 그의 정보제공자로는 엘리스의 노모필락스nomophylax["법의 수호자"라는 뜻의 관직명](VI, 23, 6), 아테네의 티아데스Thyiades[디오니소스 신에게 봉사하는 여인들](X, 4, 3), 라리사에서 그를 맞아준 사람(IX, 23, 6), 어떤 에페소스인Ephesian(V, 5, 9) 등이 있었다. Cf. F. Jacoby, *Atthis, the Local Chronicles of Ancient Athens,* p. 237. 주 2와 *add.* p. 399.

160 Pausanias, IX, 1, 2. 이 모든 계보학적 및 기원학적 질문들에 대해서는 F. Jacoby의 *Atthis, The Local...* 중에서도 특히 p. 143 이하와 p. 218 이하를 참조하라. 신화적인 지역사의 정치적 중요성은 금석학을 통해 확인된다(파로스의 대리석, 할리카르나소스의 포세이돈의 사제들 명단, 린도스 연대기Lindos Chronicle, 등).

을 입고 나타났다. 아카이아인들의 초기 역사[161]는 셀레우코스 왕조나 라고스 왕조[프톨레마이오스 왕조]의 역사 못지않게 궁정 반란으로 가득 찼다. 테베에 맞선 7인의 전쟁은 파우사니아스의 펜 끝에서 일종의 펠로폰네소스 전쟁으로 바뀐다. "영웅시대라고 불리는 시기 전체를 통틀어 그리스인들이 그리스인들에 대항하여 수행한 모든 전쟁 중 가장 기억할 만한 전쟁"이라고, 우리의 작가는 노골적으로 투키디데스를 흉내 내면서 쓴다.[162] 아르고스와 테베는 각각 헬라스 전역에 동맹 도시들을 갖고 있었다. 분쟁은 여러 시기에 걸쳐서 전개되었고, 포위전, 기동전, 결정적인 전투들을 포함했다.

그리스와 로마 시대 동안 방대한 지방사 편찬이 이런 식으로 이루어졌다. 여기에 대해서는 우리의 스승 루이 로베르Louis Robert가 거장다운 연구를 내놓은 바 있다. 이런 기록들이 각각의 도시에 그 기원과 선조들을 제시해 준 덕택에 정치가들은 도시들 간의 전설적인 혈연관계에 호소하여 동맹을 맺거나 크고 작은 도움을 요청할 수 있었다. 이런 혈연관계들은 라누비움과 켄투리페, 스파르타와 예루살렘, 로마와 일리온[트로이]처럼 예상치 못한 짝을 만들곤 했다.[163]

---

161 Pausanias, Ⅶ, 1 - 2.

162 Pausanias, Ⅸ, 9.

163 알다시피 고전기로 접어들자 도시들 간의 혈연관계는 외교적인 논거로 쓰였다 (예를 들어 Herodote 7. 150, Xenophon, *Hellenica*, 6. 3. 6을 참조하라). 라누비움과 켄투리페에 대해서는 J. and L. Robert, "Bulletin épigraphique," *Revue des études grecques* LXXⅧ, 1965, p 197, n°499. 스파르타와 예루살렘에 대해서는 *Second Livre des Macchabées*, Ⅳ. 에트루리아 사람들은 트로이 전설의 나머지를 알고 있었다. 그리고 이들은 그리스 신화를 자기들의 신화로 삼고 있었다. 하지만 그렇다고 이들이 아이네이아스가 로마 건국의 초석을 놓았다는 전설을 알고 있었다고는 추

미세한 단서에서 출발하여, 혹은 처음부터 작가의 상상력에서 출발하여 모든 것을 발명하는 이러한 역사기술을 우리는 위조자들의 역사기술이라고 부를 수 있다. 근대에도, 아니 아주 최근까지도 왕조사나 지방사의 기술은 이에 못지않게 상상적이었다.[164]

이런 기원의 이데올로기가 형이상학적인 고뇌에서 비롯되었다고 생각해서는 안 된다. 이것은 어떤 심오한 근거를 아득한 옛날에서 찾으려는 잘못된 시도가 아니었다. 기원학aitiology은 정치적 정체성에 대한 욕구를 드러낼 뿐이다.

사실 이러한 지역적 역사편찬이 갖는 이상한 점은 그것이 기원을 찾는 일에 국한되었다는 것이다. 그것은 도시의 삶이나 집단적인

론해서는 안 된다. 반대로 이런 장르의 창작은 헬레니즘 시대의 유사 역사pseudo-histoire와 완전히 방향을 같이한다. 그리고 나는 개인적으로 페레J. Perret의 논문[문헌학자 자크 페레의 박사논문 *Les origines de la légende troyenne de Rome (281-31)*을 가리킨다. 이 논문에서 그는 로마의 뿌리가 트로이에 있다는 전설이 뒤늦게 성립된 것임을 논증했다]이 훌륭하다고 생각한다. 게다가 우리는 토르-티그노자의 오래된 돌기둥에 아이네이아스의 이름이 있다는 주장은 오독에서 비롯되었다는 것을 알고 있다. *Année épigraphique*, 1969-1970, no. 2

164 《황금전설》의 저자 보라기네의 야코부스Jacques de Voragine는 그의 고향인 제노바의 역사에 대해서도 책을 썼는데 여기서 이탈리아 최초의 왕인 야누스가 제노바의 창건자로 등장한다. 그리고 두 번째 창건자로서 동명이인인 또 다른 야누스가 나오는데 그는 아이네이아스처럼 트로이 시민이다. 이탈리아 남부의 예술사는 오랫동안 어떤 나폴리 출신 학자에 의해 날조되었다. 그는 1743년에 주요 예술가들의 이름, 생몰연대, 생애를 완벽하게 지어냈다. E. Bertaux, *L'Art dans l'Italie méridionale*, nouvelle éd., Ecole française de Rome, 1980, 서문. 상상컨대 이 위조자는 남부 이탈리아에도 바사리[이탈리아 르네상스 시기의 화가. 이탈리아 중북부 출생으로 역시 중북부에 위치한 피렌체서 활동했다] 같은 거장을 만들어 주고 싶었던 것이다.

기억들, 중요한 역사적 순간들에 대해서는 이야기하지 않았다. 도시가 언제 어떻게 세워졌는지 설명하면 그만이었다. 일단 태어난 도시는 자신의 삶을 살 뿐이었고, 그 삶은 일반적으로 도시의 삶이 가질 수 있는 모습들과 비슷하다고 여겨졌다. 즉 그것은 중요하지 않았다. 역사가가 도시의 창건에 대해 이야기하고 나면, 도시는 시공간 속의 제 위치에 핀으로 고정되었다. 자신의 신원 증명서를 소유하게 된 것이다.

　이렇듯 정체성을 고정시킴으로써 지식을 얻는 것은 고대인들에게 익숙한 방식이었다. 예를 들어 묘비명들은 이런 식으로 죽은 자를 확인시켜주었다. 베르길리우스는 전사 에올루스의 죽음에 관해 묘비명을 모방한 아름다운 시구를 남긴 바 있다. "필멸의 존재로서 그대의 표석들이 여기 있다. 이다산 기슭에 높은 집 하나, 라르네소스에 높은 집 하나, 그리고 라우렌툼 땅에 무덤 하나." 베르길리우스 자신의 묘비명은 이러했다. "만토바가 나에게 빛을 주었고 칼라브리아가 내게서 그것을 앗아갔다." 유사하게, 나는 《라루스 소사전 Petit Larousse》 1908년 판에서 다음과 같은 글귀를 읽는다. "지쉬(으젠느 드), 헝가리의 정치가이자 탐험가, 1837년 지쉬팔바에서 출생. 지글러(클로드), 프랑스의 화가, 런던 출생(1894-1856)."

　그러니까, 기원학 덕분에 그리스의 가장 보잘것없는 도시까지도 인격을 갖게 된 것이다. 법적 인격으로서 그 도시는 도시들의 결사체 안에서 완전한 성원권을 누리게 될 것이다. 그것은 온전한 인간으로서의 인간, 자유롭게 태어난 인간에 비유될 수 있다. 수사학자 메난드로스는 어떤 도시를 그 도시의 시민들 앞에서 찬양할 때 웅변가가 사용할 수 있는 기법들에 관한 개론서에서 이렇게 쓰고 있

다.[165] 그런 도시들은 "태어날 때부터 저명인사였으며, 노예로서 삶
을 시작하지 않았다."

---

165 Ménandre (le Rhéteur), "Sur les discours épidictiques," in *Rhetores Graeci,* vol. Ⅲ, p. 356, 30 Spengel.

판에 박힌 말처럼
사용되는 신화

신화가 결과적으로 정치적 이데올로기가 되었다는 말은 틀리지 않지만, 그다지 알맹이가 없다. 이러한 일반론을 넘어서려면 한 가지 세부적인 사실에 주목해야 한다. 그리스인들은 자신들의 정치적 신화를 믿지 않는 것처럼 보일 때가 많다. 게다가 그들은 의례cérémonie 속에 신화를 늘어놓으면서도 다른 한편으로는 그것을 웃음거리로 삼았다. 그리스인들에게 기원학은 제의적인 용도를 지녔다. 사실 신화는 수사학적 진실이 되어 있었다. 그러므로 우리는 그들이 이 신화의 진부한 성격 앞에서 엄밀한 의미에서의 불신보다는 관습적인 감정, 혹은 조소의 감정을 느꼈으리라고 추측한다. 여기서 특별한 믿음 양식이 생겨난다. 공식 연설에서 말해지는 것은 진실도 아니고 거짓도 아니고 그저 말에 불과하다는 것이다. 이 '판에 박힌 말langue de bois'에 대한 책임은 정치권력이 아니라 이 시대의 특징적인 제도,

곧 수사학에게 있었다. 그렇다고 하더라도 판에 박힌 말을 하는 사람이나 듣는 사람들은 수사학에 적대적이지 않았다. 왜냐하면 그들은 말과 그 뒤에 있는 좋은 의도를 구별했기 때문이다. 진실은 아니어도 그것은 '잘 고안된' 것이었다.

그리스인들은 예전부터 **베네 트로바토** bene trovato [진실이 아니지만 적절한 이야기]에 호의적이었다. 이는 청년 니체의 생각에 힘을 실어준다. 거짓말은 말하는 사람에게 거짓을 말해야 할 동기가 없을 때는 거짓말이 아니다.[166] 어떤 가치들을 마땅히 그래야 하는 것 이상으로 소리 높여 칭송하는 사람은 거짓말을 하는 것일 수 없다. 헤르메스에 대한 호메로스의 찬양은 이런 경건한 열정의 유머러스한 예이다. 시인에 따르면, 온갖 짓궂은 장난의 명수인 헤르메스는 어머니의 뱃속에서 나오자마자 노래를 짓는 법을 발명했다. 이 특별한 위치의 목격자가 처음 지어낸 작품은 그의 부모의 사랑 장면에 대한 것이었다. 처음으로 이 찬가의 낭송을 들은 순례자의 무리는 공모자가 된 기분이었을 것이며 기꺼이 갈채를 보냈을 것이다. 아무도 이 기발한 허구에 속아 넘어가지 않았지만, 사람들은 헤르메스라면 그럴 수 있다고 생각했고 시인이 이 전설을 지어낸 것에 감사했다.

왜냐하면 이 순례자들은 선량한 자들로서 가치들을 존중했기 때문이다. 진지하고 책임감 있는 사람들은 사실 다음과 같은 양심의 문제를 고상한 방향으로 해결한다. **진리**이면서 동시에 **선**인 어떤 대의를 열정적으로 옹호하는 사람을, 그의 말에 문자 그대로의 진실이

---

166 본서의 주 75 참조. Paul Feyerabend, *Contre la méthode: esquisse d'une théorie anarchiste de la connaissance*, 불역, Paris: Seuil, 1979, p. 302 및 주 1 (고졸기 그리스에서 거짓과 허구에 관하여).

없다는 이유로 비난하는 것은 현학적인 편견이 아닌가? 단지 언어적인 것에 지나지 않는 이 사소한 오류들을 무시하는 편이 더 낫지 않을까? 참된 가치들이 확언되고 있을 때의 사실관계véridicité에 대한 이런 무관심은, 역사적으로 다양하게 나타난 일련의 행위들 전체를 규정했다. 언어가 정보를 제공하기보다는 어떤 기능을 수행하는 이런 구술행위들은 그리스의 국제관계에서 자주 발견된다. 국내 정치에서는 하나의 문학 장르가 이를 대표했다. 시민들 앞에서 행해지는 도시의 찬양연설panégyrique이 그것이다.

기원전 480년, 살라미스 해전에서 페르시아를 격파한 후 그리스인들은 회의를 열었다. 이방인에게서 헬라스를 구하고 결정적인 승리를 목전에 둔 아테네는 이미 패권 도시cité hégémonique로 떠올랐다. 아테네는 그만한 무력을 보유했고 이에 걸맞은 언어를 구사했다. 이 새로운 주도권에 대항하여 다른 도시가 자신의 전통적인 특권을 내세우려 하자, 아테네인들은 자기네의 고유한 권리도 그에 못지않게 오래되었다고 반박한다. 옛날 헤라클레이다이의 귀환, 테베의 계승전쟁, 아마조네스의 침입이 있었을 때도 아테네는 이미 승리자였다는 것이다.[167] 이 말이 의미하는 바를 모두가 이해했고, 아테네는 논쟁에서 이겼다. 신화적인 칭호들titles은 세력관계들을 지시하고 정당화하는 데 사용되었고, 이 관계들을 명명하는 수고를 면제해주었다. 이데올로기적 덮개? 여기서 문제는 말이라는 지폐와 힘이라는

---

167 Hérodote, Ⅸ. 26-28. 아마조네스와의 전쟁에서 아테네인들이 수행한 역할은 [기원전 5세기 후반에서 4세기 초반에 걸쳐 아테네에서 활동한 변론작가] 리시아스의 웅변에서도 찬양되고 있다(Lysias, *Epitaphios*, Ⅱ. 3 이하 참조). Cf. Y. Thébert, "L'image du Barbare à Athènes," *Diogène* 112 (1980): 100.

금 보유고의 관계이며, 이 둘은 덮개와 덮이는 물건처럼 중첩되지 않는다. 찬사 속에 숨겨진 위협? 단지 그것만이 아니다. 핵심은 자기의 힘을 과시하는 대신 고상한 이유들을 끌어들이면서 상대방으로 하여금 기꺼이, 그리고 체면을 세워주는 명예로운 구실들에 근거하여, 복종하도록 유도하는 것이다. 이데올로기는 현실의 단순한 반향이 아니다. 그것은 기계에 동전을 넣는 것과 비슷한 방식으로 작동한다. 영광스러운 신화적 칭호들은 민족들 간의 전설적인 친족관계와 더불어[168] 국제 사회에서 정중한 인사salamalec의 역할을 했다. 각각의 도시는 상대 도시 앞에서 자신의 전설적인 기원을 강조했고, 상대 도시는 그것을 의심하는 일을 삼갔다. 이는 도시가 하나의 인격체로서 자신을 주장하는 방법이었다. 도시국가들의 결사체는 이렇듯 귀족들로 구성되어 있었으며, 그들은 제각기 친족들을 가지고 있었다. 이 허구들을 금과옥조처럼 받아들이는 것은 문명화된 도시들의 국제적 삶의 규칙들을 인정함을 의미했다.

흥미로운 사실은 도시가 인격을 가지고 있음을 확인하는 일이,

---

168 외교관계에서 신화의 원용은 당면한 이해관계와 이미 실행된 약속들 사이에 존재할 수 있는 간극을 메워준다. 유대인들은 스파르타인들에게 두 민족이 아브라함의 자손으로 형제관계라고 주장하고, 스파르타인들은 이를 의심하지 않으려고 애쓴다. 이렇게 맺어진 형제관계는 드물게 시험 대상이 되며 그래서 때때로 의례적 인사를 되풀이할 필요성이 생긴다(성서 외경의 〈마카베오기〉 상권 12장). 때때로 이는 쓸모가 있으며 정복당한 [유대의] 대사제는 여생을 스파르타에서 마치게 될 것이다 (B. Cardauns, "Juden und Spartaner," in *Hermes*, XCV. 1967, p. 314). 반면 생생하고 현실적인 이해관계 위에서 동맹이나 동맹의 취소가 이루어진 경우, 전설적인 친족관계에 호소하더라도 헛수고이며, 이는 심지어 우스꽝스러울 수 있다. Xénophon, *Helléniques*, VI, 3을 보면 크세노폰은 정치가 칼리아스의 과장되고 우스운 연설을 아테네의 다른 의원들의 연설과 대비시키면서 이 점을 잘 부각시킨다.

그리고 도시를 시공간 안에 고정함으로써 개체성을 확립하는 일이 내부 정치에 있어서도 큰 역할을 수행했다는 점이다. 사실 시민들은 그들의 도시에 대한 웅변가의 칭송을 들으면서 믿을 수 없을 만큼 즐거워했다. 이런 찬양연설들은 고대 말까지 천 년간 지속된 유행이었다. 생제르맹 지구faubourg Saint-Germain의 살롱들에서 사람들이 계보에 대해 이야기했던 것과 비슷하게, 그리고 동일한 이유에서, 그리스인들은 신화적 기원과 도시들의 친족관계를 이야기했다. 연설가는 그 도시 출신이건 다른 도시에서 왔건 간에 도시의 기원을 찬양했고, 이는 그의 칭송에서 중요한 부분을 차지했다. 그리고 시민들은 더없이 큰 즐거움을 가지고 이를 경청했다.[169] 소크라테스는 냉소적인 말투로 다음과 같이 말했다. "최근에 전사한 자들을, 또 이들과 함께 우리 선조들을, 그리고 우리의 도시와 우리 자신을 찬양하는 것을 들을 때면 나는 나 자신이 더 고결하고 더 위대하게 느껴진다. 연설을 듣는 다른 사람들도 각자 동일한 감정을 경험하며, 그리하여 도시를 구성하는 사람들 전체가 위대해진다. 이 감동에서 깨어

---

169 《대 히피아스Hippias majeur》 285 D-E에 나오는 흥미로운 구절을 참조하라. 찬양 연설의 유행은 로마제국 시대에 정점에 도달했다. 아폴레이우스는 여러 차례에 걸쳐 카르타고를 찬양하는 연설을 했으며(Apulée, *Florides*, 18과 20), 파보리누스는 코린토스를(이 찬가는 프루사의 디온Dion de Pruse의 이름으로 행해졌으며 그의 37번째 〈연설Discours〉을 이룬다), 테르툴리아누스는 그의 동포 카르타고인들을 찬양했다. 이 모든 경우에서 주목할 점은, 로마의 식민지인 카르타고와 코린토스가 고대 도시들로 간주되고 있다는 점이다. 코린토스는 2백 년도 더 전에 로마인에 의해 멸망된 후 같은 이름의 식민지로 대체되었지만, 여전히 그리스의 유서 깊은 도시로 존속한다고 여겨졌다. 카르타고 역시 디도와 한니발의 도시로 존속한다고 생각되었다. 우리는 여기서 기원론적 사고가 작동하는 것을 볼 수 있다. 이 사고는 역사를 지우고 기원을 통하여 도시를 개별화시킨다.

나려면 족히 사흘이 걸린다."[170]

　일상의 우스꽝스러운 것들, 어색한 요소들, 작은 아이러니들은 좀 더 진지한 과정들을 의식의 표면으로 떠오르게 한다. 크든 작든 모든 도시에는 기원이 있었고, 따라서 모든 도시를 찬미하는 것이 가능했다. 수사학 교본은 아무리 작은 쥐구멍에서라도 어떤 장점을 찾아내는 방법을 제공했다. 게다가 이 찬양연설들의 목표는 한 도시를 다른 도시들의 위로 끌어올리는 것이라기보다는 해당 도시에 인격체로서의 존엄성을 인정해주는 일이었다. 그리고 이 찬미의 말들은 집단이 아니라 개인들을 향해 던져졌다. 운집한 시민들 앞에서 행해진 이 찬양연설에 휩싸여 자기도취에 빠졌던 것은, 뉘른베르크에서처럼 집단이 아니었다.[†] 도시의 찬양은 그것을 듣는 시민들 각자에게 어떤 집단적인 힘에 의해 지지되고 있다는 느낌보다는, 그가 자신의 장점들과는 별개로, 하나의 인격으로서의 위엄을, 다시 말해 시민으로서의 자질을 가지고 있다는 느낌을 불러일으켰다. 집단의 영광은 개인들의 영광이었다. 이는 귀족들 앞에서 귀족다움을 찬양하는 것과 비슷하다. 이것은 애국적인 자부심과는 달랐다. 개인은 그가 저 도시가 아닌 이 도시에 속한다는 사실이 아니라, 시민이 아닐 수도 있었는데 시민이라는 사실에 자랑스러움을 느꼈다. 왜냐하면 시민이라는 것은 모든 개인에게 자동적으로 주어지는 보편적인 특성이 아니었기 때문이다. 우리는 아무것도 아닐 수는 없기 때문에 프랑스인이나 독일인이 된다. 하지만 시민이라는 것은 이런 종

170　Platon, *Ménexène*, 235 A-B.

†　1923년부터 매년 뉘른베르크에서 나치의 전당대회가 열렸다.

류의 기본상태가 아니었다. 이는 모두가 어느 도시에 속해 있다 해도 마찬가지였다. 그래도 그들은 시민이라는 것을 여전히 자랑스러워했다. 그 이유를 설명하려면 고대 정치라는 빙산의 숨겨진 부분을 탐구해야 한다. 여기서는 도시는 단지 '인구 집단'이 아니었다는 점만 지적하기로 하자. 그것은 출생의 우연이 특정한 영토적 경계 안에 한데 모이게 한 인간군이 아니었다. 각각의 도시는 스스로를 일종의 결사체─앙시앵 레짐에서의 조합이나 공증인협회 또는 의사협회 같은 단체─로 인식했다. 자유로운 개인 모두가, 혹은 대부분이 어떤 도시의 시민이었던 헬라스에서 그리고 로마제국에서, 시민이라는 것은 그러므로 기이한 특권이었다. 보편적 특권이라는 이 모순이 당사자들의 잠재의식 속에 얼마간 불편함을 야기했으리라는 것을 우리는 이해할 수 있다. 이 막연한 고뇌는 도시의 찬양연설─찬양연설에서는 모순의 두 대립항 중 한쪽이 다른 쪽을 배제하면서 고양된다─을 듣는 사람들에게 생생한 즐거움을 맛보게 했다.

왜냐하면 우리에게는 어렴풋이 감지된 모순에 대해 감성적으로 반응하는 능력이 있기 때문이다. 그런 경우 우리는 이유를 정확히 모르는 채로, 이른바 조롱의 감각sens du ridicule이라고 불리는 거북한 반응을 보이게 된다. 그리스인들은 도시의 찬양연설을 좋아하는 자신들의 취향을 제일 먼저 비웃은 자들이었다. "오! 아테네인들이여, 어리석은 민족이여. 종속 도시villes sujettes의 사절들이 너희를 속이려 할 때 그들은 우선 너희를 찬란한 아테네라고 불렀지. 그러면 너희는 그 말을 듣자마자 거기 찰싹 달라붙었지." 또 다른 희극 시인의 작품에서는, 포주가 손님을 상대로 소송을 하면서 배심원들에게 이 도시의 창건자인 헤라클레스와 아스클레피오스의 이름에 걸맞은 정의의 구현을 원한다고 말한다.[171] 불안과 의심은 어떤 기능부전에서 생겨나기도 한다. 외교적인 분야에서 위대한 조상들을 거론하는 것은 다른 실질적인 이해관계가 없는 경우에 훌륭한 대의를 대신할 수 있었다. 그러나 구체적인 이해관계가 존재하고, 용무를 이야기할 시간이 왔을 때, 그것은 우스꽝스러운 말잔치로 바뀌었다.[172]

불신의 또 다른 원천은, 자기의식적인 테크닉인 수사학의 존재였다. 학교에서 사람들은 설득하는 기술과 미사여구를 만들어내는 기술을 배웠으며, 따라서 그런 기술에 속지 않았다.[173] 그들은 이런 이중성을 공공연히 가르치기까지 했다. 《아테네 찬가Panégyrique d'Athènes》에서 이소크라테스는 아테네의 위대함과 너그러움의 증거들을 "트로이 전쟁 훨씬 이전까지" 거슬러 올라가서 찾으라고 권고하면서 이렇게 덧붙인다. "물론 이 증거들에 대한 진술은 **미토데스**이지만 그래도 그렇게 하는 것이 좋다."[174] 아테네를 칭송한 후에 그 근거가 **미토데스**라고 일축하다니, 이 웅변가는 어쩌면 이렇게 서툴 수 있는가? 이는 이소크라테스가 웅변가이면서 동시에 수사학 선생이기 때문에, 다시 말해 독자들의 교육을 위해서 자신의 웅변 효과들을 하나씩 설명하고 있기 때문이다.

171 Aristophane, 《아카르나이의 사람들Acharniens》, 636(cf.《기사들Cavaliers》, 1329); Hérodas, II, 95.

172 Xénophon, *Helléniques,* VI, 3(본서의 주 168 참조).

173 그래서 파우사니아스(본서의 주 133 참조)와 성 아우구스티누스는 황제들에게 바치는 찬양가들을 야유한다. "나의 거짓된 찬사들은 확실히 청중의 동의를 얻었지만, 청중은 진실을 알고 있었다"라고 성 아우구스티누스는 쓴다(Saint Augustin, *Confessions,* VI, 6).

174 Isocrate, *Panégyrique d'Athènes*, 54(cf. 68)와 28.

불신의 또 다른 원천은 역사가의 작업이 지닌 비전문적인 성격이었다. 앞에서 보았듯이 역사가라는 멋진 이름은 디오도로스처럼 독자들을 즐겁게 해주는 데에, 그리고 그들을 경건한 신념 속에 붙들어 두는 데에 주안점을 두었던 작가들에게도 붙여졌으며, 또한 "진지한" 학자들, (그들 자신의 말에 의하면) 정치가들에게 교훈을 남기고 싶어 했던 "실용주의적" 역사가들에게도 붙여졌다. 사실 이들은 무엇보다도 미래의 정치가들에게 정치가가 주인공으로 등장하는, 교훈적이지는 않더라도 흥미로운 이야기들을 들려주고 싶어 했다. 구두 수선공은 구두 수선공이 나오는 이야기를 좋아하는 법이기에…. 투키디데스의 '영원히 남는 것 ktéma es aei'[†]과 그의 역사의 교훈들이 바로 여기 해당한다. 그러니까 진지한 역사책들이 있었고 또 그렇지 않은 책들이 있었지만, 가장 심각한 문제는 이 둘을 구별해주는 아무런 외형적인 표시가 없었다는 점이다. 독자들은 일일이 그것을 판단하는 수밖에 없었다. 비전문화는 이처럼 해로운 효과를 낳았다. 한 마디만 얼른 덧붙이고 싶다. 오늘날 대학의 전문화는 그에 못지않게 사악한 효과들을 빚고 있다. 비록 강단의 사회학자들은 이를 그다지 의식하지 못하는 것처럼 보이지만 말이다(이 점은 그리 놀랍지 않다). 아무튼 최상의 것과 최악의 것이 구별 없이 뒤섞인 결과, 독자들은 혼란에 빠졌고 사기가 저하되었으며 은밀한 회의주의가 지속되었다. 그러므로 당시의 역사가들은 매우 혼합적인 독자층의 다양한 성향들을 모두 계산에 넣어야 했다. 로마는 아주 큰 도시

[†] "나의 작품은 눈앞의 독자들 취향에 맞추어 써진 글 쪼가리가 아니며, 영원히 지속되기 위해 만들어졌다"는 투키디데스의 말(《펠로폰네소스 전쟁사》 1. 22)에서 비롯되었다. 투키디데스는 여기서 헤로도토스를 비판하고 있다.

이므로 우리는 그 기원을 미화하는 신화들을 존중해야 한다고 티투스-리비우스가, 혹은 《국가론》에서 키케로가 말할 때, 그들은 독자들에게 이데올로기를 주입하고 있는 게 아니다. 오히려 그 반대다. 그들은 훌륭한 역사가이자 기자로서, 다양한 성향의 독자들이 각자 가장 선호하는 사건의 판본을 선택하도록 거만하게 방치한다. 그러면서도 동시에 그들 자신은 이 신화들을 한 마디도 믿지 않는다는 사실을 감추지 않는다.

고대의 순진함이 얼마나 이데올로기적 독재나 교화적 겉치레와 거리가 멀었는지 알 수 있다. 기능은 자신의 장치를, 즉 기원론의 "판에 박힌 말들"을, 혹은 수사학을 발명했지만, 어떤 정치적, 종교적 권위도 거기에 무게를 더하지 않았다. 기독교의 시대나 마르크스주의의 시대와 비교했을 때 고대는 볼테르적 분위기를 띠곤 한다. 두 점쟁이가 마주치면 서로 비웃기 마련이라고 키케로는 적는다. "나는 신이 되고 있는 것 같다"고 죽어가는 황제가 말했다.†

이는 하나의 일반적인 문제를 제기한다. 표범이 금식한다고 믿으면서도 동시에 매일 표범을 경계해야 한다고 생각하는 도르제족처럼, 그리스인들은 자신들의 신화를 믿으면서 믿지 않았다. 그들은 신화를 믿었지만, 또한 신화를 이용했고, 더 이상 이득이 없으면 믿기를 그만두었다. 그러나 그들을 변호하기 위해서 그들의 이중성이 이해관계보다는 믿음 자체와 관련된 것임을 덧붙여야겠다. 신화는 이제 식자들의 의심을 받는, 반쯤 글을 깨친 자들의 미신일 뿐이었다. 그렇다 하더라도 한 사람의 머릿속에 모순된 진실이 공존하는

---

†   베스파시아누스 황제가 죽어가면서 한 말로 전해진다.

는 현상이 보편적이라는 것은 분명하다. 레비-스트로스의 주술사는 마술을 믿으면서 동시에 그것을 뻔뻔스럽게 조작한다. 베르그송에 따르면, 마술사는 다른 확실한 기술적인 해결책이 존재하지 않을 때 마술에 의존한다. 그리스인들은 피티아Pythia[†]가 때로는 페르시아나 마케도니아의 입장을 전파한다는 것을 알면서도 이 무녀에게서 신탁을 구한다. 로마인들은 정치적인 목적에 따라 국교國敎를 위조하고 성스러운 새가 자기들에게 필요한 예언을 하지 않으면 그 새를 물에 던져버린다. 그리고 모든 국민은 자기들이 믿고 싶은 것을 스스로에게 확신시키기 위해서 신탁을―혹은 통계 자료를―슬그머니 고친다. 하늘은 스스로 돕는 자를 돕는 법이다. 그리고 천국에 가는 것은 늦을수록 좋다. 어떻게 여기서 이데올로기를 이야기하고 싶어지지 않겠는가?

만일 우리가 서로 모순되는 것들을 믿을 수 있다면, 이는 우리가 어떤 대상에 대해서 갖는 지식이 우리의 이해관계에 의해 왜곡되기 때문일 것이다. 왜냐하면 실재의 영역에 놓인 사물들은 자연스럽게 존재하고, 어떤 정신의 자연광이 우리에게 그것들을 반사시켜 주기 때문이다. 그 광선은 때로는 우리에게 직접 도달하고, 때로는 17세기 사람들이 말하듯 상상력이나 정념에 의해, 혹은 오늘날 우리가 말하듯 권력이나 이해관계에 의해 굴절된다. 그리하여 하나의 동일한 대상에 두 개의 반영이 대응하는데, 그중 두 번째 것은 왜곡된 것이다. 이데올로기는 진실의 옆에 있는, 그리고 진실의 무작위적이면

[†] 델포이에 있는 아폴론 신전의 여사제로, 아폴론이 내리는 신탁을 받아 전한다고 믿어졌다.

서도 불가피한 고장 상태—오류라고 불리는—의 옆에 있는 **제삼의 무엇**이다. 그것은 지속적이며 방향성 있는 오류다. 이 도식이 그럴 듯하게 보이는 이유는 그것이 유혹과 타락이라는 오래된 관념을 상기시키기 때문이다. 이익과 돈은 아무리 곧은 양심이라도 휘게 만들 수 있다.

이데올로기라는 개념은 칭찬할 만한 시도이지만, 이해관계에 초연한 지식—그 끝에는 실생활의 이해관계에서 벗어난 자율적 능력으로서의 자연광이 존재할 터인데—이라는 전설을 물리치기에는 역부족이다. 불행히도 이 시도는 조야한 절충으로 귀결된다. 이데올로기는 반영reflection과 조작operation이라는 화합 불가능한 지식의 두 개념을 섞는다. 얼핏 보기에 대수롭지 않은 듯한 이 모순은 [이데올로기 개념의] 결정적인 취소사유이며, 조금만 숙고해 보면 이를 깨달을 수 있다. 지식이 올바름이라는 속성과 편향됨이라는 속성을 동시에 가질 수는 없다. 만일 계급적 이해관계나 권력 같은 힘들의 작용으로 앎이 왜곡된다면, 이 동일한 힘들은 앎이 진실을 말할 때도 작용한다. [그렇다면] 지식은 이 힘들의 산물이지 대상의 반영이 아니다.

차라리 이해관계로부터 자유로운 지식은 존재하지 않는다는 점, 진실과 이해관계는 동일한 것의 다른 표현이라는 점을 인정하는 편이 나을 것이다. 왜냐하면 실천은 자신이 행하는 것을 생각하기 때문이다. 사람들은 단지 진실의 한계를 설명하기 위해서 진실과 이해관계를 구별하려 했다. 진실이 이해관계의 제약을 받는다고 생각했던 것이다. 하지만 이는 이해관계 역시 제약을 받는다는 점을 간과하는 것이다(이익추구의 맹렬함은 임의적이지만, 이해관계는 각 시대의 역사적 한계 안에 등록된다). 다시 말해 이해관계가 그것에 대응하는 진실과 동일한 제한선들을 갖고 있음을 간과하는 것이다. 이해관계는 역사의 우연들이 다양한 프로그램들에 설정하는 지평선 안에 새겨진다.

이렇게 생각하지 않는다면, 이해관계intérêt가 자기 자신의 이데올로기의 희생물이 될 수 있다는 사실이 역설처럼 느껴질 수 있다. 만일 실천과 이해관계가 역사적 한계 안에 있고 **드물다**는 점을 간과한다면, 아테네의 제국주의와 히틀러의 제국주의는 영원한 제국주의의 두 사례로 간주될 수 있을 것이고, 또 그 경우 히틀러의 인종주의는 이데올로기의 포장지에 지나지 않을 것이다. 물론 꽤나 얼룩덜룩한 포장지이지만 그게 무슨 문제이겠는가? 인종주의의 유일한 기능이 전체주의나 파시즘을 정당화시키는 것이라면, 히틀러의 인종주의는 미신이나 허풍에 지나지 않을 것이다. 그런 경우, 히틀러가 인종주의에 매달린 나머지 자신의 전체주의적 제국주의를 위험으로 몰아넣었다는 사실은 놀랍게 다가올 수밖에 없다. 진실은 훨씬 단순하다. 히틀러는 자신의 인종주의적 발상을 실천에 옮겼을 뿐이며, 이것이야말로 그의 관심사intérêt였던 것이다. 예켈Jäckel과 트레버로퍼TrevorRoper가 보여주었듯이, 유대 민족의 말살과 게르만에 의한 슬라브 민족들의 재식민화는 히틀러의 진짜 전쟁 목표였다. 그에게는 러시아인과 유대인과 볼셰비키가 아무 차이도 없었고, 러시아인과 유대인을 핍박하면 볼셰비키와의 투쟁에서 질 수도 있다는 생각은 그에게 낯선 것이었다. "이해관계를 가지고 있다"는 말이 합리적으로 생각한다는 의미는 아니다. 계급적인 이해관계조차 우연의 산물이다.

이해관계와 진실은 대문자로 시작하는 "현실"이나 어떤 강력한 하부구조에서 솟아나지 않으며, 서로 결합된 채 우연한 프로그램들의 제약을 받고 있을 뿐이다. 둘 사이의 궁극적인 모순이 파란을 일으킨다고 생각하는 것은 그 둘에게 지나친 영예를 돌리는 일이다. 한 사람의 머릿속에 모순된 진실들이 존재하는 게 아니다. 서로 다른 진실과 이해관계를 포함하는 다양한 프로그램들이 존재할 뿐이다. 이 진실들이 동일한 이름으로 불린다고 하더라도 말이다. 나는 동종요법을 열렬하게 지지하는 의사를 한 명 안다. 하지만 그는 병이 심각할 경우 항생제를 처방하는 지혜로움도 지니고 있다. 그는 동종요법을 대수롭지 않은 경우나 절망적인 경우에만 사용한다. 내가 보증하건대 그는 소신 있는 의사이다. 그는 대체의학에 매혹되어 있지만, 다른 한편으로는 의사와 환자는 공히 병을 고치는 데 이해관계를 갖는다고 생각한다. 이 두 가지 프로그램 사이에는 아무런 모순도 공통점도 없다. 그 의사가 동종요법 지지자인지 아닌지 따지면서 문자적인 진실에 매달릴 때만 모순이 존재하는 것처럼 보일 뿐이다. 그러나 진실은 별처럼 천공에 새겨져 있는 게 아니다. 진실은 어떤 프로그램의 망원경 끝에 나타난 빛의 점이다. 그래서 상이한 프로그램에는 상이한 진실이―서로 동일한 이름으로 불린다고 해도―대응하게 된다.

이는 신앙의 역사라는 관점에서 흥미로운 주제이다. 우리의 정신은 자가당착에 빠지는 듯하면서도, 늘 그렇듯이, 큰 고통 없이 슬그머니 진실 프로그램(그리고 이해관계 프로그램)을 바꾼다. 이것은 이데올로기가 아니다. 그보다는 지극히 일상적인 우리의 존재방식이다. 정치적 이해관계에 따라 국교를 조작하는 고대 로마인은 내 동종요법론자 친구만큼 자신의 신념에 성실할 수 있다. 그가 믿음에 불성실하다면 이는 그가 모순된 두 진실을 믿기 때문이 아니라, 자신의 두 가지 프로그램 중에서 하나를 믿지 않으면서도 계속 사용하기 때문이다. 게다가 불성실한 믿음이 언제나 우리가 있을 거라고 생각하는 곳에서 발견되는 것도 아니다. 우리의 로마인은 참된 신자일 수 있다. 예를 들어 그가 민중이 잘못 투표할 위험이 있는 선거를 저지하기 위해서 자신의 믿음과는 별 상관없는 종교적 의구심을 표명한다면, 여기서 드러나는 것은 신에 대한 그의 불신앙이 아니라 차라리 국가 종교에 대한 그의 불신, 그리고 이것을 인간들이 만들어낸 유용한 사기로 간주하는 그의 태도이다. 십중팔구 그는 이렇게 생각할 것이다. 종교이건 조국이건, 모든 가치를 함께 옹호해야 하며, 올바른 대의를 지지하는 한 행동의 동기는 선한 것이라고.

우리의 일상은 아주 많은 수의 다른 프로그램들로 구성되어 있고, 일상이 구차스럽다는 느낌은 바로, 신경증적인 가책의 상태에서는 위선으로 느껴지기도 하는 이 복수성에서 비롯된다. 우리는 라디오의 주파수를 바꾸듯이 한 프로그램에서 다른 프로그램으로 끊임없이 옮겨가는데, 이는 우리도 모르게 그러는 것이다. 종교란 이 프로그램들 중 하나일 뿐이고, 우리가 다른 프로그램 안에 있을 때는 거의 힘을 발휘하지 못한다.

폴 프루이저Paul Pruyser가 《종교의 역동 심리학Dynamic Psychology of Religion》에서 썼듯이, 종교는 종교적 인간이 하루 종일 생각하는 것들 중에서 아주 작은 부분을 차지할 뿐이고, 스포츠 선수, 전투적인 사회운동가, 시인에 대해서도 같은 이야기를 할 수 있다. 그것은 좁은 지대를 차지하지만 그토록 진지하고 강렬하다. 프루이저는 오랫동안 종교사가들과 불편한 관계였다. 그는 종교사가들이 ─ 인간의 정신은 조약돌이 아닌데도—자신들의 연구 대상을 균일하고 쪼갤 수 없는 단단한 덩어리처럼 취급한다고 생각했다. 뿐만 아니라 그들은 다른 실천들에 대한 실질적 우월성을 종교에 부여했다. 종교가 이론적으로 갖는 중요성에 부합하도록 말이다. 하지만 일상의 삶은 이 고결한 망상과 충돌한다. 종교, 정치, 시는 아마 이 세계나 다른 어떤 세계에서 무엇보다 중요한 것일 수 있다. 하지만 실천의 영역에서 그것들은 협소한 자리만 차지한다. 그리고 일반적으로 그것들은 모순에 무감각한 까닭에 실천의 영역에서 부인되는 것을 더욱 쉽게 용인한다. 하지만 그렇다고 그것들이 조금이라도 덜 진지하거나 덜 강렬해지는 것은 아니다. 어떤 진실의 형이상학적 중요성 혹은 진지함은 그 주파수 대역의 폭에 의해 측정되지 않는다. 아무튼 우리는 '진실들'이라고 복수형을 써서 말할 것이다. 우리는 종교의 역사가 거기서 무언가를 얻을 수 있다고 믿는다.

진실이 여러 개이며 서로 닮아 있다는 점을 이해할 때, 우리는 좀 더 편안하게 믿음들—종교적인 믿음이든 다른 것이든—을 연구할 수 있다. 바로 이 진실의 유사성으로 인해 프로그램들 간의 이질성이 눈에 띄지 않고 지나간다. 우리도 모르는 사이에 생각의 주파수를 바꾸면서도 우리는 여전히 진실 가운데 머문다. 오 분 전의 진실이 가졌던 용도와 요구사항들을 잊고 새로운 진실을 채택할 때에도 우리의 태도는 완전히 진지하다.

다양한 진실들이 우리 눈에는 모두 진실하지만, 우리는 그것들을 두뇌의 같은 부분을 사용하여 생각하지 않는다. 《성스러운 것Das Heilige》에서 루돌프 오토Rudolf Otto는 잠시 유령에 대한 공포를 분석한다. 엄밀하게 이야기해서, 만일 우리가 물리적 현상을 고찰할 때와 똑같은 마음으로 유령에 대해 생각한다면 우리는 유령을 두려워하지 않을 것이다. 최소한 같은 식으로 두려워하지는 않을 것이다. 우리는 권총이나 사나운 개를 두려워하듯이 유령을 두려워하지만, 사실 유령에 대한 공포는 다른 세계의 침입에 대한 공포이다. 나로 말하자면, 나는 유령을 단순한 허구로 간주하지만, 그렇다고 해서 유령의 진실을 경험하지 않는 것은 아니다. 나는 유령에 대해 노이로제 수준의 공포를 갖고 있고, 어느 죽은 친구의 문서를 분류하면서 보낸 몇 달은 내게 기나긴 악몽이었다. 지금 이 문장을 타자하고 있는 순간에도 한 가닥 공포가 목덜미를 스쳐 올라온다. 유령이 "실제로" 존재한다면, 나로서는 그만큼 마음이 놓이는 일도 없을 것이다. 그렇다면 유령은 다른 현상과 마찬가지로 하나의 현상일 것이고, 카메라이든 가이거계수기이든 적합한 도구를 사용하여 그것을 연구할 수 있을 테니 말이다. 바로 이런 이유에서 공상과학소설은 내게 두려움을 주기는커녕 나를 기분 좋게 안심시킨다.

이것은 현상학인가? 아니다, 이것은 역사다. 이중적으로 그렇다. 《경험과 판단Erfahrung und Unteil》에서 후설은 그가 상상의 세계라고 부르는 것에 관해 함축적인 설명을 제시한 바 있다. 설화contes의 시공간은 현실적 경험의 세계(라고 그가 부르는 것)의 시공간과 다르며, 개인화individuation는 거기서 미완의 상태로 남는다. 제우스는 설화적인 인물일 뿐 진정한 사회적 신원을 갖지 않으며, 따라서 그가 다나에를 유혹한 것이 레다를 겁탈하기 전인지 후인지 묻는 것은 부조리하다.

하지만 후설은 아주 고전적인 방식으로, 진실의 초역사적 토대가 존재한다고 생각한다. 우선 경험의 세계와 상상의 세계—다를

194

뿐 아니라 열등한 진실을 내포하는 세계—를 구별하는 것은 비역사적이라고 할 수 있다. 둘째로 경험적이거나 상상적인 세계의 수와 구조는 인류학적 불변항이 아니며 역사적으로 바뀌어왔다. 진실의 유일한 불변항은 자신이 진실이라는 주장이다. 그리고 이 주장은 단지 형식적이다. 그것이 포함하는 규범들은 사회에 따라 다르다. 다른 말로 하자면, 동일한 사회에 여러 진실이 존재하고 그 진실들은 서로 다르지만 똑같이 진실이다. "상상적"이란 무엇을 의미하는가? 우리에게 상상인 것이 타자들에게는 현실이다. "이데올로기란 타자들의 관념"이라고 레몽 아롱Raymond Aron이 말했던 것처럼. "상상Imaginaire"은, "이미지image"와 달리 심리학이나 인류학의 용어가 아니라, 타인의 어떤 믿음들에 대한 독단적인 판단이다. 우리의 의도가 신의 존재 또는 신들의 존재에 대해 독단적인 주장을 펴는 데 있지 않다면, 우리는 다음 사실을 확인하는 데 그쳐야 하겠다. 고대 그리스인들은 그들의 신들이 진짜라고 생각했다. 그 신들이 존재하는 시간과 공간은 신도들이 살아가는 시공간과 비밀스럽게 다르다고 여겨지긴 했지만 말이다. 그리스인들이 이렇게 생각했다고 해서 우리가 그리스 신화를 믿어야 하는 것은 아니겠지만, 그들의 믿음은, 인간에게 진실이란 무엇인가에 대해서 많은 것을 말해준다.

사르트르는 상상이 현실의 **아날로곤**analogon이라고 말하곤 했다. 상상이란 우리가 어떤 진실들에 부여하는 이름이며 모든 진실들은 서로 닮은꼴이라고 말해도 좋을 것이다. 이 다양한 진실의 세계들은 역사적인 가공품이며 인간 영혼의 불변항이 아니다. 알프레드 슈츠 Alfred Schutz는 이 다양한 세계들의 철학적 목록을 작성하려고 시도했으며, 그 결과는 그의 《논문집Collected Papers》에 실린, 흥미로운 제목의 연구들에 나타나 있다. "다양한 현실들에 관하여", "돈키호테와 현실의 문제", 등등. 역사가에게 이 논문들은 다소 실망스럽다. 슈츠가 인간 정신 속에서 찾아낸 다양한 현실들은, 우리 시대의 믿음의 대상들, 하지만 얼마간 빛바래고 희미해진, 그래서 영원의 색조를 띠게 된 현실들이다. 하지만 이 현상학은 스스로도 자각하지 못한 채 동시대의 역사에 속해 있으며, 거기서 고대 그리스인들의 신화에 대한 믿음을 찾으려 한다면 헛된 일이다.

그래도 슈츠는 종교사가들이 간과하기 일쑤였던 세계의 복수성을 단언했다는 점에서 칭찬받을 만하다. 고대인에게 이데올로기의 역할을 했던 또 하나의 판에 박힌 말들, 즉 군주를 신으로 추켜세우는 말들을 살펴보자. 이집트인들은 파라오를 신으로 여겼고 그리스-로마 사람들은 황제를 사후에 또는 생전에 신격화시켰는데, 파우사니아스는, 기억하겠지만, 이러한 극도의 예찬을 "공허한 아첨"으로 간주했다. 사람들은 정말 그것을 믿었을까? 인간이 자기 자신에게 얼마나 이중적일 수 있는지 보여주는 사실이 하나 있다. 쾌유나 무사귀환 등을 빌면서 다양한 신들에게 바친 수만 개의 봉헌물이 고고학자들에 의해 발굴되었지만, 그 중에서 신격화된 황제에게 바친 것은 하나도 없었다. 진짜 신이 필요할 때 신자들은 황제에게 빌지 않았던 것이다. 하지만 이에 못지않게 인상적인 또 다른 증거들에 의하면, 이 동일한 신자들은 군주를 인간 이상의 인물로, 일종의 마법사나 기적을 행하는 자로 여겼다.

무엇이 이들의 "진짜" 생각이었는지 알아내려고 애쓰는 것은 무의미하다. 모순된 생각의 하나는 민중 신앙에, 다른 하나는 특권층의 믿음에 귀속시키면서 문제를 해결하려는 시도 역시 비생산적이다. 믿음이 깊은 자들은 지배자를 평범한 인간으로 생각하지 않았기에, 군주를 신격화하는 그들의 과장된 표현에도 진실이 깃들어 있었다. 그것은 백성으로서의 그들의 충성심에 부합했으며, 과장된 언어의 물결에 휩쓸려 그들은 더욱 강렬하게 이 의존감을 경험했다. 하지만 봉헌물의 부재는 그들이 수사적 과장법을 글자 그대로 받아들이지 않았음을 입증한다. 그들은 또한 자기들의 고귀한 지배자가 한낱 가련한 인간임을 알고 있었다. 베르사유 궁전에서 사람들이 태양왕을 숭배하면서도 극히 사소한 그의 행동에 대해서 쑥덕거렸듯이 말이다. 포즈너G. Posener는 고대 이집트의 민중설화에서 파라오가 평범하고 때로는 우스꽝스러운 폭군으로 묘사된다는 것을 보여주었다. 하지만 바로 동일한 이집트에서 지식인 신학자들은 파라오 중심 신학을 공들여 수립했는데, 여기서 파라오의 신격화는 단순한 과장이나 환유가 아니었다. 프랑수아 도마François Daumas는 이 학설이 "형이상학적이고 신학적인 추론의 결실로서 일대 지적 발견"이었다고 평가했으며, 그것을 "언어적 현실réealitée verbale"이라는 모순되지만 기발한 표현으로 지칭한 바 있다. 왜 아니겠는가? 19세기와 20세기의 헌법 조문들, 인권선언문, 공식적인 마르크스주의 강령 역시 그에 못지않게 현실이며 또 언어적이다. 반면에 그리스와 로마제국에서 황제들의 신성은 결코 공식적인 교리의 대상이 되었던 적이 없고, 지식인들과 황제들 자신은 파우사니아스의 회의주의를 따랐다. 황제들은 흔히 자기 자신의 신성을 누구보다 먼저 비웃은 자들이었다.

이 모든 것은 실로 역사적이다. 신화, 신격화, 인권선언 등은 상상적이든 아니든 역사적 힘들과 관련되기 때문이며, 또 신들이 남성과 여성으로 나뉘고 죽음을 맞기도 하는 상상의 세계에 역사적 연대를 부여하는 것이 가능하기 때문이다. 그런 상상은 기독교 이전에 생겨났다. 세 번째 이유도 있다. 진실이란 여러 힘들이 입고 있는 옷에 지나지 않으며, 깨달음이 아니라 실천이기 때문이다. 사람들이 절대적 권력을 지닌 한 인간에게 종속될 때, 그들은 이 권력자를 한 인간으로 경험하며, 그를 하인의 관점에서, 즉 단순한 필멸의 존재로 바라본다. 하지만 그들은 또 이 권력자를 주인으로 경험하며, 따라서 그를 신처럼 우러러본다. 진실의 복수성은 논리에 거슬리기는 해도, 힘의 복수성에서 생겨나는 정상적인 결과다. 생각하는 갈대는 난폭한 힘들에 맞서 자신의 연약하고 순수한 진실을 내세우면서 소박한 자부심을 느낀다. 그런데 이 진실 역시 힘들 중 하나다. 인간의 사유는, 권력에의 의지라는, 무한히 복수화되는 일원론에 종속된다. 여기서 작용하는 것은 모든 종류의 힘이다—정치권력, 지식 전문가들의 권위, 사회화와 훈련 등등. 영혼이 육체와 구별되듯이 사유가 실천으로부터 구별되지 않는 이유는 바로 사유가 힘이기 때문이다. 사유는 실천의 일부다. 마르크스는 이데올로기를 이야기하면서 사유가 행동이며 순수한 깨달음이 아님을 강조하려 했다. 하지만 구식 유물론자인 그는, 사유와 행동을 구별하지 않으며 실천을 하나의 단위로 취급한 게 아니라, 영혼을 육체에 편입시켰다. 그래서 이러한 혼란을 바로잡기 위해 역사가들은 변증법적인 작업(영혼은 육체에 반작용한다, 등등)을 수행해야 했다.

진실은 힘들에 의해 분열되고 힘들에 의해 가로막힌다. 군주에 대한 숭배와 사랑은 복종 이상의 무언가로 나아가려 하는 무력한 노력이다. "내가 그를 사랑하니까 그는 나를 해치지 않을 것이다."(한 독일인 친구가 내게 이야기하기를, 그의 아버지는 스스로를 안심시키기 위해 히틀러에게 투표했다고 한다. 유대인인데도 내가 그를 지지했으니 그도 마음 깊은 곳에서는 나와 다르지 않을 것이다.) 그리고 황제가 숭배를 요구하거나 더 흔하게는 자신을 숭배하도록 내버려 둔다면 이는 "위협적인 정보"로 기능했다. 왜냐하면 그는 숭배받을 만하고 누구도 감히 그의 권위에 이의를 제기하지 않으니까. 왕을 신과 동일시하는 이데올로기 전체를 정교하게 고안한 이집트 신학자들은 그렇게 하는 데서 어떤 이득을 얻었던 게 분명하다. 그 이득이 흥미진진한 소설 하나를 지어낸 것에 불과할지라도 말이다. 프랑스의 앙시앵 레짐 하에서 사람들은 왕의 선량함을 믿었고 믿으려 했다. 모든 악은 그의 신하들에게서 오는 것이었다. 그게 아니라면 절망만이 남는다. 왜냐하면 일개 신하를 내쫓듯이 왕을 내쫓을 수는 없기 때문이다. 여기서 보는 바와 같이 인과관계는 언제나 능동적으로 해석되며, 수동적으로 결과를 감내한다고 여겨지는 자들에게서조차도 그렇다. 주인은 노예에게 이데올로기를 주입하지 않는다. 자신이 노예보다 더 강함을 보여주는 것으로 충분하기 때문이다. 노예는 여기에 대응하여 그가 할 수 있는 것을 하리라. 자신을 위해 상상적인 진실을 꾸며내는 것을 포함해서 말이다. 노예의 작업은, 레온 페스팅거 Leon Festinger — 그는 명민함을 타고난 심리학자로 그의 통찰은 많은 것을 가르쳐준다 — 가 "부조화dissonance 줄이기"라고 부른 것이다.†

　　사실 이는 심리학의 문제다. 행위들 간의 모순은 쉽게 관찰될 수 있고, 그 기저에 있는 힘들의 움직임을 드러내기 때문이다. 불편

---

† 　레온 페스팅거는 '인지부조화cognitive dissonance'의 개념을 이론화한 심리학자이다. 인지부조화란 한 개인이 자신의 인지나 태도, 언행 따위의 모순 혹은 불일치로 느끼는 불균형을 말한다.

한 양심과 표리부동한 믿음, 바리새인 같은 위선이 수면으로 떠오른다. 일상적인 삶은 이런 것들로 가득하며, 일화적 심리학anecdotal psychology은 우리가 좀 더 빨리 우울한 결론을 내리도록 도울 것이다. 힘이란 진실들의 진실인 까닭에, 우리는 우리에게 알도록 허용된 것들만을 안다. 우리가 알 권리가 없는 것들에 대해 우리는 진정으로 무지하다. "절대로 고백하지 마시오"라고 프루스트는 《코리돈 Corydon》의 저자에게 충고했다.[†] 그러면 아무도 면전에서 그에게 물을 수 없기 때문이다. 살롱의 예절은 고백만을 허용하며, 동료를 심문하는 자를 배척한다. 비슷한 이유로 배신당한 남편들은 아무것도 보지 못한다. 분명한 증거가 없는 한, 그들에게는 아내를 의심할 권리가 없기 때문이다. 어떤 사실이 그들의 눈앞에 들이닥치기 전까지 그들이 할 수 있는 유일한 선택은 무지이다. 그러나 그들의 무지는 너무 노골적이다. 사람들은 그들의 침묵을 알아차린다.

베룰Béroul의 《트리스탄》에는 우리를 생각에 잠기게 하는 에피소드가 나온다. 이졸데는 남편인 왕 마르크를 버리고 트리스탄과 함께 숲으로 달아난다. 삼 년이 지난 어느 날 아침, 잠에서 깨어난 두 연인은 서로에 대해 더 이상 아무 감정도 느끼지 못한다는 것을 깨닫는다. 사랑의 묘약이 그 효력을 다한 것이다. 가장 현명한 길은 이졸데가 남편 곁으로 돌아가는 것이라고 트리스탄은 결정한다. 그는 그녀를 마르크에게 돌려보낸다. 그리고 그가 이졸데를 건드렸다고 주장하는 자에게는 가차 없이 결투를 신청한다. 아무도 결투에 응하

[†] 《코리돈》은 앙드레 지드의 소설로, 동성애에 대한 네 편의 소크라테스적 대화로 이루어져 있다.

지 않았고 왕비의 결백은 확고부동해졌다. 베룰과 그의 독자들은 이 것을 어떻게 생각했는가? 여기서 텍스트와 그것의 헤아릴 수 없는 순진함을 대신할 수 있는 것은 아무것도 없다.

물론 베룰은 느낀다, 질투하는 연인으로서 마르크가 모든 것을 알고 있었음을, 하지만 남편이자 왕으로서 그에게는 알 권리가 없었음을. 마르크와 베룰에게 이 갈등은 의식 속에서, 아니 그보다는 의식의 바로 밑에 자리 잡은 층에서 벌어지는데, 그곳에서 우리는 우리가 무엇을 의식하지 말아야 하는지 잘 알고 있다. 배신당한 남편들과 맹목적인 부모들은 그들이 보아서는 안 될 것이 아주 멀리서 다가오는 것을 본다. 재빨리 방어에 나서는 그들의 목소리에 어려 있는 분노와 불안은 부지불식간의 통찰을 분명하게 드러낸다. 이런 의식적인 무지와 불성실한 믿음 그리고 의례적 인사치레 사이에는 온갖 심리학적 단계들이 존재한다. 신화와 관련해서 동일한 이야기를 이소크라테스 이래의 그리스인들에 대해서도 할 수 있다. 《법률》제7권에서 플라톤은 두 가지 이유에서 여자들이 무술에 소질이 있음을 믿는다고 말한다. "한편으로 나는 사람들 사이에서 전해지는 신화를 믿는다." 즉 그는 아마조네스의 신화를 믿는다. "그리고 다른 한편으로 내가 알기로는(그는 '안다'는 단어를 쓴다) 오늘날에도" 사르마티아의 여인들은 활을 사용한다. 하지만 심리학적인 일화들과 구성적 상상력imagination constituante은 별개의 것이다. 의식의 거리낌에도 불구하고, 아니 오히려 그런 거리낌 때문에 플라톤은 신화를 거부하는 대신 그것에 내포된 진실의 핵심을 찾는다. 플라톤과 그의 동시대인들 모두가 갇혀 있던 프로그램이 바로 그런 것이었기 때문이다.

그렇다 해도 우리는 여전히 우리가 알 권리가 있는 것만을 안다(또는 믿는다—이 둘은 같은 것이다). 통찰력은 이러한 힘의 관계 안에 갇혀 있고, 힘의 관계는 곧잘 능력의 우월함으로 포장된다. 그 결과는 몇 가지 전형적인 사례들에서 관찰 가능하다. 우리가 앞에서 보았듯이 **의견들이 분열되어 있다는 것을 아는 것**이 중요하며, 이는 결국 각자의 두뇌 안에서의 발칸화Balkanisation로 귀결된다. 일종의 발견적 방법으로서 무례함을 개발하는 게 아닌 이상, 우리는 많은 사람들이 믿는 것을 소리 내어 비난하지 않으며, 그에 따라 마음속으로도 그것을 공격하지 않게 된다. 스스로도 조금은 그것을 믿게 되는 것이다. **무엇을 알 수 있는지 아는 것** 역시 중요하다. 레몽 뤼예르Raymond Ruyer는 어디에선가 이렇게 썼다. 러시아인들은 미국에 스파이를 보내지 않고도 원자폭탄을 만들 수 있었다고. 원자폭탄을 만들기 위해서는 원자폭탄의 제조가 가능하다는 것을 아는 것으로 충분했고, 미국인들이 그것을 만들었다는 것을 안 순간부터 그들은 이 사실을 알았던 것이다. 문화적 "상속자"들의 우월성이 여기에 있다. 우리는 이를 독학자들과의 비교를 통해 깨달을 수 있다. 사람들이 좋다고 말하는 책에 독학자들이 언제나 관심을 갖는 것은 아니다. 그들에게 결정적인 것은 자기들과 같은 독학자가 그 말을 하는 것이다. 그러면 그들은 자신과 비슷한 사람이 이 책을 이해했으므로 자기들도 그것을 이해할 수 있다고 생각한다. "상속자"란, 비밀스러운 지식 따위는 존재하지 않는다는 것을 아는 사람이다.[†] 그는 부모님이 해냈던 것처럼 자기도 해낼 수 있다고 확신한다. 숨겨진 지식이

[†] 여기서 벤느는 교육을 통한 계급재생산을 비판한 피에르 부르디외의 책《상속자들Les Héritiers》을 소환하고 있다.

있다면 부모님도 그에 도달했을 것이다. 왜냐하면 무엇보다 중요한 일은 **다른 사람들이 안다는 것을 아는 일**, 혹은 역으로, 더 이상 알아야 할 게 없다는 것을, 자신이 소유한 작은 지식의 영역을 넘어선 곳에 자기보다 유능한 사람들만이 탐색할 수 있는 위험지대가 존재하지 않는다는 것을 아는 일이기 때문이다. 만일 우리가 우리 자신은 접근할 수 없는 비밀스러운 영역들이 있다고 믿는다면, 연구와 창작은 마비되고 만다. 우리는 혼자서는 감히 한 걸음도 나아가지 못할 것이다.

장밋빛 시각에서 보면, 지식의 사회적 분배(누구도 모든 것을 알지 못하고 각자는 타인의 유능함으로부터 혜택을 받는다)는 경제학자들이 말하는 완전한 시장에서의 상품 교환만큼이나 중립적이고 유익한 효과들을 낳는다. 진실에 대한 지식만큼 무구하며 이해관계에 초연한 것이 또 있을까? 그것은 폭력적인 관계들과 대립적이다. 그러나 지식에도 여러 등급이 있다. 《법률》제4권에서 플라톤은 의사의 노예가 보유한 모방적인 지식과 그의 주인이자 스승인 의사의 진정한 능력에서 나온 지식을 대립시킨다. 노예는 주인에게서 배운 절차들을 참된 이해 없이 적용한다. 반면 자유인인 의사는 어째서 그런 절차가 필요한지 알고 있으며, 자유로운 학문의 탐구자로서 "자연의 순리를 따르는 법을 안다." 공학자들과 의사들이 오랜 훈련 끝에 자신들이 사용하는 기술의 이치를 이해하게 되고 그 결과 새로운 기술을 창안하게 되는 것은 진실이다. 그러나 이 못지않은, 어쩌면 더 커다란 진실은, 스스로의 정당성에 대한 확신을 심어주는 데 이러한 연구들의 진정한 힘이 있다는 것이다. 그들은 자신의 분야에서 주인이고 말할 권리를 지니며, 다른 사람들은 경청하기만 하면 된다. 그들은 자기들이 가진 것보다 공식적으로 더 우월한 능력이 있다는 생각 때문에 마비되지 않는다.

자신의 프로그램에서
빠져나오지 못한 파우사니아스

하지만 파우사니아스, 그는 자신이 모든 페이지에서 보고하는 문화적 신화들을 믿는 걸까? 우리는 그가 책의 마지막에서 이렇게 고백했던 것을 기억한다. 지금까지 자신은 그리스인들이 들려준 수많은 신화들을 순진함의 표현으로 여겨왔다고 말이다. 하지만 그는 그것들을 때로는 비판하면서, 때로는 비판 없이 우리에게 들려주었고, 후자의 경우가 훨씬 많았다. 그는 자신이 비판에서 제외한 것을 모두 믿었을까? 그는 신심이 깊은 사람이었나, 아니면 신화들 전체를 뒤흔들기 위해 몇몇 신화를 무너뜨렸던 볼테르적 정신이었나? 우리는 '파우사니아스 문제'로 돌아가려 한다. 이 문제는 복잡해서 흥미롭다. 그리고 동시에 가장 진지한 정신들도 발버둥 치게 만드는 프로그램의 협소함을 보여준다. 그의 저서 마지막에서 파우사니아스는 발버둥 친다.

명확성을 기하기 위해서 먼저 우리의 결론을 요약하는 게 좋겠다. 파우사니아스는 어떤 합리주의를 보여준다. 하지만 그 합리주의는 우리 자신의 합리주의와 다르다. 게다가 그는 때로는 역사가이고 때로는 문헌학자이다. 역사가가 실제로 일어났던 일에 대해 이야기한다면, 문헌학자는 전해 내려오는 이야기를 충실히 전달하려 한다. 볼테르와 비슷하기는커녕, 그의 신화 비판은 그가 신들에 대해 고상한 관념을 품고 있음을 보여준다. 그리하여 그는 개인적인 신앙심에서 자신이 기록하는 전설들의 거의 대부분을 스스로 비난한다. 다만 그가 자신을 역사가라기보다 문헌학자로 생각할 때는 전설들을 아무 판단 없이 기록하는 경향이 있다. 아니, 이렇게 말하는 게 나을지도 모르겠다. 그는 게임에 참여하며 신화학자의 입장을 선택한다. 그는 모든 것을 자신이 연구 중인 사상가의 관점에서 바라보고 판단하는, 우리의 철학사가들과 비슷하다. 이 철학사가들은 해당 사상가의 주장에 다소 조리 없는 부분이 있을 경우 그 사상가의 관점에 서서 이를 해석한다. 마찬가지로 파우사니아스는 전설적인 역사를, 계보들을 자세히 설명하면서도 큰 줄기만 골라낸다.

그의 체에 남은 것은 투키디데스가 그의 《고고학Archéologie》 안에 남긴 것과 아주 비슷하다. 파우사니아스는 (속고 싶어 하는 사람들만 속이는) 계보학적이고 원인론적인 발명들보다 신들과 관련된 부조리함에 더 아연실색한다. 이것이 제7권의 마지막까지 그가 유지하는 태도이다. 그가 아르카디아에서 다마스커스로 가는 길을 발견한 후인 마지막 세 권에서도 이 태도는 남아 있다.[†] 하지만 이때부터

[†] '다마스커스로 가는 길chemin de Damas'는 회심回心을 의미하는 관용적 표현이다. 사도 바울로는 다마스커스로 가는 길에서 예수의 음성을 듣고 새사람이 된다.

그는 자신을 아연실색케 했던 전설들에, 우의적인 진실, 혹은 문장 그대로의 진실이 조금이라도 들어 있는지 자문하기 시작한다. 독자들은 이 모든 것에 전혀 놀라지 않을 것이다. 하지만 파우사니아스는 신중한 저자이면서도 가벼운 해학도 지녔다. 그의 의도를 분간하기가 항상 쉬운 것은 아니다. 파우사니아스는 개성적이다(예를 들면 스트라본 같은 저자보다 훨씬 그렇다).

두세 번, 펜이 그의 손에서 미끄러진다. "미토데스는 한쪽으로 밀어놓자"라고 그는 쓴다.[175] 그러고는 메두사의 우화를 들려주는 대신 두 개의 합리적인 버전을 제시하면서 그중 어느 것을 선택해야 할지 망설인다. 메두사는 전쟁에서 죽은 여왕이었다는 것. 아니면 메두사는 기괴한 짐승인데, 카르타고의 어느 역사학자의 증언에 따르면 사하라사막에서 아직도 볼 수 있다는 것. 신화의 정치적인, 혹은 물리적인 합리화다. 서너 번쯤, 그는 즐거워하기도 한다.[176] 만티네이아에는 목걸이를 두른 사슴이 한 마리 있는데 지금은 아주 늙었

---

175 Pausanias, Ⅱ, 21, 5. Ⅰ, 26, 6 및 Ⅶ, 18, 4도 참조하라. V, 1, 4에 신화의 "합리주의적 해석"의 사례가 또 하나 발견된다. 에올리아의 왕 엔디미온은 달의 여신 셀레네의 사랑을 받은 게 아니라, 어떤 왕녀를 아내로 맞은 것이다. 그녀와의 사이에서 태어난 두 아들의 이름에서 아이톨리아와 파이오니아라는 지명이 유래했다. 파우사니아스에게 이것은 역사의 일부이다. 투키디데스의 제자로서 그는 영웅시대의 왕국들의 존재와 이름들의 기원éponyme인 조상들의 존재를 믿기 때문이다. 이 점에 있어서 그는 논쟁을 거부한다(Ⅱ, 21, 1; Ⅱ, 17, 4).

176 Pausanias, Ⅷ, 10, 9. 같은 종류의 유머가 담긴 텍스트로 Ⅷ, 10, 4; V, 13, 6; Ⅳ, 26, 2. 이 마지막 텍스트와 관련해서는 *Revue internationale des droits de l'Antiquité*, Ⅱ, 1949에 실린 R. Demangel의 논문을 참조하라. 이 저자는 "고대의 신앙에 있어서 성실성의 문제"를 제기하면서 경건하며 따라서 진지한 신비화가 있을 수 있음을 인정한다(p. 226).

을 것이다. 그 사슴의 목걸이에는 "나는 아가페노르가 트로이 원정을 떠났을 때 잡힌 사슴입니다"라는 문장이 적혀 있다. 이는 사슴이 코끼리보다도 훨씬 오래 산다는 뜻이다. 이 유머는 야만인들 못지않은 그리스인들의 어리석음에 대한 개탄을 숨기고 있다.[177] 파우사니아스는 결국 우화들이 그에게는 순수하고 단순한 어리석음의 소산처럼 보인다는 것을 시인한다.[178] 그러면서 그는 종종 책임에서 벗어나려 애쓰곤 한다. "나는 지금 그리스인들이 이야기하는 대로 이야기하고 있다"[179]라고 그는 쓴다.

하지만 대부분의 경우 그는 판단을 삼간다. 실로 그는 그리스인들이 말한 것을 보고하는 데 자신의 역할을 한정한다. 바로 여기에, 그가 오랫동안 자신의 개인적 느낌을 숨기고 피난처로 삼아온 특별한 진실 프로그램이 있다. 할리카르나소스의 디오니시오스가 《투키디데스에 대한 판단Jugement sur Thucydide》에서 기원전 5세기의 역사학자들에 대해서 이야기할 때 우리는 이 프로그램이 어떤 것이었는지 짐작할 수 있다.

그들의 목적은 하나뿐이며 언제나 동일하다. 지역 주민들이 간직해 왔거나 성소의 기념비 속에 새겨진 여러 도시의 기억에 관해

---

177 Pausanias, VI, 26, 2.

178 Pausanias, VIII, 8, 3.

179 Pausanias, VIII, 3, 6. 여기서 그리스인들이 이야기하는 우화는 님프 칼리소토와 사랑에 빠진 제우스에 관한 것이다. 파우사니아스는 이 우화가 신들의 위엄에 어울리지 않는다고 생각한다. 신들이 그들의 연인을 별자리로 만들었다는 믿음 역시 유치하고 근거가 없다.

그들이 수집한 모든 것을 인류의 지식에 더하는 일. 그들은 아무 것도 더하지 않고 빼지 않는다. 이 수집물 중에는 수세기에 걸쳐 사람들이 믿었던 신화들, 또 지금은 아주 유치해 보이는 환상적인 모험담들이 있었다.

이 옛 역사가들은, 오늘날의 민속학자들이 그러듯이 자신들은 믿지 않는 지역적 전승을 수집한 것이 아니다. 그들은 낯선 신앙을 존중하는 마음에서 그 전승들에 대한 비판을 삼가지도 않았다. 그들은 그 전승들을 진실로 간주했는데, 그렇다고 해서 그 진실이 특별히 자기들에게 속한다고 생각한 것은 아니다. 그 진실은 그 고장 사람들에게 속했다. 왜냐하면 그들은 그곳에서 나고 자란 만큼 그들 자신에 관한 진실을 알기에 가장 유리한 위치이고, 또 무엇보다 그들의 도시에 관한 진실은 이 진실의 대상인 도시와 같은 자격으로 그들에게 속하기 때문이다. 이는 타자의 공적 진실들에 관한 일종의 불간섭 원칙이었다.

그로부터 여섯 세기 후, 파우사니아스는 여전히 과거의 역사가들의 중립성을 모방할 수 있었으니, 신화들은 여전히 드높은 문화적 위엄을 간직하고 있었고 또 간직할 것이기 때문이었다. 올림피아에서 열리든 다른 데서 열리든 운동경기가 군중을 즐겁게 하기 위해 마련된 구경거리가 아니었던 것처럼,[180] 우화fables는 민담folklore이 아

---

180 H. W. Pleket, "Zur Sociologie des antiken Sports," in *Mededelingen van het Nederlands Instituut te Rome,* XXXVI, 1974, p. 57. 로마제국 전성기의 그리스에서는 운동선수들이 상류계급 출신일 때가 많았다. 이에 대해서는 아테네의 정치가 덱시포스Dexippos에 대한 F. Millar의 연구를 참조하라 (*Journal of Roman Studies,*

니었다. 운동경기는 국가적 관습이었다. 민담에 대해서는 여러 정의가 가능한데, 그중 하나는 내재적 기준이 아니라, 민담이 스스로를 진실이자 선이라고 여기는 문화로부터 거부당하고 주변화되어 있다는 사실에서 출발하는 것이다. 파우사니아스, 그는 신화 속에 깃든 국가적 전승을 거부하지 않는다. 그는 또한 자신의 전문성을 중시한다. 그의 천직은 여러 도시의 흥미로운 사실들, 전설들, 유적들을 조사하는 것이다. 그리고 자신의 연구대상을 조롱하는 것은 부조리하며 자기기만적이다. 따라서 그는 그가 연구하는 작가들의 잉크병에 펜을 담그고 그들의 마음속으로 들어간다. 그는 종종 어떤 전설의 이 판본이 저 판본보다 더 그럴듯하다고 언명하곤 한다. 하지만 그럴 때 그가 자신의 관점을 말하고 있다고 생각하지 말자.[181] 그는 자

1969). 운동경기를 이른바 민중문화의 일부로 간주해서는 안 되는 이유가 여기 있다. 견유학자들이나 프루사의 디온이 운동경기를 조롱할 때, 그들은 인간(혹은 그리스인)의 광기와 헛된 정열을 비난하는 것이지 서민들의 오락에 경멸을 표현하는 게 아니다. 로마에서는 사정이 달랐다. G. Ville이 그의 대작 *La Gladiature* (École française de Rome, 1982)에서 보여주었듯이 스펙터클은 민중을 위한 것으로 간주되었다. 키케로와 소小플리니우스가 그걸 구경한 건 사실이지만 그들은 얼마간의 경멸을 가지고 그렇게 했다. 로마에서 스펙터클의 주역들은, 좋은 가문 출신이 아니라 미천한 광대였기 때문이다. 게다가 파우사니아스는 그리스의 과거를 대할 때 그의 시대에 일반적이었던 복고적 태도를 취했다. Cf. E. L. Bowie, "Greeks and their past in the Second Sophistic," in *Past and Present,* XLVI, 1970, p. 23.

181 더 정확히 말하면, 이 판본이 저 판본보다 낫다고 할 때처럼 파우사니아스가 자신의 의견을 피력할 때도 있다. 예를 들어 그는 트리톤에 대한 올바른 설명을 신화적 설명과 대립시킨다(IX, 20, 4; 본서의 주 140 참조). 하지만 그는 왜 피갈로스가 토착민이 아니라 리카온의 아들이라고 생각해야 하는지 설명하지 않는다(VIII, 39, 2). 아마 파우사니아스 자신이 아르카디아 왕들의 계보를 믿는다는 것이 유일한 설명이리라(VIII, 3, 1). 더구나 그는 리카온의 역사성을 믿는다고 선언한다(VIII, 2, 4). 알다

신이 연구하는 작가의 관점에 서서 그의 작가적 기준을 적용하는 문헌학자로서 말하고 있는 것이다.

신화의 합리주의적 비판에 이어 파우사니아스는 신화의 내적 일관성을 비판한다. 페네오스의 주민들은 오디세우스가 말들을 잃어버렸다가 이곳을 지나가면서 되찾았으며 포세이돈에게 바치는 청동 조상彫像을 세웠다고 말한다. 이 전설의 앞부분을 믿는다고 쳐도 뒷부분은 그러기 어렵다. 오디세우스 시대 사람들은 아직 청동을 주조할 줄 몰랐다.[182] 이 두 가지 비판은 함께 나타나기도 한다. 나르키소스가 물에 비친 자신의 그림자를 사랑한 나머지 죽었고 그 자리에 피어난 꽃이 그의 이름으로 불리게 되었다는 전설은 "완전한 순진함"의 산물이다. 다 자란 청년이 그림자와 실물을 구별할 줄 모른다는 것은 부자연스럽다. 그리고 수선화는 훨씬 전부터 존재했다. 다들 알다시피 하데스가 코레[페르세포네]를 납치했을 때 그녀는 수선화가 핀 들판에서 놀고 있었다.[183] 하지만 파우사니아스가 이처럼 현실에서 존재하는 것과 같은 내적 일관성의 요구를 신화에 적용한다고 해서 그가 신화의 역사성을 믿는다고 결론지을 수는 없다. 얼마나 많은 문헌학자들이 트리말키온이나 맥베스 부인의 역사성을 믿지 않으면서도 여전히 현실과 허구를 혼동하며, 페트로니우스와 셰익스피어에게 텍스트를 현실에 맞추라고 강요하는가?[184] 그들은 트

시피 아르카디아는 그에게 있어서 '다마스커스로 가는 길'이었다.

182   Pausanias, VIII, 14, 5-8; cf. VIII, 12, 9.

183   Pausanias, IX, 31, 7-9.

184   Cf. L. C. Knights, "How many children had Lady Macbeth?", in *Explorations*, Londres, 1946; R. Wellek & A. Warren, *La Théorie littéraire*, 불역, Paris: Seuil,

리말키온의 연회가 어느 계절에 열린 것인지 확정하고자 하면서 사계절의 과일이 한꺼번에 나타나는 텍스트의 모순을 해결하려 한다. 그리고 맥베스 부인이 정확히 몇 명의 자식을 두었는지 알고 싶어 한다. 마찬가지로 파우사니아스는 하데스의 실존이나 코레의 역사성을 믿지 않는다. 우리는 그가 "신들이 지하세계에 거주지를 두고 있다고 상상하면 안 된다"고 말했던 것을 기억해야 한다.

문헌학자로서 파우사니아스는 자신이 비판하지 않은 전설들을 모두 암묵적으로 수용한다. 하지만 한 인간으로서 그는 그것들에 도전한다. 제우스의 연인인 칼리스토는 별자리가 되지 않았다. 왜냐하면 아르카디아인들이 그녀의 무덤을 보여주기 때문이다. 이것이 바로 내적 일관성의 요구이고, 이때 말하는 주체는 문헌학자이다. 하지만 그가 "나는 지금 그리스인들이 이야기하는 대로 이야기하고 있다"고 언명했을 때는 문헌학자의 역할 뒤에서 한 인간이 나타나 우스꽝스럽고 불경스러운 전설들에 거리를 두고 있다. 이리하여 제우스가 한 일은 칼리스토라는 이름을 별자리에 붙인 것뿐이라는 결론이 내려진다. 이때 말하는 주체는 합리적인 역사가로서, 그는 문헌학자의 지시에 따르면서 인간이 그 역사성을 믿지 않는 신화에 믿을 만한 해석을 제공한다.[185] 파우사니아스는 명철한 정신과 섬세한 문

1971, p. 35.

185 Pausanias, VIII, 3, 6-7; 본서의 주 179 참조. 내적 일관성이라는 문헌학적 게임을 계속하면서 파우사니아스는 "실레노스의 무리들"도 죽는다고 추론한다. 여러 곳에 이 반인반수의 무덤이 있기 때문이다(VI, 24, 8). 그렇지만 카르네아데스의 동시대인들이 님프, 목신, 사티로스를 믿지 않았듯이(Cicéron, *De natura deorum*, III, 17, 43), 파우사니아스가 실레노스를 믿지 않는다는 것은 말할 필요도 없다.

체를 갖고 있다.

　파우사니아스가 자신이 충실하게 수집한 전설들 대부분을 믿지 않은 것은 신앙심에서였다. 우리는 탈신화화와 무신앙을 구별해야 한다. 그 시대에 불경의 지표는 신화에 대한 비판이 아니라 신탁에 대한 비판이었다. 키케로, 오이노마오스, 디오게니아노스는 분명코 경건함이 없는 영혼들이었다.[186] 신탁을 비웃으면서 그들은 단 한 순간도 신의 무죄를 주장하지 않았다. 파우사니아스 자신은 신을 믿었고 심지어 기적도 믿었다. 그에게는 갈라티아 침공 당시 델포이에 신성이 "현현"했다는 것이 의심할 여지 없는 사실이었다.[187]

　파우사니아스는 고대 아르카디아에 대해 조사하면서 어떤 전설들은 신들을 비방하지 않으며 고상한 의미를 띤다는 것을 깨달았는데, 이는 그의 인식에 작은 혁명을 가져왔다.[188] 그는 이미 신들에 대한 이른바 "물리적" 해석에 동조한 바 있었다. 아이기온의 성소에서 그가 만난 페니키아인이 "아스클레피오스는 공기이고 아폴론

186　키케로는 "자연적 예견 능력"을 부인하는 것만큼이나 신탁을 부인한다(*De divinatione*, II, 56, 115). 오이노마오스에 대한 부분은 에우세비오스의 《복음을 위한 준비Préparation évangélique》 제2권에 나오고(cf. P. Valette, *De Oenomao Cynico*, Paris, 1908), 디오게니아노스는 에우세비오스 제2권과 제5권에 나온다. 반면 플로티노스는 신탁을 믿는다(*Ennéades*, II, 9, 9, 41).

187　VIII, 10, 9에서 파우사니아스는 어떤 전쟁을 두고, 신이 거기 개입했는지 진지하게 질문하면서, 델포이 신탁에 명백하게 선행하는, 기적에 의해 신탁이 지켜진 사례를 언급한다. 실제로 침입자 갈라티아인들은 폭풍우, 지진, 집단적 공포에 사로잡혔다(X, 23). 성역을 보호해주는 신성의 현현épiphanie에 대해서는 P. Roussel, "Un miracle de Zeus Panamaros," in *Bulletin de correspondance hellénique*, LV, 1931, p. 70; *Chronique de Lindos*, section 4.

188　Pausanias, VIII, 8, 3.

은 태양이다, 왜냐하면 공기와 태양은 건강을 가져다주기 때문"[189]이
라고 주장했을 때 그는 동의했다.[†] 그러나 아르카디아를 연구하기에
이르러서는, 파우사니아스는 그 외에도 알레고리적 해석의 가능성
을 타진한다. 왜냐하면 과거의 현인들은 "수수께끼 같은 말로 이야
기하는 버릇이 있었기 때문이다." 아르카디아인들이 전하는 놀라운
이야기, 레아가 크로노스에게 갓난아기 대신 망아지를 내밀어서 포
세이돈을 이 식인귀 아버지로부터 구했다는 이야기는 한낱 헛소리
가 아닐 것이다.[190][††] 거기에는 물리적인, 혹은 어쩌면 신학적인 깊은
의미가 있음이 분명하다. 이것이 첫 단계였다—신화의 문면적인 의
미에 연연하지 않기.[191]

　　두 번째 단계는 더 인상적이다. 현존하는 사물들의 원칙을 포기
하고, 신화적 시대에는 사물의 조건들이 우리 시대와 다를 수 있었
음을 인정하기. 아르카디아의 전설에 따르면 리카온은 제우스에게
어린아이를 공양했기 때문에 늑대가 되었다. "이 이야기는 설득력이
있다"고 파우사니아스는 쓴다. "이것은 아르카디아인들 사이에서 내

189　Pausanias, Ⅶ, 23, 7-8.

†　아스클레피오스는 의술의 신이며 아폴론의 아들이다.

190　Pausanias, Ⅷ, 8, 3.

††　크로노스는 레아와 자신의 사이에서 태어난 아이들을 차례로 잡아먹는다.

191　살루스티우스에게, 예컨대 크로노스의 물리학적 의미는 자신의 순간들을 잡아
먹는 시간Chronos이다(Sallustius, De diis et mundo, 4). 신학적 의미에서는 자기 자
식을 잡아먹는 크로노스가 하나의 "수수께끼"로서, 인간의 '이해력intelligence'이 '이
해 가능한 것intelligible', 즉 이해 대상들과 혼동됨을 뜻한다. 플로티노스에게 이미
크로노스는 지성을 상징했다. 파우사니아스는 아마 중기 플라톤주의자들, 또는 위대
한 알레고리 이론가들인 스토아 학자들을 경청했을 것이다.

려오는 오래된 전설이며 그 자체로서 그럴듯하기 때문이다. 그 시절의 인간들은 정의롭고 신앙심이 깊었기에 신들을 손님으로 맞이하여 같은 식탁에서 음식을 먹었다. 신들은 선한 자에게 상을 주고 악한 자에게 벌을 주었으며 여기에는 아무 모호함이 없었다."[192] 마찬가지로 이 아득한 옛날에는 신들의 위치로 올라간 인간들이 있었다는 것이다. 왜 아니겠는가? 미신과는 거리가 먼 정신의 소유자인 에피쿠로스도, 세계는 태어난 지 얼마 안 되었고 아직도 형성 중이라고 주장했으며(그는 단지 이런 의미에서 '진보'를 믿었다), 짧은 시간 동안 세계가 상당한 변형을 겪었다고 결론지었다.[193] 그리하여 그는 이렇게 시인했다. 옛날의 인간들은 오늘날의 인간들보다 훨씬 건강했고 대낮에 신들을 볼 수 있을 만큼 시력이 좋았는데 우리는 이제 꿈의 터널을 통해서만 신들이 방출하는 입자들을 포착할 수 있다고.

파우사니아스 자신은 앞에서 보았듯이 그의 인식 변화를 아르카디아에서 그가 알게 된 사실과 의도적으로 연관시킨다. 그리고 리카온의 전설이 아주 오래되었다는 이유로 그것을 믿는다.[194] 리카온

---

192 Pausanias, VIII, 2, 3-4.

193 Lucrèce, V, 1170. 역사성을 무시하는 신플라톤주의에게 이보다 더 낯선 생각은 별로 없을 것이다.

194 Pausanias, VIII, 2, 6-7. 칼리마코스가 《아르카디아》에서 아르카디아를 가장 오래된 문명을 간직한 곳으로 묘사했고 제우스 찬가의 무대로 삼았다는 것을 상기하자. 아르카디아인들의 가장 인상적인 특징은 경건함(Polybe, IV, 20)과 청빈이었다. 자유 시민들, 가장들은 하인을 부리지 않고 자기 손으로 경작했다(Polybe, IV, 21). 그들은 인류의 최초의 식량인 도토리를 먹고 살았으며 다른 어떤 그리스인들보다 오랫동안 이 양식에 의존했다(Galien, vol. VI, p. 621 Kühn). 이 주제는 시사적이다. 아르카디아인들은 뒤떨어진 민족이 아니었다. 그들은 옛날의 상태를 간직했던 것이

의 전설은 뒤늦게 나타나 원래의 진실을 덮어버리는, 그런 상상들 중의 하나가 아니라는 것이다. 파우사니아스는 미신을 믿지 않지만 그렇다고 신앙심이 없는 것은 아님을 재차 상기시킬 필요가 있겠다. 게다가 그는 학문의 영역이 되어버린 신화학의 삼사백 년에 걸친 역사를 뛰어넘어, 알려지지 않은 전설들의 지역적인 삶과 다시 접촉한다. 책을 통한 것이긴 하나 진부하지 않은 접촉이다. 그는 도서관들을 탐사하고 고서들은 그를 꿈꾸게 한다. 그리고 아르카디아도. 거칠고 가난한 아르카디아, 이 너무나 목가적이지 못한 지방은 그 고풍스러움으로써 이미 칼리마코스를 꿈꾸게 했었고 고유한 관습과 신앙을 변함없이 간직하고 있다고 여겨졌었다. 파우사니아스는 고풍스러움—고풍스러움은 진실과 연결되어 있다—에 쉽게 매혹된다. 이를 보여주는 기이한 증거가 하나 있다. 청년 시절 아테네에 대해 연구할 때부터 그는 팜포스라는 사람이 쓴 찬가들에 높은 가치를 부여했다. 팜포스는 근대인들이 헬레니즘 시대에 위치시키는 인물인데, 파우사니아스는 그가 호메로스보다 더 옛날 사람이라고 믿었다.[195] 그리고 이제 파우사니아스는 팜포스가 어떤 기회에 아르카디

다. 이 상태는 변질되지 않은 채 고스란히 남았다. 아르카디아의 전승이 아주 오래되었다는 말은 그것이 다른 전승보다 더 먼 과거로 거슬러 올라간다는 뜻이 아니라, 손상되고 가필된 다른 민족들의 기억과 달리, 변질되지 않고 과거의 기억을 전해준다는 뜻이다. 달리 말해, 아르카디아의 전승은 우리에게 진정한 상태를 보여준다. 파우사니아스의 생각은 두 가지였다. 전승이 전달하는 과거가 점차 가짜 전설들로 덮이기 일쑤라는 것 (아르카디아는 예외다), 그리고 현재 남아 있는 흔적에서 출발하여 과거를 재구성할 수 있다는 것이다. 즉 과거는 현재 안에서 발견된다. 이것은 이미 투키디데스가 《고고학》에서 적용했던 원칙이다.

195 Pausanias, VIII, 35, 8. 이 팜포스는 호메로스보다 옛날 사람이고 (VIII, 37, 9) 올레

아인들에게서 배움을 얻었다고 생각한다. 간단히 말해서, 수많은 신화의 어리석음에 낙담했지만, 선량한 그리스인답게 모든 사람에게 처음부터 끝까지 거짓말을 하는 것은 불가능하다고 생각했던 파우사니아스는, 신화가 때로는 알레고리나 모호한 암시를 통해 진실을 말하고 때로는 글자 그대로 진실을 말한다고(아주 오래 전부터 존재했던 것이라면 거짓에 의해 변형되었다고 의심할 수 없으므로) 인정하기에 이른다. 이것을 인식의 혁명이라고 부를 수 있을까? 나는 모르겠다. 아무튼 이것은 완전히 논리적인 발전이다.

이 발전은 투키디데스와 플라톤 이래의 그리스적 사유의 계보 안에 있다. 경건함에서나 불안에서나 파우사니아스는 고전주의자로 머물며, 신플라톤주의와 훗날의 종교성의 전조는 어디에서도 느껴지지 않는다. 그렇다고 파우사니아스가 쉬운 작가는 아니어서, 나 자신의 망설임을 독자들에게 고백해야겠다. 우리의 작가가 직조하는 복잡한 짜임의 가닥들을 푸는 일이 가능하다고 해도, 구체적인 부분에서 그가 자신의 의견을 피력하는 중인지 아니면 그저 문헌학자로서 말하고 있는지 판단하기란 여전히 어려운 문제다. 자, 여기 아르카디아인들이—그렇다, 아르카디아인들이다—그에게 이야기한다. 신들과 거인들의 전투가 자기들의 고장에서, 알페이오스 강가에서 벌어졌다고. 그는 크세노파네스가 이미 물리도록 들었던 이 거인들의 우화를 믿기 시작하는 것일까? 자연사에서 끌어낸 증거들

노스Olên만이 그보다 더 오래된 인물이다(IX, 27, 2). 한 가지 알아야 할 사실은, 파우사니아스는 호메로스가 살았던 시대에 대해 특별한 연구를 진행했지만 당시 호메로스 전문가들 사이에 팽배했던 독단주의 때문에 자신의 결론을 발표하지 않았다는 것이다(IX, 30, 3).

을 내세우며 파우사니아스는 길게 논의한다.[196] 그는 게임을 하는 것일까 아니면 정말 믿는 것일까? 나는 판단을 포기한다. 또 다른 사례로, 케로네이아에서 누가 그에게 아가멤논의 지팡이sceptre를 보여주는데, 《일리아드》에 나온 대로 이 지팡이는 헤파이스토스가 손수 만든 것이다. 파우사니아스는 이 유물에 대해 한참 논한 뒤, 양식상의 연대 추정 기준에 근거하여 헤파이스토스의 작품이라고 주장되는 다른 유물들을 배제하면서 이렇게 결론짓는다. "아마도 이 지팡이만 헤파이스토스의 작품일 것이다."[197] 만일 이 구절이 그의 저서 제9권에 나오지 않았다면, 우리는 여기서 모든 것을 믿는 체 하면서도 일말의 유머를 잊지 않는 문헌학자의 태도를 보았을 것이다. 하지만 파우사니아스가 제8권에서 옛날에는 신들이 인간사에 개입했다고 말했기 때문에 나는 더 이상 어떻게 생각해야 좋을지 모르겠다. 세 번째 사례가 되겠는데, 나는 아르카디아 왕들의 계보에 관련해서도 비슷한 처지이다. 역사에 대해 이야기할 때 파우사니아스는 종교적 전설들에 대해 이야기할 때와 동일한 진지함과 교활함을 보이기 때문이다.[198] 이제 더 따지지 말고 그가 일부러 그렇게 한다고 치자. [독일의 출판업자로 최초의 여행안내서를 창간한] 베데커Karl Baedeker 같은 편찬자로 간주되어온 이 그리스인은 우리를 의혹에 빠뜨리면서 즐거워한다. 폴 발레리나 만년의 장 폴랑처럼, 아니면 차라리 칼리마코스처럼. 왜냐하면 알렉산드리아식 유머가 바로 그런

---

196 Pausanias Ⅷ, 29, 1-4. 크세노파네스에 대해서는 본서의 주 50을 볼 것.

197 Pausanias, IX, 40, 11부터 41, 5까지.

198 본서의 주 152 참조. 독자들이 지루하지 않도록 자세한 설명은 생략한다.

것이었으므로.

파우사니아스가 역사가일 때, 그의 방법은 종교적 신화를 다룰 때와 동일하고 우리의 의혹도 동일하다(아르카디아 왕들의 계보…). 또 하나의 끝없는 연속, 아카이아 왕들의 계보를 그는 어떻게 처리했던가? 종교 면에서, 그는 신들의 존재를 믿으면서 신화는 믿지 않는다. 그리고 역사 면에서는, 영웅시대의 총체적인 진정성을 믿는다. 단, 파우사니아스의 총체성globalité은 우리의 총체성과 다르다. 그것은 투키디데스의 총체성, 그가 헬레네스는 헬렌에서 유래했고 에우리스테우스의 숙부 아트레우스는 민중에게 아첨하여 왕이 되었다고 썼을 때의 총체성이다. 진정한 것은 주요 인물들과 정치적 사실들, 그리고 고유명사들이다.

사실, 파우사니아스의 진짜 생각이 무엇이었는지 알려주는 것 같은 구절이 하나 있다. 그것을 인용하면서 우리의 논의를 얼른 매듭짓기로 하자.

보이오티아인들은 그 이름을 보이오토스로부터 받았는데, **전설에 따르면** 보이오토스는 이토노스와 님프 멜라니페의 아들이자 암픽티온의 손자다. 보이오티아인들이 사는 여러 도시들의 이름은 인명들, 주로 여자들의 이름에서 유래한다. 반면 플라테이아 사람들은, **내 생각에는** 원래부터 그 땅에서 살았다. 이들의 이름은 아소포스강의 딸이라고 **말해지는** 플라테이아에서 왔다. **분명한 사실은** 오랜 옛날에는 플라테이아에도 왕이 있었다는 것이다. 고대 그리스에서는 민주정이 아니라 군주정이 일반적이었다. 하지만 플라테이아인들은 키타이론과 그 뒤를 이은 아소포스 외에 다른 왕을 모른다. 키타이론산의 이름은 전자에서 왔고 아소포스강의 이름은 후자에서 왔다고 그들은 주장한다. 내 생각을 말하자면, 나는 플라테 이아라는 도시 이름 역시 아소포스강이 아닌, 아소포스라는 왕의 딸에게서 유래했다고 믿는다.[199]

만일 어떤 도시의 과거를 알고 싶다면 거기 사는 사람들에게 물어본다. 그들이 과거에 대해 자세한 기억을 간직하고 있기를 바라면서. 그리고 님프나 아버지-강 등 쉽게 정정할 수 있는 유치한 부분들을 제외하면, 그 기억들을 의심할 이유가 없다. 티투스-리비우스는 로마 군주들의 명단이 진짜인지 의심하지 않았다(로물루스 이전의 편협한 우화들만 의심했을 뿐이다). 그러니 왜 파우사니아스가 아르카디아나 아카이아의 족보들을 의심했겠는가?

---

199 Pausanias, IX, 1, 1-2.

위조자의 진실과
문헌학자의 진실

그렇다, 파우사니아스는 수많은 사람을 속이고 그것을 만든 사람마저 속인, 이 상상의 명단을 의심하지 않았다. 이 진지한 위조자들의 역사편찬은 기이하기 짝이 없어서 한번쯤 살펴볼 필요가 있다. 앞으로 보겠지만, 이 위조자의 문제를 추적하다 보면 상상과 현실의 구별이 불가능해진다.

이 책의 첫머리에서부터 우리가 검토하고 있는 모든 괴상한 생각들—그리스적 이성Raison helléenique이라고 불리는 것을 구성하는 관념들—중에서도 이는 단연코 가장 기이하다. 그 안에서 허구는 가장 순수한 물질성에 도달한다. 어떻게 어떤 왕이 암픽스라고 불렸는지 알 수 있는가? 왜 수백만 개의 이름 중에서 하필 이 이름인가? 이것은 진실 프로그램의 문제다. 그러니까 헤시오도스나 또 다른 누군가가 자신의 머릿속을 스쳐가는 수많은 이름을, 혹은 스베덴보리[†]

식의 자유분방한 몽상을 풀어놓을 때는 어떤 프로그램이 작동하고 있으며, 그 프로그램 안에서 그들은 진실을 말한다고 간주되는 것이다. 이런 사람들에게 상상력은 진실의 원천이다.

종교의 창시자에게는 정상적인 이런 태도가 역사가에게서 나타난다고 해도 이해할 수 없는 것은 아니다. 역사가란 역행하는 예언자일 뿐이다. 그들은 **사후적인**post eventum 예언을 상상력의 힘을 빌려 풍요롭게 만든다. 역사의 어느 페이지를 펼쳐도 4분의 3은 '역사적 소급' 또는 '종합synthèse'이라고 불리는 이 상상하는 능력으로 채워져 있다(나머지 4분의 1은 자료들이다). 그뿐 아니다. 역사는 행위들과 고유명사들로 이루어진 소설이며, 우리는 책을 읽는 동안은 우리가 읽고 있는 것이 진실이라고 믿는다. 그것을 허구라고 부르는 것은 나중의 일이며, 그조차 허구라는 개념이 존재하는 사회에 우리가 속해 있을 때의 얘기다.

왜 역사가는 인물들의 이름을 발명하면 안 되는가? 소설가는 잘도 그러는데 말이다. 사실 이것은 엄격한 의미에서의 발명도 아니다. 그들은 머릿속에서 그전까지 생각하지 못했던 어떤 이름을 발견한다. 아르카디아의 왕들의 계보를 만든 신화창작자는 이런 식으로, 자기 안에서 그가 일부러 집어넣은 것도 아니고 그렇다고 원래부터 거기 있었던 것도 아닌 낯선 현실을 발견했다. 그의 마음 상태는 소설가가 "인물들이 제멋대로 움직인다"고 말할 때와 비슷하다. 그는 자신의 펜이 이 현실을 따라가도록 내버려 둔다. 왜냐하면 당시에는

---

†   [편집자 주] Emanuel Swedenborg, 1688-1772. 스웨덴의 신비주의적 신학자, 과학자. 자신의 27년간의 영적 체험을 저술로 남겼다.

사람들이 역사가에게 "어디서 이걸 알게 되었죠?"라고 묻는 습관이 없었기 때문이다.

독자들로 말하자면… 그들은 이야기에서 즐거움이나 정보를 기대할 수 있다. 이야기 자체는 진실로도 허구로도 제시될 수 있고, 전자의 경우 사람들은 그것을 믿거나 아니면 위조자의 거짓말로 치부할 수 있다. 《일리아드》는 역사를 자처했지만, 독자들이 얼마간의 오락을 기대했으므로 시인은 자신의 창작을 딱히 구별하지 않고 거기에 덧붙일 수 있었다. 반면 아르고스의 전설적인 왕들의 기나긴 족보를 발명한 창의적인 역사가 카스토르의 독자들은, 참도 거짓도 아닌 즐거움 속을 부유하기 위해서가 아니라 정보를 얻기 위해 그의 책을 읽었으며 자기들이 읽은 것을 모두 믿었다. 하지만 정보와 오락 사이의 이 경계선 자체는 관습에 의해 규정된다. 우리 사회가 아닌 다른 사회들은 재미있는 학문들sciences plaisantes을 실천했다. 고대인들에게 신화학은 그러한 학문의 하나였다. 신화학은 "문법"이나 교양의 일부로 간주되었으며, 사람들은 거기서 박학의 아찔함과 딜레탕티즘의 달콤함을 맛보았다. 예를 들어 유베날리스Juvénal가 이야기했듯이, 어느 교양 있는 학부모가 아들의 문법 선생에게 "안키세스의 유모와 안케몰루스의 계모의 이름"에 대해 까다로운 질문을 던졌을 때, 이들이 역사적으로 실재했는지 여부는 전혀 중요하지 않았다. 사실 우리들에게도 역사가 주는 즐거움은 탐정소설이 주는 즐거움 못지않다. 그리고 베르길리우스와 오스티아에 관한 묵직한 책들을 필두로 하는 카르코피노[†]의 기이한 저작은 그의 대학교수다운 풍

[†] [편집자 주] Jerome Carcopino, 1881-1970. 프랑스의 역사학자이자 작가, 교육자.

모에도 불구하고 대체로 역사소설에 속한다.

　사실대로 말하자면 문제는 진지함을 추구하는 역사서와 역사소설을 구별하는 것이다. 무엇을 근거로 그것들을 판단할 것인가? 진실을 근거로? 아무리 진지한 학자도 오류를 범할 수 있다. 그리고 무엇보다 허구는 오류가 아니다. 그러면 엄밀성을 근거로? 위조자들의 저서도 때로는 놀랄 만큼 엄밀하다. 그들의 상상력은 저도 모르게 어떤 진실 프로그램을 따라가며, 이것은 "진지한" 역사가들이 맹목적으로 따라가는 진실 프로그램 못지않게 확고하다. 게다가 두 프로그램이 동일한 것일 때도 많다. 그러면 사유의 절차들을 근거로? 위조자의 머릿속에서 일어나는 일들은 역사가의 머릿속에서 일어나는 일들과 다르지 않다. 학문적인 창작은 다른 모든 창작과 비슷하며 별도의 정신 능력을 요구하지 않는다. 그러면 역사가가 속하는 사회의 기준들을 근거로? 바로 여기 가장 아픈 부분이 있다. 한 사회의 진실 프로그램에 부합하는 것이 다른 사회에서는 속임수나 실패작으로 취급될 수 있기 때문이다. 위조자는 시대를 잘못 타고난 자이다.

　《황금전설》의 작가로 알려진 보라기네의 야코부스가 어느 날 상상 속을 헤매던 중 제노바가 트로이에서 기원했음을 발견했을 때, 또 프레데가르에 앞서서 누군가가 어느 날 마찬가지로 상상 속에서 프랑크 왕국의 트로이 기원을 찾아냈을 때, 그들은 그저 이치에 타당한 일을 했을 뿐이다. 즉 그들은 자기 시대의 프로그램에 내재한 '선험적인 것'에 기초하여 종합적인 판단을 구성했던 것이다. 알다시피 거대한 왕국들은 모두 트로이의 왕자 아이네이아스의 후손들에 의해 창건되었고, 모든 지역 명칭은 인명에서 유래한다. 그렇다면 남은 문제는 아이네이아스의 아들 프란키온이 도대체 왜 프랑크 족의 최초 거주지인 프리스 해안에 가게 되었는지 설명하는 것이다. 프레데가르의 대답은 오늘날 우리가 에트루리아의 기원이나 로마 제국의 초창기에 대해 펼치는 추측들에 비하여 딱히 더 허무맹랑하다거나 근거가 빈약하다고 할 수 없다.

하지만 모든 것에는 제철이 있기 마련이다. 고대의 계보학자들은 신이나 옛날 왕들의 이름을 지어낼 수 있었다. 그러면 사람들은 지금까지 알려지지 않았던 신화를 그들이 찾아냈다고 믿었다. 그러나 1743년 피렌체의 거장 바사리를 부러워했던 어떤 나폴리 학자가 남부 이탈리아 예술가들의 생애, 이름, 연대기 전체를 발명했을 때, 그리고 백오십 년 뒤 그 위작성이 폭로되었을 때, 그는 허언증 환자로 취급되었다. 왜냐하면 1890년경에 예술사는 이미 새로운 프로그램들―오늘날에는 낡고 아카데믹하다고 여겨지지만―을 가지고 있었기 때문이다.

그러므로 위조자에는 두 종류가 있다. 동시대인이 보기에는 정상적이지만 후손들에게 웃음을 주는 사람, 그리고 동시대인의 눈에 이미 위조자로 비치는 사람. 두 번째 경우에 속하는 사소한 예를 하나 들어보겠다. 이 사례는 비극적이라기보다는 오히려 희극적이라고 해야 한다. 무엇보다 이 사람은 존재한 적이 없기 때문이다. 그가 존재했다는 모든 증거가 의심스럽다. 법정에는 그를 대신하여 어떤 사기꾼이 출두했다. 그의 책들은 다른 사람이 쓴 것이고, 그를 목격했다는 사람들은 선입견에 사로잡혀 있었거나 집단적 환각의 희생자였다. 그가 존재하지 않았다는 사실을 깨닫자마자, 사람들은 눈을 비비고 그의 존재의 증거라고 여겼던 것들이 가짜임을 발견한다.

선입견만 없었어도 충분히 알고 남았을 일인데…. 이 신비로운 인물의 이름은 포리송Faurisson이다. 전설에 의하면, 그는 랭보와 로트레아몽을 주제로 신통치 않은 책 한 권을 공들여 쓴 뒤에, 1980년, 아우슈비츠는 존재하지 않았다는 주장으로 얼마간 명성을 얻었다. 그는 주로 욕을 먹었다. 나는 이 불쌍한 인간이 거의 진실에 도달할 뻔했다고 항변하고 싶다. 사실 그는 지난 이백 년을 연구하는 역사가들이 종종 마주치는 유형의 괴짜에 가깝다. 그리스도의 역사성을 부인하는 교권반대론자들(나 같은 무신론자까지 짜증나게 만드는), 소크라테스, 잔다르크, 셰익스피어, 또는 몰리에르의 역사성을 부인하거나, 아틀란티스에 열광하거나, 외계인이 이스터섬에 세운 기념비를 발견하는 넋 빠진 사람들. 시대를 잘 타고났더라면 포리송은 신화학자로 훌륭한 경력을 쌓았을 것이다. 삼백 년 전에만 태어났어도 그는 점성술사가 될 수 있었다. 어떤 성격적인 결함이나 창의성 부족이 그가 정신분석학자가 되는 것을 막았음에 틀림없다. 아무튼 그에게는 명예욕이 있었다. 지금 이 문장을 쓰고 있는 필자나 또 좋은 본성을 타고난 다른 모든 영혼처럼 말이다. 불행히도 그의 찬미자들은 그를 오해했다. 진실은 여러 개이며(우리는 진실을 확립했다고 자만하지만) 포리송의 책이 역사적 진실보다는 신화적 진실에 속한다는 것을 그들은 몰랐던 것이다. 진실들이 서로 닮아 있는 까닭에, 독자들은 그들이 포리송과 공유하는 진실 프로그램이 아우슈비츠에 관련된 다른 저서들의 프로그램과 동일한 것이라 믿었다. 그리하여 그들은 순진하게도 포리송의 책을 이 책들과 대립시켰다. 포리송은 이 책들의 방법을 흉내 내면서, 때로는—논쟁적인 역사가들의 전문용어로—'역사적 진실의 위조'를 무릅쓰면서 이러한 착각을 조장했다.

포리송의 유일한 잘못은 적진으로 걸어 들어간 것이다. 역사가 카스토르처럼 하고 싶은 말을 직설적으로 하면 좋았을 텐데, 그는 논쟁을 원했다. 게다가 종합에 대한 열정은 그로 하여금 모든 것을, 그것도 한 방향으로만 의심하도록 만들었다. 이는 자기를 때리라고 몽둥이를 주는 격이었다. 그는 가스실을 믿든지 아니면 모든 것을 의심하든지 둘 중 하나를 택했어야 한다. 자신이 꿈꾸는 나비인지, 나비인 자신이 꿈속에서 인간이 되어 가스실이 존재한다고 믿는 것인지 자문하는 도교 신자처럼…. 그러나 포리송은 그의 논적들에 맞서서 이기고 싶어 했다. 우주 전체에 대한 극단적인 의심은 그의 취향이 아니었다.

이제 이 불쌍한 남자를 그의 하찮은 강박관념 속에 내버려 두자. 위조자의 패러독스(우리는 항상 다른 프로그램의 위조자이다)는 그의 머리가 미치지 않는 곳에 있다. 이 패러독스는 오류—고전주의 시대가 상상력의 탓으로 돌린 것—와 진실 혹은 구성적 상상력이 진실로 상정하는 것의 변덕스러운 역사적 다양성을 구별하도록 요구한다. 다시 말해 우리는 자신의 프로그램을 남용하는 위조자와, 다른 프로그램을 사용하는 이방인을 구별해야 한다. 가령 헤시오도스가 바다의 딸들의 이름 전부를 자신의 머릿속에서 발견했을 때 그는 위조자가 아니었다. 연속적인 여러 프로그램들을 관통하여 누적되는 진보의 대상이 될 수 있는 확실한 사실들의 핵심은 과연 존재하는가?

사실들에 관한 논의는 항상 하나의 프로그램 안에서 이루어진다. 물론 모든 일이 발생 가능하므로, 언젠가는 그리스 고전 텍스트들이 16세기의 학자들이 만들어낸 완전한 위조품이라고 밝혀지는 날이 올지도 모른다. 그러나 이런 과장된 의심(포리송의 경우 한쪽 방향으로만 나아갔던)과 언제나 존재하는 오류의 가능성, 이 둘은 동일한 것이다. 공허한 회의주의가 어떤 프로그램도 필연적이지 않다는 고백과 혼동되어서는 안 된다. 백오십 년 전만 해도 사람들은 노아의 대홍수를 믿었다. 그리고 천오백 년 전에는 신화를 믿었다.

테세우스와 가스실의 존재가, 혹은 그들의 비존재가, 시공간 위의 어떤 지점에서 우리의 상상력에 조금도 빚지지 않은 물질적 현실성을 갖는다는 것은 분명하다. 그러나 이 현실성 혹은 비현실성은 인지되기도 하고 인지되지 않기도 하며, 시행 중인 프로그램에 따라 상이하게 해석된다. 그것이 그 자체로 우리의 주의를 끌지는 않는다. 사물의 존재는 우리에게 명백한 것이 아니다. 프로그램도 마찬가지다. 좋은 프로그램은 저절로 나타나지 않는다. 사물들의 진실은 존재하지 않으며, 우리 안에 내재하지도 않는다.

신화나 대홍수를 거부하려면, 더 주의 깊게 연구하거나 더 나은 방법을 개발하는 것으로는 부족하다. 프로그램을 바꿔야 한다. 비뚤게 지어진 집을 고치려 하지 말자. 다른 집을 찾는 게 낫다. 왜냐하면 **사실들**은 해석 안에서만 인식 가능하기 때문이다. 사실들이 존재하지 않는다는 이야기가 아니다. 물질성은 분명히 존재하며 작용한다. [12세기 중후반에 활동한 스코틀랜드 스콜라 철학자] 둔스 스코투스가 말했듯이 그것은 무無의 작용이 아니다. 가스실의 물질성이 자동적으로 그것에 대한 지식으로 이어지지는 않는다. **사실들**과 해석은 그 자체로는 구별되지만 우리에게는 항상 결합되어 있다. 드골이 유권자들에게 두 개의 다른 질문에 대해 하나의 대답만 요구했던 국민투표와 마찬가지로 말이다.[†]

달리 말하면, 어떤 프로그램 안에서, 그 프로그램과 관련하여 발생하는 오류들—포리송이나 카르코피노 식의—에 모든 프로그램들의 표류가 더해진다. 우리는 대문자로 시작하는 상상Imagination 과 소문자로 시작하며 복수형인 상상들imaginations을 구별할 수 없다. 《숲길Holzwege》에서 하이데거는 "존재자의 유보는 거부이거나 아니면 그저 은폐일 수 있다"고 썼다. 즉 표류이거나 오류다. "그 유보가 전자인지 아니면 후자인지 우리는 결코 직접적인 확실성을 가지고 알 수 없다." 존재자들이 유보 상태에 머무른다는 생각을, 하이데거가 어떻게 우리 시대로 하여금 받아들이게 했는지는 잘 알려져 있다.

존재자는 단지 일시적인 청명함 속에서, 숲속의 환한 빈터에서만 드러나는데, 우리는 매번 이 빈터가 경계선을 갖지 않는다고 생각한다. 즉 우리에게는 존재자들이 자명함의 형식으로만 존재한다. 우리는 이 빈터에서 어떤 충만함을 보면서 그 주위에 숲이 없다고 말할 수도 있을 것이다. 우리의 상상력이 구성하는 것 바깥에는 아무것도 없다고. 그리고 우리의 프로그램들은 제한된 것이기는커녕 우리가 존재에 덧붙이는 부가물들이라고 말이다. 하지만 하이데거는 반대로 숲속의 빈터가 전부는 아니라고 생각한다. 그리하여 그는 마침내 진리의 토대를 발견한다. 그 진리가 때로는 너무 케케묵어서 역사가들을 상념에 잠기게 만들지만, 또 상념에 잠기는 것이 역사가들만은 아니지만 말이다. ("진리가 자신의 현전을 펼쳐 보이는 방식, 그

---

† 1969년에 실시된, 지방자치와 상원 개혁에 관한 개헌안 찬반투표를 말한다. 드골 정부에 대한 재신임투표의 성격을 띠었고, 드골의 사임으로 귀결되었다.

것은 국가의 수립이다.") 약간의 역사적, 사회학적 비판이 다량의 존재론보다 더 나은 게 아닐까?

위조자는, 성질머리 탓에 엉뚱한 어항으로 떨어진 물고기다. 그의 학문적 상상력은 프로그램에는 이미 존재하지 않는 신화들을 따라간다. 이 프로그램 역시 때로는, 아니 언제나, 위조자의 프로그램과 마찬가지로 상상적이라는 것을 나는 기꺼이 인정한다. 하지만 상상력에는 두 종류가 있다. 프로그램을 결정하는 상상력과 그것을 시행하는 상상력. 후자는 심리학자들이 역량이라고 부르는 것으로, 역사내적intrahistorique이다. 반면 전자는 구성적 상상력imagination constituante으로서, 개인의 창의성이라기보다는 개인들을 사회화시키는 일종의 객관적 정신이다. 말하자면 그것은 물고기들이 갇힌 수조의 벽을 구성한다. 이 벽은 상상적, 혹은 임의적이라고 할 수 있는데, 왜냐하면 수천 년간 수천 개의 다른 벽들이 세워졌고 또 세워질 것이기 때문이다. 즉 구성적 상상력은 초역사적transhistorique이지 않고 간역사적interhistorique이다. 이 모든 것은, 진실이기를 의도하는 문화적 작품과 순수한 상상의 산물을 어떤 식으로도 근본적으로 구별하지 못하게 만든다. 우리는 나중에 이 문제로 다시 돌아갈 것이다. 여기서는 우선 우리의 줄거리에 짧은 에필로그를 덧붙이려 한다.

근대인들이 상상해온 대로의 역사학의 탄생을 가능하게 한 것은 일차사료와 이차사료의 구별이 아니라(이 구별은 아주 일찍부터 존재했고 만병통치약이 아니다), 사료와 현실의 구별, 역사가와 역사적 사실의 구별이었다. 파우사니아스의 시대 이후 사람들은 이 둘을 점점 혼동하며, 이러한 혼동은 오랫동안 계속되어 보쉬에게에게까지 이른다. 보쉬에는 에우세비오스의 《연대기Chronicon》에 그렇게 써 있다는 이유로 아비멜렉과 헤라클레스의 동시대성을 주장했다. 마지막으로 우리는 이 신화를 믿는 새로운 방식을 살펴보려 한다.

역사 장르와 오랫동안 문법 또는 문헌학이라 일컬어졌던 것 사이의 관계는 단순하지 않다. 역사학은 랑케가 말했듯이, "정말로 일어났던 일을 알고 싶어 하고was eigentlich geschehen ist",[200] 문헌학은 뵈크Boeckh가 말했듯이, 사유에 관한 사유, 알려진 것에 관한 앎이다 Erkenntnis des Erkannten.[201]

실제로 일어났던 일에 관한 지식은 흔히 고전 텍스트를 설명하는 수단일 뿐이며, 역사는 이 고상한 대상의 지시물référent에 지나지 않는다. 예를 들어 로마 공화국의 역사는 키케로를 좀 더 잘 이해하기 위한 수단이다. 더욱 빈번하게는 이 두 대상이 혼동된다. 한때 '문학적 역사histoire littéraire'라 불렸던 것(다시 말해 문학을 통해 알려진 역사), 그리고 오늘날 인문주의humanisme라고 불리는 것은, 로마 공화국 마지막 백 년 동안 일어난 사건들을 통해서 키케로를 이해하려 하고, 또 키케로의 저서에 담긴 수많은 세부사실들을 통하여 그 백 년간의 역사를 이해하려 한다.[202] 훨씬 드물기는 하지만, 정반대의 태도 역시 존재한다. 현실을 묘사하는 데 텍스트를 이용하는 것

---

200 모밀리아노에 따르면 랑케의 이 고전적인 문장은 사실 루키아노스(Lucien, *Comment écrit l'histoire*, chap. 39)에서 온 것이다.

201 A. Boeckh, *Enzyklopädie und Methodenlehre der philologischen Wissenschaften*, vol. I: *Formale Theorie des philol. Wiss.* 1877 (1967 재간행), Darmstadt: Wiss. Buch.

202 M. Riffaterre, *La production du texte*, Paris: Seuil, 1979, p. 176: "문헌학적 노력의 전부는 시가 그 지시대상과 함께 소멸하지 않도록 사라진 현실들을 재구성하는 것이었다."

이다(이 현실은 텍스트의 참조대상이자 역사가-문헌학자의 주요 목표물이다). 이는 스트라본의 태도이다. 알다시피 스트라본은 스승 크리시포스가 그랬듯이 호메로스를 맹목적으로 사랑했다. 그래서《지리학 Geographika》제8권에서 그리스를 묘사하면서, 그는 무엇보다 호메로스의 작품에 나오는 지명들의 실체를 밝히는 일에 몰두한다. 스트라본은 호메로스의 작품을 더 잘 이해하려고 했던 걸까, 아니면 여러 도시들에 호메로스의 인용문들을 덧붙임으로써 그 도시들을 더 빛나게 하려는 것이었을까? 두 번째 해석이 옳다. 만일 그렇지 않다면 다음 문장은 이해가 불가능해질 것이다. "시인이 말하는 도시들 중에서 리페, 스트라티에, 그리고 바람이 심하게 부는 에니스페는 어디에 위치하는지 알기 어렵다. 또 설령 안다고 해도 쓸모가 없다. 왜냐하면 그 도시들은 버려졌기 때문이다."[203]

그러나 또한 세 번째 태도가 존재하는데, 매우 널리 퍼져 있는 이 태도는 현실과 그것에 관해 이야기하는 텍스트를 분명히 구별하려는 노력조차 하지 않는다. 에우세비오스의 태도가 그랬다. 파우사니아스 같은 저자에게서 발견되는 것 같은 신화적 역사가 그를 통해서 보쉬에에게까지 전해졌다. 에우세비오스가 텍스트와 사건을 구별하지 못해서가 아니었다! 그에게는 사료가 그 자체로 역사의 일부이기 때문이었다. 역사가가 된다는 것은 역사를 이야기한다는 것이

---

203 Strabon, Ⅷ, 8, 2, C. 388. 더 일반적으로 Strabon Ⅷ, 3, 3, C. 337을 인용하겠다. "나는 장소들의 현 상태를 호메로스가 말한 것과 비교한다. 그럴 필요가 있다. 이 시인은 너무나 유명하고 우리에게 친숙하기 때문이다. 만인이 그처럼 신뢰하고 있는 이 시인이 기술한 바에 어긋나는 것이 없을 때만 나의 의도가 달성되었다고 독자들이 생각해주길 바란다."

며, 역사가들을 이야기한다는 것이다. 오늘날 우리 철학자들과 정신 분석가들은 사실 각자의 영역에서 같은 일을 하고 있지 않은가? 철학자란 대개의 경우 철학사가를 말한다. 철학을 안다는 것은 다른 철학자들이 안다고 믿었던 것을 아는 것이다. 오이디푸스 콤플렉스가 무엇인지 안다는 것은 프로이트가 오이디푸스 콤플렉스에 대해 무엇을 이야기했는지 안다는 뜻이며 그것에 대해 논평할 수 있다는 것이다.

더 정확히 말하면, 책과 책이 다루는 사물들 사이의 구분이 이렇게 지워지는 가운데, 강조점이 때로는 사물에 놓이고 때로는 책 자체에 놓인다. 계시이거나 계시적이라고 여겨지는 모든 텍스트는 전자에 해당한다. 아리스토텔레스, 마르크스 또는 《디게스타Digesta》[†]에 대해 논평하는 것. 하나의 텍스트를 철저하게 연구하면서 그것의 일관성을 가정하는 것. 가장 총명한 혹은 가장 **현대적인**aggiornata 해석으로 텍스트에 미리 신뢰성을 부여하는 것. 이는 텍스트가 현실 자체의 깊이와 일관성을 가지고 있다고 가정하는 것이다. 텍스트를 파고드는 일은 현실을 파고드는 것과 같아진다.[204] 사람들은 텍스트가 심오하다고 말할 것이다. 왜냐하면 저자가 쓴 것 이상으로 텍스트를 파헤치는 것은 불가능하니까. 이렇게 파헤쳐진 것은 사물 자체와 혼동된다.

[†] 유스티니아누스 대제의 명으로 편찬된 《로마법 대전》에서 가장 중요한 부분인, 이전 법학자들의 학설이 담긴 문헌을 발췌한 부분으로, 국내에서는 '학설휘찬'이라고도 일컫는다.

204 P. Hadot, "Philosophie, exégèse et contresens," in *Actes du XIVe Congrès international de philosophie*, Vienne, 1969, pp. 335-337.

그러나 강조점이 책에 놓일 수도 있다. 이 경우 책은 동업자들 사이의 집단적 미신의 대상이다. 고대에는 이런 태도가, 문법학자라고 불렀던 문헌학자들 특유의 것으로 여겨졌다. 이 관점은 텍스트들을—진실이든 거짓이든 너무 중요하기 때문에 알아야 하는 언명들을 담은—고전으로 간주하는 데 그치지 않았다. 그것은 책에 쓰여 있는 것은 진짜라는 믿음을 내포하고 있었다. 그래서 문법학자가 인간적으로 믿지 않는 전설들을 진실처럼 제시하는 일이 생겨난다. 전해지는 말에 따르면, 고대의 위대한 학자로서 스스로도 다 기억할 수 없을 만큼 많은 책을 쓴 디디무스Didymus는 어느 날 어떤 역사적인 일화를 듣고 허무맹랑하다면서 화를 냈다.[205] 그러자 사람들은 같은 이야기를 진실처럼 제시한 디디무스 자신의 저술을 보여주면서 그를 설득시켰다.

이런 태도는 신화의 태도와는 다르다. 신화에서 말은 독자적인 권위를 지닌 것처럼 발화된다. 이것은 또 투키디데스, 폴리비오스, 파우사니아스의 태도와도 다르다. 이들은 현대의 리포터처럼 출처를 언급하지 않고 글을 썼고 사람들이 그것을 액면 그대로 믿어주길 바랐다. 왜냐하면 그들은 동료 지식인이 아니라 대중을 위해 글

---

205 이 일화는 Quintilien, I, 8, 21에서 발견된다. 이 모든 것과 관련하여 미셸 푸코의 《말과 사물》(Les Mots et les Choses, Paris: Gallimard, 1966, p. 55, p. 141)을 참조하라. 16세기의 학문들에 관해서 푸코는 이렇게 쓴다. "관찰, 증언, 그리고 신화라는 커다란 삼분법이, 지극히 단순해 보이는데도, 당시에는 존재하지 않았다. … 어떤 동물의 역사를 고찰할 때 자연학자의 언어와 편찬자의 언어 중에서 하나를 선택하는 일은 불필요하고 불가능하다. 보고 들은 모든 것을, 이야기된 모든 것을, 유일하고 동일한 지식 형태로 집대성해야 하는 것이다." 시간관계상 우리는 독자에게 Quintilien, De institutione oratoria, I, 8, 18-21을 참조하도록 하는데 그치려 한다.

을 썼기 때문이다. 에우세비오스 역시 출처를 제시하지 않았다. 그는 그저 사료들을 옮겨 적었다. 그 이야기들을 액면 그대로 믿어서가 아니다. 그가 "진정으로 과학적인" 역사학을 처음으로 구현한 사람이어서는 더더욱 아니다. 글로 써진 것은 알아야 하는 사물들의 한 부분이기 때문이다. 에우세비오스는 사물들을 아는 것과 책의 내용을 아는 것을 구별하지 않는다. 그는 역사와 교과서grammaire를 혼동한다.† 만일 우리가 진보를 믿는다면, 그의 방법은 뒷걸음질이라고 말해야 하리라.[206]

알려진 것을 알아야 할 필요성에 지배되는, 이런 종류의 태도는 신화들을 보존하는 데 매우 적합했다. 플리니우스의 《박물지Naturalis historia》가 아주 좋은 예다. 위대한 발명들의 목록이 여기 있다. 바람의 이론은 아이올로스에게서 왔고, 탑의 건축은 "아리스토텔레스에 따르면 키클롭스에게서" 왔으며, 식물학은 사투르누스의 아들인 케이론에게서, 천문학은 아틀라스에게서, 그리고 밀농사는 데메테르에게서 왔다("그래서 데메테르는 여신으로 숭배된다").[207] 자주 일어나

---

† '그래머'(문법)에는 '입문서'라는 뜻도 있다.

206 A. Puech, *Histoire d la littérature grecque chrétienne*, Paris: Les Belles Lettres, 1930, vol. Ⅲ, p. 181. "에우세비오스의 저작들 속에서 일반 역사는 문학적 역사를 통해서, 그것을 수단으로 해서만 드러난다." 여기서 '문학적 역사'는 옛날식으로, 즉 사람들의 기억을 간직한 문학을 통해서 이야기되는 역사라는 의미로 사용되었다.

207 Pline, *Nat. hist.*, 7, 56(57), 191. 또 다른 발명자들의 명단이 [2세기에 활동한, 알렉산드리아학파의 기독교 신학자] 알렉산드리아의 클레멘스에게서 발견된다 (Cléement d'Alexandrie, *Stromateis*, 1, 74). 아틀라스는 항해술을, 닥틸로스 형제는 철을, 아피스는 의학을, 메데이아는 머리 염색술을 창안했다. 하지만 케레스[데메테르]와 바쿠스[디오니소스]는 목록에서 사라졌다…. 연대기학의 대가인 클레멘스

는 일이지만, 생각의 방식이, 여기서는 질문 형식이 이런 결과들을 만들어냈다. 플리니우스는 장르의 법칙에 굴복했던 것이다. 사물들 자체에 대해 사고하는 대신에, 이 지칠 줄 모르는 독서가는 다음 질문에 대답하는 일에 도전하기로 했다. "누가 무엇을 발명했는지 아시나요?" 그리고 그는 대답했다. "아이올로스, 아틀라스…." 왜냐하면 그는 책에 나오는 모든 것을 알고 있었기 때문이다.

에우세비오스도 마찬가지다. 그의 《연대표, 혹은 모든 역사의 요약Tables chronologiques ou Abrégé de toutes les histoires》은 신화에 관한 구백 년 간의 생각들을 요약하는데, 이는 [17세기 프랑스 베네딕토회 수도사] 동 칼메Dom Calmet에 이르기까지 역사 지식의 기초가 된다.[208] 우리는 거기서 계보들을 다시 만난다. 시키온 왕조와 이나코스를 시조로 하는 아르고스 왕조의 계보(역사가 카스토르가 그 출처이다), 아

에 따르면, 바쿠스는 인간에 지나지 않으며 헤라클레스보다 63년 일찍 태어났다. 플리니우스이건 클레멘스이건, 여기서 그들을 이끄는 것은 하나의 도식, 추론의 수단으로서의 질문지questionnaire이다: 누가 무엇을 발명했는가? 질문지는 당시의 사유 기법 중 하나였다(다른 질문지도 있었다. 예를 들면 뛰어난 것들의 목록: 세계 7대 불가사의, 가장 위대한 열두 명의 웅변가…). 장클로드 파스롱이 최근에 말했듯이 "목록과 도표, 지도와 분류, 개념과 도식은 그것들에 앞서 존재하는 발화들의 단순한 옮겨쓰기가 아니다. 그것들은 도표적 논리의 제약 아래서 단정, 비교, 첨가의 행위들을 유발한다"(J. -C. Passeron, "Les Yeux et les Oreilles," avant-propos pour *l'Oeil à la page*, G.I.D.E.S., 1979, Paris, p. 11).

208 이런 세부사실들이 재미있다고 생각하는 독자는 다음의 책을 읽어야 한다. Yves-Paul Pezron, *L'antiquité des tems rétablie et défenduë contre les Juifs et les nouveaux chronologistes*, Paris, 1687. 이 책은 세상이 창조된 지 2538년째 되던 해에 제우스와 에우로페 사이에 세 명의 아이가 태어났다는 것을 가르쳐준다. 나는 쿠통G. Couton 덕택에 이 저자에 대해서 알게 되었다(본서의 주 7 참조). 동 칼메로 말하자면, 볼테르를 매우 기쁘게 했던 그의 세계사는 1735년에 간행되었다.

트레우스, 티에스테스, 오레스테스가 등장하는 미케네의 계보, 케크롭스와 판디온이 나오는 아테네의 계보. 그리고 온갖 가능한 동시성이 기술된다. 아비멜렉이 히브리를 다스렸을 때 라피테스족과 반인반마의 무리 켄타우로스 사이에 전투가 있었는데, 이 후자의 무리를 가리켜 "팔라이파토스는 《믿지 말아야 할 것들Choses à ne pas croire》에서 테살리아의 유명한 기마병들이었다고 말했다." 그리고 연대들이 출현한다. 메데이아가 이아손을 따라 부친 아이에테스를 떠난 것은 아브라함 이후 780년, 그러니까 구세주 탄생 전 1235년이었다. 에우세비오스는 합리주의자다. 아브라함 650년, 트로이의 왕자 가니메데스는 이웃나라의 왕자에게 납치되었다. 따라서 제우스가 독수리로 변신하여 그를 채어갔다는 것은 "근거 없는 우화"다. 아브라함 670년 페르세우스에게 머리를 잘린 메두사는 매혹적인 미모의 매춘부였을 뿐이다. 마지막으로 보쉬에의 《세계사에 대하여》를 한 번 더 인용하기로 하자. 트로이 전쟁은 "세계의 다섯 번째 단계"에 해당하며, 진실이 "거짓으로 감싸인" 우화의 시간들에서 "가장 아름답고 가장 확실한 것들을 수집하기에 적당한 시대이다." 실제로 "우리는 거기서 아킬레우스 가문, 아가멤논 가문, 메넬라오스 가문, 오디세우스, 제우스의 아들 사르페돈, 아프로디테의 아들 아이네이아스를 볼 수 있다."

헤로도토스에서 파우사니아스와 에우세비오스까지 — 나는 '보쉬에에 이르기까지'라고 말하려고 했다 — 그리스인들은 계속 신화를 믿었고 또 신화와 씨름했다. 하지만 이 문제의 근본 성격과 가능한 해결방안에 관한 그들의 생각은 거의 발전하지 않았다. 천 년의 절반이 흐르는 동안 카르네아데스, 키케로, 오비디우스처럼 신을 믿지 않는 사상가들이 많이 나타났지만, 아무도 헤라클레스나 아이올로스의 존재를 의심하지 않았다. 그 때문에 합리화 작업에 지장이 생긴다고 하더라도 말이다. 기독교인들은 아무도 믿지 않는 신화의 신들을 격렬하게 공격하면서[209] 영웅들에 대해서는 아무 말도 하지 않았다. 왜냐하면 그들은 아리스토텔레스, 폴리비오스, 루크레티우스 등등 다른 모든 사람들이 그랬듯이, 이 영웅들을 믿었기 때문이다.

그럼 어떻게 해서 사람들이 영웅 아이올로스, 헤라클레스, 페르세우스의 역사성을 더 이상 믿지 않게 되었는가? 건전한 과학적 방법이나 (유물론적이든 아니든) 변증법은 여기에 아무 기여도 하지 않았다. 거대한 정치적 혹은 지적 문제들이 해답에 도달하여 해결되고 정리되고 극복되는 경우는 드물다. 그 문제들은 움직이는 모래언덕 속에 파묻혀서 잊히고 지워지는 경우가 더 흔하다. 기독교화는 그리스인들이 해결의 열쇠를 찾지 못했던, 그러면서도 포기하지 못했던 문제를 제거해 버렸다. 그리스인들이 이 문제에 열중한 이유 역시 그 못지않게 우연적이었다고 상상하는 것도 가능하다.

그러니까 유모들이 더 이상 아이들에게 신들과 영웅들의 이야기를 들려주지 않게 된 뒤에도 수백 년이 흐르도록, 학자들은 여전히 자기들의 방식대로 신화를 믿고 있었다. 그들이 믿기를 그만둔 것은 두 가지 이유에서다. 탐사와 기록에서 태어난 역사는 에우세비오스와 더불어 문헌학과의 경계가 불분명해졌다. 한편 '역사'라는 동일한 이름으로 불리지만, 전혀 다른 어떤 것이 근대인들과 함

---

209 성 아우구스티누스는 《신국》의 제2권 10장 시작 부분에서 이를 인정한다. 아무튼 이것은 중요하지 않았다. 이교도에 대항하는 논쟁들은 합리적인 설득이라기보다는 가짜 신을 둘러싼 야단법석에 가까웠다.

께 시작되었다. 이 '역사'는 논쟁의 산물이자, 문헌학과의 결별의 산물이었다. 텍스트에 대한 경의는 더 이상 텍스트와 그것이 서술하는 역사적 현실을 혼동하도록 이끌지 않았다. 한편 신구논쟁은 고전 텍스트에서 후광을 벗겨냈다.[†] 그리고 퐁트넬이 등장했다. 그는 신화가 한 마디의 진실도 내포하지 않을 수 있다고 생각했던 사람이다. 이러한 변화가 신화의 문제를 제거한 것은 아니다. 오히려 그 문제는 더욱 심각해졌다.[210] 사람들은 더 이상 이렇게 묻지 않았다. "신화의 진실은 무엇인가? 신화가 처음부터 끝까지 헛소리일 리는 없으니 그 안에는 진실이 있어야 한다." 이제 질문은 이렇게 바뀌었다. "신화의 의미와 기능은 무엇인가? 사람들이 무언가를 상상하고 이야기할 때는 그만한 이유가 있을 것이다." 과연?

이렇듯 우화에 존재 이유를 찾아주어야 한다는 생각은 오류에 대한 우리 자신의 어떤 불안감을 드러내며, 이는 진실과 과학에 대

---

† 17세기 말에서 18세기 초 프랑스에서 고대문학과 근대문학의 우열을 두고 첨예하게 벌어졌던 논쟁. 르네상스 이래 고대를 숭배하는 풍조가 일반적이었으나, 1687년 페로가 당대 문학이 고대 문학에 비해 뒤떨어지지 않는다고 선언하는 시를 발표하며 논쟁이 시작되었다. 근대파에는 페로, 퐁트넬 등이 있었고, 고대파에는 라 퐁텐, 라신 등이 있었다. 논쟁의 여파로 고대의 권위가 상대화되었고, 18세기 문학과 사상의 핵심인 계몽 및 진보 관념을 예고했다는 점에서 사상사에 영향을 끼쳤다.

210 실로 모든 것이 출발점으로 다시 돌아가는 것 같다. 함플은 그의 훌륭한 연구 에서(F. Hampl, *Geschichte als kritishe Wissenschaft*, Darmstadt: Wiss. Buchg., 1975, vol. II, pp. 1-50: "Mythos, Sage, Märchen") 얼마나 진실에 가까운지, 혹은 얼마나 종교성을 띠는지를 가지고 설화, 전설, 신화를 구별하려는 시도는 무익함을 보여주었다. "신화"는 초역사적인 요소나 불변항이 아니다. 신화적 사유가 실행하는 장르들은 동서고금을 통틀어 실행되어온 다른 문학 장르들과 마찬가지로 다양하고 가변적이고 포착 불가능하다. 신화는 본질이 아니다.

한 우리 고유의 신화의 이면을 이룬다. 인류가 그렇게 오랫동안 집단적으로 틀리는 일이 어떻게 가능하겠느냐고 우리는 생각한다. 이성과 신화 중에서, 혹은 진실과 오류 중에서 하나를 택하는 것은 2분의 1의 확률이어야 한다. 진실이 하나이고 의심의 여지가 없는 것이라면, 잘못은 분명코 (서로 다른 강도와 가치를 지닌) 믿음의 양식들에 있을 것이다. 인류는 너무 오랫동안 권위 있는 주장이나 집단적인 표상들에 휩쓸려온 게 아닐까? 하지만 인류가 정말 그것들을 믿었던가? 이렇듯 볼테르적 정신들은 그들의 이웃이 이 허무맹랑한 이야기들을 정말 믿고 있는지 은밀하게 의심하기 시작한다. 그들은 모든 신앙에서 위선의 냄새를 맡는다. 그들이 완전히 틀린 것은 아니다. 중성자나 신화나 반유대주의를 믿는 방식은 감각적인 증거나 종족의 도덕을 믿는 방식과 동일하지 않다. 진실은 하나가 아니기 때문이다. 하지만 그럼에도 불구하고 이 진실들은 서로 닮아 있으며 (같아 보이며) 똑같이 진지하다. 그래서 그 신봉자들에게 똑같이 강렬한 영향을 행사한다. 믿음의 양식의 복수성은 사실상 진실의 기준의 복수성이다.

이 진실을 낳은 것은 상상력이다. 우리의 믿음의 진정성은 대상의 진실에 의해 측정되지 않는다. 그 이유를 이해할 필요가 있다. 간단한 이유다. 진실을 제조하는 것은 우리 자신이며, 우리를 믿게 만드는 유일한 "현실"이 존재하는 게 아니기 때문이다. "현실"이란 우리 인류가 공유하는 구성적 상상력의 산물이다. 그렇지 않다면 보편적인 문화의 거의 전부가 설명 불가능해진다―신화들, 학설들, 약전들pharmacopoeias, 가짜 학문과 비논리적인 학문들. 진실에 대해서 말하는 한, 우리는 문화에 대해 아무것도 이해하지 못할 것이다. 그리고 신화와 신들을 얘기했던 지난 시대에 대해 지금 우리가 가지는 그 거리를, 결코 우리 시대에 대해서 가질 수 없을 것이다.

그리스인들의 사례는 천 년 동안 거짓에서 빠져나오지 못하는 무능함을 보여준다. 그들은 결코 이렇게 말하지 못했다. "신화는 완전히 엉터리다. 아무 근거가 없기 때문이다." 보쉬에도 마찬가지였다. 상상적인 것 자체는 결코 거부되지 않는다. 그것을 거부한다면 더 이상 어떤 진실도 남지 않으리라는 은밀한 예감이라도 있는 것처럼. 사람들은 낡은 신화들을 잊는 대신 다른 무엇에 대해 이야기하면서 새로운 상상의 영역으로 들어가거나, 아니면 신화 속에 숨어 있으면서 이야기를 꽃피게 하던 진실의 씨앗을 발견하려고 애쓴다.

영웅신화—지금까지 우리는 그것만 검토했는데—에서 엄격한 의미에서의 신앙으로 옮겨가도, 우리는 동일한 것을 관찰하게 된다. 드라크만A. B. Drachmann은 《고대 이교도들의 무신론Atheism of Pagan Antiquity》에서, 고대의 무신론이 신의 존재를 부인했다기보다는 신에 대한 민중적인 관념들을 비판했으며, 신성에 대한 좀 더 철학적인 개념을 배제하지 않았음을 보여주었다. 기독교인들도 그들 나름대로, 이교도의 신들을 부정함에 있어서 너무 극단으로 가지 않으려 했다. 그들은 신화를 "허무맹랑한 이야기"라고 말하기보다는 "창피한 관념들"이라고 말했다. 기독교인들은 그들의 신을 이교도의 신의 자리에 위치시키기를 원했으므로, 이에 적합한 프로그램은 우선 주피터[제우스]가 존재하지 않음을 보여주고, 두 번째 단계로 유일신이 존재한다는 증거를 제시하는 것이었다고 생각해볼 수 있다. 그런데 이는 이들의 프로그램이 아니었다. 그들은 이교도의 신들이 존재하지 않는다고 주장하기보다는 이들이 옳지 않다고 비난했다. 그들은 주피터를 부인하는 데 급급했던 것 같지 않다. 그보다는 신성한 옥좌를 차지하기에 덜 창피한 왕으로 그를 대체하려 했던 것 같다. 바로 이런 이유에서 고대의 기독교 옹호론은 기이한 인상을 남긴다. 마치 다른 신들을 자리에서 쫓아내기만 하면 유일신을 확립할 수 있었다는 느낌이다. 고대의 기독교인들은 잘못된 관념을 근절하기보다는 그것을 다른 것으로 대체하고 싶어 했다. 그들은 참과 거짓의 관점에서 이교도를 공격하지 않았다. 그렇게 보일 때가 많았지만 말이다. 앞에서 보았듯이 그들은 이교도들이 전혀 믿지 않는 신화들을 두고 유치하고 부도덕하다고 비난했다. 하지만 이 신화들은 고대 말기에 이교도들이 발전시킨 고상하고 정교한 신의 개념과 아무 공통점이 없었다. 이렇게 쓸모없는 공격을 한 이유는 이런 논쟁의 목표가 적들을 설복시키는 게 아니라 경쟁자들을 배척하는 것이었기 때문이다. (모두가 옳았고 누구도 서로를 배척하지 않았기에) 평화롭게 공존했던 이교도의 신들과 달리, 질투 많은 유일신은 어떤 것도 나누고 싶어 하지 않는다는 느낌을 주는 것. 신화의 신들에 대한 공격이 적절한지 여부는 중요하지 않았다. 중요한 것은 유화적인 논리를 허용하지 않는다는 암시를 주는 일이다. 이교도의 신들은 가치가 없었다. 그게 다였다. 가치가 없다는 말은 당연히 그들이 가짜임을 내포했다. 하지만 이러한 지적인 관점보다 훨씬 중요했던 이 말의 함의는, 그들에 관해서 더 이상 듣고 싶지 않다는 것, 그들은 존재할 가치가 없다는 것이다. 만약 어떤 사상가가 노파심에서 이 무가치함을 이론화할 필요를 느낀다면 에우세비오스와 함께 이렇게 말할 수 있으리라. 이교도의 신들은 가짜 신이라기보다는 신의 모습을 한 거짓이다. 그들은 인간을 농락하기 위해 신으로 행세해 온 악마들이다.

그들은 특히 미래에 대한 지식을 수단으로 삼았다. 신탁을 통해 앞일을 예견함으로써 그들은 인간에게 깊은 인상을 주었다.

상상의 산물을 제거하는 것은 그것을 부정하는 것보다 쉽다. 신을 부정하는 것은—설령 타자들의 신이라고 해도—아주 어려운 일이다. 고대 유대교 역시 가까스로 이를 수행했다. 유대교는 이민족의 신들은 자기네 신보다 약하다고, 혹은 흥미롭지 않다고 주장했다. 이것은 경멸이나 혐오일 수는 있어도 부정은 아니다. 하지만 애국자에게는 마찬가지다. 이민족들에게도 신이 존재할까? 존재한다해도 중요하지 않다. 중요한 것은 그 신들이 아무 가치가 없다는 것이다. 그들은 나무나 돌로 만들어진 우상들로서 귀가 있어도 들을수 없다. 이 다른 신들, 우리는 "그들을 알지 못한다", 그들은 "우리가 공유할 수 없는" 신이라고 〈신명기〉는 반복하고 있으며, 그 이전의 성서 기록들은 더 솔직하게 밝히고 있다. 십계명이 든 궤가 다곤의 성전에 놓인 다음날, 사람들은 이 블레셋의 신 다곤의 우상이 얼굴을 땅에 대고 이스라엘의 신 앞에 엎드려 있는 것을 발견했다. 〈사무엘상〉에 나오는 이야기다. 그리고 〈시편〉 96(97)편은 이렇게 노래한다. "모든 신이 야훼 앞에 엎드려 절하는도다." 사람들은 국제적인 거래에서만 다른 나라의 신들에게 관심을 보였다. 예를 들어 누가 아모리인에게 이렇게 말한다고 하자. "어떻게 너의 신 카모스가네게 소유하도록 한 것을 네가 소유하지 않겠는가?" 이는 그의 영토를 존중하겠다고 그에게 약속하는 방식이다. 국가들은 참이나 거짓의 관념을 그다지 필요로 하지 않는다. 참과 거짓은 특정한 시대에 특정한 지식인들만이 실천하는, 혹은 실천한다고 믿는 관념이다.

조금만 숙고해 본다면 우리는, 진실이 존재하지 않는다는 생각이, 과학적 진실이 언제나 잠정적이고 내일 거짓으로 판명될 수 있다는 생각에 비해 특별히 더 역설적이거나 무력감을 느끼게 하는 것이 아님을 알 수 있다. 과학의 신화는 우리에게 감명을 준다. 그러나 과학과 그것의 교과서적 형식화를 혼동하지 말자. 과학은 수학적인, 혹은 형식적인 진실을 발견하는 게 아니다. 그것은 수천 가지 방식으로 해석할 수 있는 미지의 사실들을 발견한다. 원자보다 작은 입자, 성공적인 기술적 해결책, DNA 분자의 발견이, 짚신벌레, 희망봉, 신대륙, 해부학의 발견보다, 혹은 수메르 문명의 발견보다 더 숭고한 것은 아니다. 과학이 인문학보다 더 진지한 것도 아니다. 그리고 역사에서 사실들은 해석과 분리될 수 없기에, 우리는 원하는 만큼의 다양한 해석들을 상상할 수 있다. 이는 순수과학에서도 진실이다.

문화와 진실에 대한 믿음 중
하나를 선택할 필요성

그러니까 사람들은 오랜 세월 동안 신화를 믿었고, 그러한 믿음은 시대에 따라 달라지는 다양한 프로그램들에 부합했다. 그렇다. 사람들은 일반적으로 상상력의 산물들을 믿는다. 종교를 믿고, 아인슈타인을, 퓌스텔 드쿨랑주를,《보바리 부인》을 읽는 동안은 보바리 부인을, 프랑크 왕국의 트로이 기원설을 믿는다. 어떤 사회에서는 이 작품들 중 일부가 허구로 간주된다. 하지만 상상의 영역은 여기서 끝나지 않는다. 정치—이른바 이데올로기뿐 아니라 정치적인 실천도 포함하여—는 기성 프로그램들의 임의적이며 압도적인 타성에 따라 움직인다. 정치적인 측면에서 고대 도시국가의 '빙산의 숨겨진 부분'은 거의 신화만큼이나 오래 지속되었다. 우리의 통속적인 정치적 합리주의가 씌워 놓은 사이비 고전주의의 풍성한 덮개 아래에는 이 빙산 특유의 기이한 윤곽이 있다. 일상생활 그 자체가 무매개적이기는커녕 상상들의 교차로이며, 사람들은 거기서 인종주의, 별자리 운세 등등을 열심히 믿는다. 경험과 실험이 차지하는 부분은 무시할 수 있을 만큼 적다. 아인슈타인의 전설적인 예를 생각해보면, 우리는 상상력의 몫이 과연 어느 정도인지 짐작할 수 있다. 그는 테스트를 거치지 않은 이론의 마천루를 세웠다. 언젠가 테스트가 이루어진다고 해도 그 이론이 증명된 것은 아니다. 단지 아직 반박되지 않았을 뿐이다.

설상가상으로, 진리를 자처해온 이 연속된 꿈의 궁전들은 극히 다양한 스타일을 자랑한다. 이 스타일들을 구성하는 상상력은 아무 일관성도 갖지 않으며, 역사적 인과관계의 우연성에 따라 움직인다. 상상력은 계획을 바꿀 뿐 아니라 기준도 바꾼다. 진실은 그 자체로 자명한 지표이기는커녕, 가장 가변적인 척도이다. 그것은 초역사적인 상수가 아니라 구성적 상상력의 작품이다. 피레네산맥의 이쪽과 저쪽에서, 또는 1789년 이전과 이후에 사람들의 생각이 다르다는 것, 이는 그다지 중대한 문제가 아니다. 훨씬 중대한 것은 우리의 엇갈리는 주장들의 목표 자체가, 또는 진실을 획득하는 방식과 기준이, 간단히 말해 프로그램들이, 우리도 모르는 사이에 변한다는 것이다.

기 라르드로Guy Lardreau는 이렇게 말했다. "초월적인 것이 역사적으로 구성된다는 말은 곧 그것이 보편성을 띨 수 없다는 뜻이다. **특수한 초월체**transcendantal particulier를 생각해야 한다. 하지만 이것은 결국 일반적으로 문화라고 지칭되는 것보다 하나도 더 신비로울 게 없다."[210]

---

210 Guy Lardreau, "L'Histoire comme nuit de Walpurgis," in *Cahiers de l'Herne:*

이 책이 속해 있는 역사적 진실 프로그램은 어떻게 이성이 진보하는가, 프랑스가 어떻게 세워졌는가, 어떻게 사회가 그 기본조건들 위에서 생존하고 사고하는가 등등을 이야기하는 것이 아니라, 수천 년에 걸쳐 진실이 어떻게 형성되었는지 생각하고 고개를 돌려 지나온 길의 자취를 살펴보는 것으로 이루어진다. 이것은 반성의 산물이다. 그렇다고 이 프로그램이 다른 프로그램들보다 더 진실한 것은 아니며, 다른 것보다 더 부각되고 지속되어야 할 이유를 갖는 것은 더더욱 아니다. 다만 이 프로그램 안에서 우리는 자가당착에 빠지지 않고 다음 문장을 발음할 수 있다. "진실이 다양하다는 것이 진실이다." 이러한 니체적인 개념 안에서[211] 담론과 실천의 역사는 초월적 비판의 역할을 수행한다.

구성적 상상력? 이 말은 개인의 심리적인 능력을 가리키는 게 아니라 각 시대가 임의적이고 관성적인 틀 안에서 생각하고 행동한다는 사실을 가리킨다(동일한 시대 안에서도 분야가 바뀌면 프로그램들이 모순에 빠질 수 있다는 점은 말할 필요도 없다. 이 모순들은 대개의 경우 간과될 것이다). 일단 이 프로그램이라는 어항에 갇히게 되면, 천재적 독창성이 있어야 탈출과 혁신이 가능하다. 한편 어항에 독창적 변화가 일어나면, 아이들은 1학년 때부터 새로운 프로그램 속에서 사회화될 수 있다. 아이들은 그보다 위의 세대가 그랬듯이 자기들의 프로그램에 만족할 것이고, 거기서 벗어나려고 하지 않을 것이다. 왜

Henry Corbin, 1981, p. 115. 진정한 철학정신이 느껴지는 냉철한 논문이다.

211 Cf. P. Veyne, "Foucault révolutionne l'histoire," in *Comment on écrit l'histoire*, p. 203-242 (Paris: Seuil, coll. "Points Histoire", 1979).

냐하면 그들은 그 너머에 무엇이 있다고 생각하지 못하기 때문이다.[212] 보이지 않는 것을 보지 못할 때, 사람들은 보지 못한다는 사실조차 알지 못한다. 하물며 [보이는 영역의] 이 불규칙한 경계들을 인식하기란 더욱 어렵다. 우리는 우리 자신이 자연적인 경계들 속에서 살아간다고 믿는다. 나아가, 진실의 거짓 유사성이 모든 시대를 관통하여 작동해왔던 만큼, 우리는 우리의 조상들이 우리와 동일한 영토를 점유했다고, 혹은 영토적 단일성의 획득은 이미 예고되었으며 약간의 진보가 그것을 완성시킬 뿐이라고 믿는다. 만일 이데올로기라는 이름이 어울리는 무언가가 있다면, 그것은 바로 진실이다.

한 번 더 이야기해야 할까? 이 초월적인 것transcendental은 사태가 이러이러하다는 **사실**이다. 즉 사태의 묘사이다. 사태를 그렇게 만드는 **하부구조**나 **심급**이 아니다. 그런 말장난이 무슨 의미가 있겠는가? 우리는 그러므로, 이것이 역사를 무정하고 무책임한 과정으로 환원하는 것이라고 주장할 수 없다. 무책임한 것은 보기 흉하며, 따라서 그릇된 것이라고 나는 생각한다(디오도로스가 이 점을 잘 말해줄 것이다). 그러나 다행히도 문제는 그런 것이 아니다.

"잠들게 하는 힘"이라는 단어는 아편의 효과를 묘사한다. 하지만 아편의 효과는 화학적인 원인으로 설명된다. 진실 프로그램들로 말하자면, 그것들은 역사적인 원인을 갖는다. 그것들의 관성, 즉 한 프로그램에서 다른 프로그램으로의 느린 교체는 그 자체가 경험적인 사실이다. 이는 우리가 사회화라고 일컫는 것에 기인한다(니체는 "훈련"이라는 단어를 썼는데, 여기에는 전혀 인종차별적이거나 생물학적

---

212 한계가 없다는 착각에 대해서는 cf. P. Veyne, *ibid.*, p. 216.

인 함의가 없었다). 이 느림은 애석하게도 부정적인 것le négatif을 낳는 "노동"—억압된 것의 회귀라고도 불리는—의 느림이 아니다. 그것은 현실의 충격이 아니며, 이성이나 다른 책임 있는 이념들의 진보도 아니다.

프로그램들의 형성과 교체를 설명하는 원인들은 역사가들이 (그들이 도식에 제물을 바치지 않는다면) 익숙하게 취급하는 원인들과 동일하다. 프로그램들은 건물처럼 세워진다. 차곡차곡 쌓인 돌들처럼, 각각의 에피소드는 선행하는 에피소드들의 세부사항에 의해 설명된다(개인적인 창의성, 그리고 '잡을' 수도 있고 놓칠 수도 있는 성공의 기회들은 이 무수한 원인들의 다면체의 일부를 이룬다). 사실 이 구조물들은 (인간 본성, 사회적 요구들, 본연의 상태로 존재하는 사물들의 논리, 또는 생산력 같은) 커다란 이유들에 따라 배치된 것이 아니다. 그러나 논쟁을 너무 축소하지는 말자. 하버마스처럼 영향력 있는 마르크스주의 철학자라면 생산력이나 생산관계 등 졸음을 유발하는 위격位格[삼위일체를 구성하는 요소들] 때문에 곤란해하지 않을 것이다. 단 두 줄의 글로 그는 거기에서 벗어난다. 그러나 이성으로부터 벗어나기는 좀 더 어렵다. 하버마스는 어디선가 자신의 철학을 이렇게 요약한 바 있다. "인간은 배울 수밖에 없다." 이것이 문제의 핵심이라는 생각이 든다. 하버마스와 푸코의 대립, 다시 말해 마르크스와 니체의 대립은 마르크스-프로이트-니체라는 기이한 현대적 삼위일체의 시대에, 합리주의와 비합리주의의 갈등을 부활시킨다.[213]

---

213 인용된 하버마스의 문장("L'Homme ne peut pas ne pas apprendre")은 내 기억이 옳다면 다음의 책에 나온다. *Raison et Légitimité,* Paris: Payot, 1978. 생산관계에 관해서는 Habermas, *Connaissance et Intérêt,* Paris: Gallimard, 1974, p. 61와 p. 85를

이 모든 것은 역사연구의 현 상태에 분명히 영향을 미쳤다. 지난 사십 년간, 혹은 팔십 년간 역사기술의 주도적인 경향은 '역사를 쓰는 것은 곧 사회사를 쓰는 것'이라는 암묵적인 생각을 프로그램으로 삼아왔기 때문이다. 역사가들은 이제 더 이상 인간의 본성 같은 것을 믿지 않는다. 그리고 사태의 진실이 존재한다는 믿음은 정치철학자들에게나 어울린다고 생각한다. 하지만 그들은 사회를 믿는다. 이는 그들에게 경제와 이데올로기 사이에 펼쳐진 공간을 탐구하도록 허락한다. 하지만 그러면 나머지 모든 것은 어떻게 해야 하는가? 신화는 어쩔 것이며 종교(그것이 이데올로기적 기능 이상의 것을 가지고 있을 때)는 어쩔 것인가? 온갖 허망한 관념들은, 혹은 더 단순히 말해서, 과학과 예술은 어쩔 것인가? 대답은 간단하다. 문학사를 예로 든다면, 그것은 사회사의 일부가 될 것이다. 사회사의 일부가 될 수 없는 문학사는 역사가 아니기 때문에 잊힐 것이다. 혹은 문학사가라는, 이름만 역사가인 사람들을 위한 특수한 카테고리로 강등될 것이다.

이렇게 해서 문화와 사회적 삶의 대부분이 역사학의 영역 바깥으로 밀려난다. 이 역사학은 심지어 사건에도 관심이 없다. 그런데 만일 뤼시앵 페브르Lucien Febvre가 최신 역사학의 영역이라고 부른 미개간지들을 언젠가는 경작하기 위해 이 제외된 부분에 주목한다

참조하라. 역사적 유물론에 대한 레몽 아롱의 밀도 있는 비판(R. Aron, *Introduction à la philosophie de l'histoire*, Paris: Gallimard, 1938, pp. 246-50)은 이 주제와 관련하여 여전히 핵심적인 저서로 남아 있다. 아롱은 마르크스주의가 역사학보다 철학에 가까우므로, 자신의 비판이 마르크스주의 자체를 반박하지는 않는다고 적절한 결론을 내린다.

면, 우리는 곧 그 작업이 크고 작은 합리주의들을 모두 거부함으로써만 가능하다는 것을 깨닫게 된다. 그러면 이 상상물의 무더기들은 허위라고 말해질 수 없을 것이고, 진실이라고는 더더욱 일컬어질 수 없을 것이다. 하지만 이제 우리가 믿음이란 진실도 아니고 허위도 아니라는 학설을 세운다면, 그 여파로, 사회사나 경제사처럼 합리적이라고 여겨지는 분야들 역시 진실도 허위도 아닌 것처럼 보이게 될 것이다. 자신들의 대의를 이성으로 승격시키는 도식은 이 분야들을 정당화해주지 않는다. 이런 포장 전략은 결국 인문과학, 마르크스주의, 지식사회학 등, 수십 년간 우리의 관심사였던 것들을 모두 포기하게 만들 것이다.

예를 들어 정치사는 확실히 평범한 프랑스인들의 역사는 아니지만, 그것이 사건 중심적이고 속도가 빠르다고 해서 삽화적인 것은 아니다. 영원한 현실들—통치, 지배, 권력, 국가—은 사건들의 안개에 싸인 디테일을 설명하지 못한다. 이 고상한 덮개들은 엄청난 다양성을 숨기고 있는 프로그램들 위에 씌워진 합리주의적 추상에 지나지 않는다. 루이 14세 시대에서 오늘날에 이르기까지 '영원한 정치'는 경제적 현실 못지않은 변화를 겪었다. 이 프로그램을 규명함으로써 무수한 조약과 전쟁들을 설명하고 거기 얽힌 이해관계들을 파악하는 것이 가능해진다. 문학사에 대해서도 같은 말을 할 수 있다. 문학사를 사회와 연결시키는 것은 아무도 성공한 일이 없는, 틀렸다기보다는 헛된 시도이다. 문학사의 역사성은 거기에 있지 않다. 문학사의 역사성은 지난 삼백 년간 문학, 아름다움, 심미안, 예술 같은 몽환적인 단어로 지칭되어 온 것들이 겪은 거대한 무의식적 변화 속에 있다. '문학'과 '사회'의 관계만 변한 게 아니다. 미 자체가, 예술 자체가 변했다. 사실 이 현실의 중핵에는 철학자들의 몫으로 남겨두어야 할 불변하는 무엇이 존재하지 않는다. 이 현실은 역사적인 것이지, 철학적인 것이 아니다. 그리고 중핵은 존재하지 않는다. 생산력과 생산관계? 그것이 나머지를 결정한다고 말해보자(이 발언은 틀렸다기보다 순전히 언어적이다. '나머지' 자체가 그것을 결정하는 생산력과 생산관계의 한 요소이기 때문이다. 하지만 아무튼). 생산과 그 관계들은 단순하고 자명한 대상이 아니다. 그것들은 역사의 각각 다른 순간에 역사 전체에 의해서 다양한 정도로 결정된다. 그것들은 아직 규명이 필요한 프로그램 안에 있다. 이는 동일한 영토와 자원을 공유하는 동일한 종이, 예컨대 벌레를 먹는 핀치와 씨앗을 먹는 핀치처럼, 상이한 생활방식을 갖는 아종들로 진화하는 것과 얼마간 비슷하다. 앞에서 말했듯이 모든 행위는 그 나름대로 자의적이다. 다시 말해 모든 행위는 다른 행위들만큼 비이성적이다. 램지 맥멀런 Ramsay McMullen이 최근에 《과거와 현재 Past and Present》(1980)에 썼듯이, "오늘날 우리가 비이성적인 것에 기울이는 관심은 가장 진지한 역사학의 성격에 중대한 변화를 초래할 것이다."

이 책에서 우리는 줄곧 비합리주의적 가정 안에 스스로를 가두면서 우리의 줄거리가 성립하도록 하려고 노력했다. 이성의 추진력, 자연스러운 깨달음, 사상과 사회 사이에 존재하는 기능적 관계 등에 우리는 어떤 역할도 부여하지 않았다. 우리의 가정은 다음과 같이 표현될 수도 있다. 매 순간 이 상상력의 궁전들 바깥에는 아무 것도 존재하지 않고, 작용하지 않는다(반쯤 존재하는 '물질적' 현실들, 즉 폭죽이 될지 폭탄이 될지 아직 정해지지 않은 화약처럼 아직 그 존재가 포착되지 않았거나 형태가 분명하지 않은 현실들을 제외한다면[214]). 이 상상력의 궁전들은 그러므로 공간 안에 세워지는 게 아니다. 활용할 수 있는 유일한 공간은 이 궁전들뿐이다. 그것들은 세워지면서 동시에 공간을 만들어낸다. 그리고 그 주위를 서성이는 억압된 부정성이란 존재하지 않는다. 다시 말해 궁전을 만들어낸 상상력이 구성하는 것만이 존재하는 것이다.

이 무 가운데 생겨난 임간지林間地는 사회적, 경제적, 상징적 이해관계, 혹은 그 밖의 온갖 가능한 이해관계에 의해 점유된다. 우리가 가정하는 세계는 우리가 아는 세계와 마찬가지로 잔인할 것이다. 이 이해관계들은 초역사적이지 않다. 그것들은 각각의 궁전이 제공하는 가능성에 토대를 두고 있다. 심지어 이 이해관계들은 궁전을 가리키는 다른 이름이라고 할 수 있다. 이제 이 원인들의 다면체가 변한다면, 궁전(이것은 다면체의 또 다른 이름인데)은 다른 공간을 구성하는 다른 궁전으로 바뀔 것이다. 이러한 부분적 혹은 전면적인 대체는 그때까지 순전히 물질적인 상태로 남아 있었던 잠재태에 대

---

214 F. Jacob, La *logique du vivant, une histoire de l'hérédité*, Paris: Gallimard, 1971, p. 22. "이제껏 눈에 안 보이던 물체를 보게 된다고 해서 그것을 언제나 분석 대상으로 변형시킬 수 있는 것은 아니다. 레벤후크가 현미경을 통해 처음 물방울을 보았을 때 그는 거기서 미지의 세계를, 갑자기 관찰 가능해진 전혀 예상치 못한 자연을 만났다. 하지만 그 순간 그는 이 세계를 어떻게 해야 할지 몰랐다. 사유는 이 현미경 속의 존재를 어떻게 활용해야 할지, 다른 생물계와 어떻게 관계 지어야 할지 알지 못한다. 이 발견은 화젯거리를 만들어낼 뿐이다." 이러한 물질 개념—둔스 스코투스에 의하면 "현재 행위하고 있지만 아무것도 확인해 주지 않는" 물질—은 흔히 막스 베버의 것으로 여겨져 온, 다음의 유명한 니체의 말을 설명해준다. "사실들은 존재하지 않는다." 이 말은 역사적 객관성 문제의 시금석이 되었다. Cf. *Der Wille zur Macht*, n. 70, 604 Kröner: "Es gibt keine Tatsachen." 니체가 막스 베버에게 미친 영향은 대단한 것이었고, 독립적으로 연구할 가치가 있다.

한 고려를 수반할 것이다. 하지만 그러한 고려가 이루어진다면, 이는 마침 모든 것이 운 좋게 맞아떨어져서이지, 어떤 변치 않는 필연성이 있어서가 아니다. 한마디로, 이 궁전들 중 어느 것도 기능적 건축의 지지자에 의해 만들어지지 않았다. 아니면 이렇게 말해도 좋다. 이 건축가들이 차례로 만들어낸 합리성의 개념만큼 가변적인 것은 없으며, 이 궁전들이 각각 현실에 부합하는 것으로 여겨지리라는 망상만큼 확고부동한 것도 없다고. 왜냐하면 사람들은 실제 상태를 사물의 진실로 간주하기 때문이다. 진실에 대한 환상은 각각의 궁전이 완전히 이성의 경계선 안에 자리 잡고 있다고 여기도록 만들 것이다.

우리는 비길 데 없는 확신과 인내심을 가지고 끊임없이 무의 한가운데 이 광대한 공간들을 열어 나간다. 진실과 오류의 대립은 너무도 왜소하여 이 현상의 규모에 어울리지 않는다. 이성과 신화의 대립도 왜소하기는 마찬가지다. 신화는 핵심이 아니라 차라리 만물 창고이며, 이성으로 말하자면, 그것은 수많은 임의적 합리성들로 흩어져 있다.[215] 진실과 허구의 대립조차 부차적이고 역사적으로 보인다. 상상과 현실의 대립도 다르지 않다. 덜 절대적인 진실 관념, 단순히 규제적 이념idée régulatrice†으로서의, 연구의 이상idéeal으로서의 진실 관념은 이 상상력의 궁전들이 왜 그렇게 큰지 설명할 수 없다. 아주 자연스럽게 만들어지는 그 궁전들은 진짜도 가짜도 아닌 것 같다. 그것들은 기능적이지 않고, 또 하나같이 아름다운 것도 아니다.

---

215 앞의 주 210 참조.

† 칸트가 제시한 것으로, 결코 실현될 수는 없지만 그럼에도 그것을 지표로 삼아 나아갈 수밖에 없는 이념을 말한다.

하지만 그것들은 최소한 하나의 가치를 지닌다(이 가치는 너무 드물게 언급된다. 우리는 어떤 대상이 왜 관심을 끄는지 정확히 알 수 없을 때만 이 가치를 입에 올린다). 그것들은 흥미롭다. 왜냐하면 복잡하기 때문에.

이 궁전들 중 일부는 실천적 지식의 모델과 관련되어 있고 참된 정치, 참된 도덕 등을 구현한다고 주장된다. 만일 모델이 존재하고 모방이 실패한다면 그것들은 가짜일 것이다. 하지만 모델이 아예 존재하지 않는다면 그것들은 진짜도 가짜도 아니다. 또 어떤 궁전들은 사물의 진실을 반영한다고 주장하는 교리적doctrinales 건축물이다. 하지만 이 진실이라는 것이 우리가 현실 위에 비추는 임의적인 조명에 불과하다면, 그 건축물들의 진실 프로그램이 갖는 가치는 다른 프로그램에 비해 더 나을 것도 못할 것도 없다. 더군다나 진실은 그것을 표방하는 교리들의 근심거리 중에서 가장 덜 중요한 것이다. 이 교리들은 가장 자유분방한 우화적 상상력 앞에서도 끄떡없다. 그것들의 가장 깊은 충동은 진실이 아니라 크기와 영향력을 향한다. 그것들을 구성하는 힘은 자연의 작품들을 구성하는 것과 동일한 힘이다. 한 그루의 나무는 참도 거짓도 아니다. 그것은 복잡하다.

문화의 궁전들은 '사회'의 관점에서 그다지 큰 쓸모가 없다. 이는 자연을 구성하는 생물종들이 자연에게 큰 도움이 되지 않는 것과 비슷하다. 게다가 우리가 사회라고 부르는 것은 이 문화적 궁전들의 거의 구조화되지 않은 집합에 다름 아니다. (그리하여 부르주아지는 계몽주의와 프로테스탄티즘 양쪽에서 모두 편안함을 느꼈다.) 형체 없는, 그러나 증식하는 집합체. 신화를 꾸며내는 것은 문화의 이러한 증식의 좋은 예이다.

우리의 합리주의에 도전하는 증식. 합리주의는 이 잡초처럼 무심하게 웃자란 것들을 최대한 바짝 깎아야 한다. 허구의 축소 작업은 여러 방식으로 행해졌는데, 모두 자기중심적이라는 공통점을 갖는다. 각 시대는 스스로를 문화의 중심으로 여기기 때문이다.

첫 번째 절차: 신화는 진실을 말한다. 그것은 영원한 진실, 우리 자신의 진실을 반영하는 알레고리의 거울이다. 아니면 신화는 과거의 사건들을 살짝 왜곡시켜서 보여주는 거울이다. 이 사건들은 오늘날의 정치적 사건들과 유사하거나(신화는 역사적이다), 오늘날의 정치적 인물들의 기원을 이룬다(신화는 기원론적이다). 신화를 역사로 혹은 **아이티아**로 환원시키면서 고대 그리스인들은 세계의 시초를 그들보다 약 이천 년 전에 위치시키게 되었다. 우선 신화적 서막이 있었고, 그 다음에 약 천 년에 걸쳐서 그들의 역사적 과거가 이어졌다. 왜냐하면 그들은 기억 속에 간직된 가장 오래된 인류가 또한 최초의 인류였으리라는 점을 한순간도 의심하지 않았기 때문이다. 알려진 가장 오래된 인물이 창시자이다. 앙시앵 레짐의 어떤 귀족이 자기 가문의 내력을 다음과 같이 적었을 때, 그 역시 이를 구별해야 한다고 생각하지 않았다. "우리 가문의 시조는 931년 플라비니 수도원에 토지를 기증한 고르동 드뷔시다." 이 토지 기증 문서가 그의 문서함에 보관된 가장 오래된 문서였던 것이다.

그렇지만 몇몇 그리스 사상가들은 세계가, 그것이 품고 있는 동물, 인간, 신의 무리와 더불어, 훨씬 더 옛날부터, 어쩌면 무한한 시간 동안 존재해 왔다고 추정했다. 이 방대한 시공간을 어떻게 우리 이성이 파악할 수 있도록 축소할 것인가? 그들의 해결책은 사물들과 인간의 진실을 믿는 것이었다. 세계의 변화는 끊임없는 재출발인데, 이유는 주기적인 파국으로 인하여 모든 것이 파괴되기 때문이다. 그리고 신화시대는 이 주기들의 마지막에 해당할 뿐이다. 이것이《법률》제3권에서의 플라톤의 가르침이다. 각각의 주기마다 동일한 현실과 동일한 발명들이 다시 출현한다. 마치 거친 파도 속으로 사라졌다가도 자연의 이치에 따라 다시 수면 위로 떠오르는 코르크처럼. 아리스토텔레스는《정치학》제7권에서 이 자연의 진실에 대한 확신을 인상 깊게 드러냈다. "이미 오래 전부터 정치 이론은 도시국가 내부에서 무사 계급이 농민 계급과 구별되어야 한다는 점을 인정해 왔다"라고 그는 쓴다. 공동식사 제도로 말하면(이 제도에 따라 모든 시민이 날마다 함께 밥을 먹었으며, 도시 전체가 수도원 식당의 풍경을 연출했다) 그것 역시 매우 오랜 전통으로, 크레타섬에서는 미노스가, 이탈리아에서는 이탈로스가 그 주관자였다. "하지만," 하고 철학자는 덧붙인다, "이 제도들이 다른 많은 것과 마찬가지로, 세월이 흐르는 동안 여러 차례에 걸쳐, 아니 무한히 반복하여 다시 창안되었다고 생각하는 편이 나을 것이다." 이 마지막 구절은 글자 그대로 이해해야 한다. 아리스토텔레스는 세계의 영원함을, 따라서 영원회귀Eternel Retour를 믿는다. 그가 생각하는 영원회귀는 매번 다르게 패가 섞이는 우주적 포커 게임 같은 것이 아니다. 이런 포커 판에서는 동일한 집합들의 불가피한 회귀가 아무 이유를 갖지 않으며, 오히려 모든 것이 우연에 따른 배합임을(즉 인과관계의 구조가 아님을) 확인시킬 뿐이다. 아리스토텔레스는 영원회귀를 좀 더 안심이 되는 방식으로 상상한다. 그것은 사물의 진실에 의해 우리가 다시 조우하게 되는 동일한 현실들의 주기적인 재출현이다. 요컨대 그의 각본은 **해피엔드**이다.

우리 근대인들은 순환을 믿는 대신 진화를 믿는다. 인류는 오랫동안 어린아이였지만, 이제 어른이 되었고, 더 이상 신화에 귀를 기울이지 않는다. 인류는 선사시대에서 벗어났거나 벗어나는 중이다. 우리의 철학은 항상 우리를 안심시키고 축복해 줄 임무를 지닌다. 그러나 지금은 진화évolution 또는 혁명révolution을 강화해야 할 때이다. 우리가 보기에 신화는 더 이상 진실을 이야기하지 않는다. 하지만 그것이 완전히 허튼소리는 아니었다고 여겨진다. 진실이 결여된 대신, 신화는 사회적인, 혹은 사회를 유지하는 데 필수적인 기능을 가지고 있었다. 우리는 여전히 자기중심적으로 진실은 우리의 것이라고 믿는다. 우리가 사회의 진화에 대해 논의할 때, 신화가 수행했던 사회적 기능은 우리가 사물의 진실 속에 있음을 확인한다. 이데올로기의 기능에 대해서도 같은 말을 할 수 있다. 바로 그 때문에 이데올로기라는 용어가 우리에게 그렇게 중요한 것이다. 여기까지는 다 좋다. 하지만 결정적인 문제는 이것이다. 만일 사물의 진실이 존재하지 않는다면?

하나의 도시를, 아니면 정말로 궁전을 사막 한복판에 건설한다면, 이 궁전은, 강이나 산과 똑같이 진짜이다(강이나 산은 비교할 모델이 없다). 궁전은 그저 존재하며, 그것과 더불어 사물의 질서가 생겨난다. 그리고 그 질서에 대해 무언가 이야기할 것이 생긴다. 궁전의 주민들은 이 자의적인 질서가 바로 **사물의 진실**에 부합한다고 생각할 것이다. 그러한 미신이 그들의 삶을 지탱해 주기 때문이다. 하지만 그들 중 어떤 역사가나 철학자가 이 궁전에 대해 **진실만을 말하려** 하면서 그것이 모델―어디에도 존재하지 않는 모델―과 똑같을 수 없다는 점을 상기시킬 것이다.

다른 메타포로 바꾸어 말하면, '세계의 밤'[†]에는 아무것도 빛나지 않는다. 사물의 물질성은 발광체처럼 저절로 빛나지 않으며, 따라가야 할 길을 환하게 표시해 주지도 않는다. 인간은 아무것도 배울 수 없다. 아직 배워야 할 것이 하나도 없기 때문이다. 그러나 역사의 우연—노름판에서 분배되는 카드처럼 변덕스럽고 무계획적인 사건들—은 인간들로 하여금 그들의 주변을 끊임없이 이리저리 조명하게 만든다. 사물의 물질성은 그때에야 비로소 이런 식 또는 저런 식으로 밝혀진다. 이 조명이 저 조명보다 더 참된 것은 아니다. 하지만 그로 인해 하나의 세계가 존재하기 시작한다. 그것은 **자유로운**ad libitum 창조이며 상상력의 산물이다. 이처럼 어둠 속에 환한 동그라미가 존재할 때 사람들은 보통 그것을 진실 자체로 간주한다. 시야에 들어오는 다른 것이 없기 때문이다. 마찬가지로 사람들은 각각의 지점에서 불빛 속에 드러나는 대상에 관해 진실이거나 거짓인 말들을 할 수 있다. 물질성은 조명과 독립적으로 우리 눈앞에 나타나지 않는다. 그런 의미에서 이 조명이 만들어내는 세계는 상상력의 산물이다. 이 환한 동그라미들의 연속은 또한 합리성을 향한 소명의식의 변증법적 요구들에 의해서 설명되지 않는다. 세계는 우리에게 아무것도 약속하지 않았고, 우리는 세계 안에서 우리의 진실들을 읽을 수 없다.

진실을 표방하는 것이 불가능하다는 생각은 현대철학과 그 위조물들을 구별할 수 있게 해준다. 그렇다, 상상력이 지금 유행하는 중이다. 이성보다 비합리주의가 더 사랑받으며(비합리주의는 타자

---

† 헤겔의 《예나 실재철학Jenaer Realphilosophie》에 나오는 개념으로, 존재와 비존재가 미분화된 채 섞여 있는 상태를 말한다.

들이 사실은 이성적이지 않다고 말하고 싶어 한다), 말해지지 않은 것le non-dit이 수다스럽게 말하고 있다. 하지만 중요한 점은 이것이다. 이 말해지지 않은 것은 그저 존재할 뿐인가? 아니면 그것은 좋은 것이고 우리는 그것에 발언권을 주어야 하는가? (아니면 결국 같은 말이지만, 그것은 나쁜 것이고—왜냐하면 자기훈련을 통한 문명화라는 진실이 있기 때문에—우리는 그것에 발언권을 주지 말아야 하는가?) 그것은 자연스러움과 비슷한 무엇인가? (아니면 결국 같은 말이지만, 끊임없이 다시 태어나는 야만성인가?) 그것은 궁전 밖으로 추방되어 허공으로 떨어졌기에 재진입을 원할 수밖에 없는가? 우리는 그것에게 창문을 열어주어야 하는가? 말하자면, 사물들에 새겨진 자연스러운 경향이 있고 그것이 우리의 소명을 이루어서, 그것을 따르기만 하면 우리는 좋은 사람이 되는 걸까? 여기 새 가죽부대에 옮겨 담은 오래된 포도주가 있다—이성, 도덕, 신, 진실이라는 이름의 포도주가. 탈신비화, 의식意識과 언어에 대한 의심, 상식을 뒤집는 철학, 이데올로기 비판이라는 가죽부대에 담긴 이 오래된 포도주들은 현대적인 풍미를 띠는 듯하다. 하지만 이 신랄하고 드라마틱한 현대 소설들은 옛날 소설들이 그랬듯이 좋게 끝난다. **해피엔드**가 우리에게 약속되어 있다. 하나의 확실한 길이 있고 이 길은 우리가 갈 길이며 우리를 들뜨게 한다. 위조물은 따라서 그것이 뿜어내는 인간적 열기에 의해 쉽게 판별된다. 나타나엘이여, 무엇보다 내게 열정을 불어넣지 말아다오.[†] 어떤 프로그램이나 "담론"을 성찰적으로 분석한다고 해서 더 진실한

[†] 앙드레 지드의 《지상의 양식》에 나오는 유명한 구절 "나타나엘이여, 네게 열정을 가르쳐 주마(Natanaël, je t'enseignerai la ferveur)"를 패러디한 것이다.

프로그램이 그것을 대체하게 되거나 부르주아 사회가 더 정의로운 사회로 바뀌는 것은 아니다. 선동주의에 빠지지 않으려면 우리는 이점을 분명히 해야 한다. 그러한 분석은 그저 우리를 다른 사회, 다른 프로그램, 다른 담론으로 이끌 뿐이다. 물론 이 새로운 사회, 혹은 새로운 진실을 더 좋아할 수는 있다. 단지 그것이 가장 진실하다고, 혹은 가장 정의롭다고 선언하지 않으면 된다.

그러므로 우리는 이렇게 주장하지 않을 것이다. 신중함이 최선의 길이며 역사를 신성화하지 말고 그토록 큰 해악을 끼친 이데올로기들과 맞서 싸워야 한다고 말이다. 이 보수주의적 프로그램도 독단적이기는 마찬가지다. 희생자의 숫자를 기준으로 삼는다면, 이제 아무도 더 이상 언급하지 않는 애국주의도 오늘날 분노의 표적이 되어 있는 이데올로기들 못지않게 많은 희생자를 냈다. 그럼 무엇을 해야 하는가? 바로 이것이 우리가 제기하지 말아야 할 질문이다. 파시즘과 공산주의에, 혹은 애국주의에 대항하는 것은 모두 같은 일이다. 살아 있는 존재들은 모두 호오를 갖는다. 내 개가 싫어하는 것은 배고픔, 갈증, 집배원이고, 좋아하는 것은 공놀이다. 하지만 개는 자기가 무엇을 행해야 하는지, 무엇을 희망해도 좋은지 자문하지 않는다.† 사람들은 철학이 이런 물음에 대답하기를 원하며, 그 대답을 근거로 철학을 판단한다. 그러나 단호한 인간중심주의적 관점에 설 때만, 이 문제에는 분명히 답이 있다고, 왜냐하면 우리가 답을 필요로 하기 때문이라고 단언할 수 있을 것이다. 또한 살아갈 이유들을 제

---

† '우리는 무엇을 알 수 있는가', '무엇을 행해야 하는가', '무엇을 희망해도 좋은가'는 칸트 철학의 토대에 있는 세 가지 질문이다.

시해 주는 철학이 그러지 않는 철학보다 더 참되다고 생각할 수 있을 것이다. 게다가, 이런 물음들은 우리가 생각하는 것만큼 당연하지 않다. 그것들은 자동적으로 제기되지 않는다. 대부분의 시대는 스스로를 의심하지 않았으며, 그런 물음을 제기하지 않았다. 우리가 철학이라고 부르는 것은 극히 다양한 질문들을 전시하는 진열장이었기 때문이다. 세계란 무엇인가? 어떻게 하면 행복해지는가, 다시 말해 자족적으로 살아갈 수 있는가? 어떻게 우리의 질문들을 천계서天啓書들과 일치시킬 것인가? 어떻게 하면 스스로를 변화시킬 수 있는가? 어떻게 사회를 역사의 방향에 맞게 조직할 것인가? 이 질문들은 대답이 미처 발견되기도 전에 잊혔다.

역사적 성찰은 하나의 비판으로서 지식의 자만심을 꺾으며, 진정한 정치나 진정한 학문의 존재를 가정하지 않은 채 여러 개의 진실에 대해 진실하게 이야기하는 것으로 만족한다. 이 비판은 모순적인가? 진실이 없다는 게 진실이라고 말할 수 있는가? 그렇다. 그리고 우리는 지금 그리스인들에게서 물려받은 거짓말쟁이 놀이를 하고 있는 게 아니다―거짓말쟁이가 "나는 지금 거짓말을 하고 있다"라고 말할 때 그는 거짓말을 하고 있으므로 그의 말은 거짓말이 아니라는 식의. 사람은 일반적으로 거짓말쟁이인 게 아니라, 이러저러한 이야기를 함으로써 특수하게 거짓말쟁이가 된다. "나는 항상 공상을 늘어놓았다"고 말하는 사람은 그 말을 하면서 공상을 늘어놓는 게 아니다. 그가 다음과 같이 명시한다면 말이다. "나의 공상은 내 머릿속에 떠오르는 것들이 만물의 본질에 새겨진 진실이라고 믿는 것이다."

만일 이 세상에 대해 내가 지금 진실이라고 믿는 것이 곧 진실이라면, 보편적인 문화는 허위일 것이고, 또 그렇다면 어째서 허위가 이 세상을 지배하고 있는지, 그리고 나는 어떻게 하여 진실을 아는 배타적 특권을 가지고 있는지 설명해야 할 것이다. 우리는 고대 그리스인들처럼 거짓 속에서 진실의 고갱이를 찾아야 할까? 아니면 베르그송이 그랬듯이 신화를 지어내는 것이 우리의 삶의 필수적인 부분이라고 주장해야 할까? 아니면 사회학자들이 그러듯이 신화에 사회적 기능을 부여해야 하나? 이 곤경에서 벗어나는 유일한 방법은, 문화가 거짓도 아니고 참도 아니라고 생각하는 것이다. 나는 데카르트에게 도움을 청하려 한다. 데카르트는 감히 책에 쓰지 못했지만 친구들에게 보낸 편지에서 이렇게 토로했다. 신은 만물을 창조했을 뿐 아니라 진실을 창조했다. 신이 원하지 않는다면 둘 더하기 둘은 넷이 아닐 것이다. 왜냐하면 신은 이미 진실인 것을 창조하지 않았기 때문이다. 즉 신이 진실로 창조한 것만이 진실이었고 진실과 허위는 그의 창조 이후에 비로소 존재했다는 것이다. 이러한, 제정하는 신성한 권력pouvoir divin de constituer, 즉 모델 없이 창조하는 능력을 이제 인간들의 구성적 상상력에 부여하면 된다.

진실도 없고 허위도 없다는 생각이 처음에는 이상하겠지만, 사람은 곧 익숙해진다. 그도 그럴 것이, 진실의 가치는 무용하고 언제나 양면적이기 때문이다. 진실은 우리가 취소할 수 없는 선택들에 붙인 이름이다. 만일 취소한다면 우리는 그것이 틀렸다고 말할 것이다. 우리는 그토록 진실을 존중한다. 나치 역시 나름대로 진실을 존중했다. 그들은 자기들이 옳다고 말했다. 자기들이 틀렸다고 말하지 않았다. 우리는 그들에게 당신들은 틀렸다고 비난할 수 있었을 것이다. 하지만 그런다고 뭐가 달라졌겠는가? 그들과 우리는 주파수가 맞지 않는다. 지진이 일어났는데 "잘못된 지진"이라고 비난하는 것은 플라토닉하다.

우리가 우리 자신이 하는 일을 믿지 못하고 제우스나 헤라클레스를 믿었던 조상들을 바라보듯이 스스로를 바라보아야 한다니, 인간의 조건은 얼마나 불행하고 비극적인가! 이렇게 우리는 탄식해야 할까? 하지만 이런 불행은 존재하지 않는다. 그것은 책 속에서만 존재하는, 수사학적인 테마이다. 그것은 성찰적인 시선 앞에서만 존재하며, 역사가들만이 그러한 성찰성을 기를 수 있다. 그런데 역사학자들은 불행하지 않다. 그들은 흥미로워할 뿐이다. 역사가가 아닌 일반인들로 말하자면, 성찰성이 그들을 질식시키거나 호기심을 마비시키는 일은 일어나지 않는다. 게다가 진실 프로그램은 암묵적인 상태로, 즉 그것을 실행하는 사람들에게 알려지지 않은 상태로 남아 있다. 사람들은 자신이 어떤 프로그램을 따르는지 모르면서 자신이 옹호하는 것을 진실이라고 부른다. 진실이라는 개념은 사람들이 타인을 고려하기 시작할 때 비로소 등장한다. 진실은 맨 앞에 오지 않으며 은밀한 균열을 드러낸다. 어찌하여 진실은 이다지도 진실하지 않은가? 진실은 권력에의 의지로부터 우리를 떼어놓는 집단적 자기만족의 얇은 막이다.

역사적인 성찰만이 진실 프로그램들을 규명할 수 있고 그것들의 변천을 드러낼 수 있다. 그러나 이러한 성찰은 가로등의 불빛처럼 일정하지 않으며 인류의 여정에 하나의 단계를 표시하지도 않는다. 이 구불구불한 여정은 지평선에 걸린 진실을 향해 나아가지 않는다. 우연에 따라 이리저리 방향을 바꿀 뿐이다. 마찬가지로 이 길의 울퉁불퉁함은 어떤 강력한 하부구조를 반영하는 게 아니다. 대부분의 경우 여행자들은 이런 문제에 관심이 없다. 그들 각자는 자신이 택한 길이 참된 길이라고 믿으면서 다른 사람들과 거리가 벌어져도 그다지 신경 쓰지 않는다. 그러나 간혹 드문 순간에 길이 크게 휘어지면서 지나온 여로의 긴 부분이 그 모든 굽이들과 더불어 시야에 들어오는 일이 있다. 그럴 때 어떤 여행자들은 감회에 젖어 그들의 방랑을 되돌아본다. 이 회고적 관점은 진실을 말하지만, 그렇다고 그들이 걸어온 길이 그릇된 것은 아니다. 어차피 어떤 길도 참될 수 없기 때문이다. 따라서 회고적 깨달음의 섬광은 그리 중요하지 않다. 그것은 길을 가던 중에 우연히 일어난 사건으로서, 올바른 길을 찾게 해주는 것도 아니고, 여행을 새로운 단계로 끌어올리는 것도 아니다. 감회에 젖은 여행자를 새사람으로 만들어 주지도 않는다. 역사가가 보통 사람들보다 더 사리사욕이 없다거나 다른 식으로 투표한다는 증거는 없다. 인간은 생각하는 갈대가 아니기에. 내가 시골에서 이 책을 썼기 때문일까? 나는 짐승들의 평온함을 부러워했다.

이 책의 취지는 그러니까 아주 단순하다. 역사적 교양이 조금이라도 있는 독자라면 제목만 읽고도 대답했을 것이다. "그럼, 물론 그들은 믿었지, 자기네 신화를!" 우리는 다만 "그들"과 관련하여 당연하게 여겨지는 것들이 우리에게도 해당됨을 보여주려 했으며, 이 근본적인 진실이 함축하는 바를 밝히려 했다.

그리스인들은 신화를 믿었는가?

초판 1쇄 발행 | 2023년 5월 10일
초판 2쇄 발행 | 2023년 9월 20일

지 은 이 | 폴 벤느
옮 긴 이 | 김현경
펴 낸 이 | 이은성
기　　획 | 김경수
편　　집 | 홍순용
교　　정 | 이한솔
디 자 인 | 파이브에잇
펴 낸 곳 | 필로소픽
주　　소 | 서울시 종로구 창덕궁길 29-38, 4-5층
전　　화 | (02) 883-9774
팩　　스 | (02) 883-3496
이 메 일 | philosophik@naver.com
등록번호 | 제2021-000133호

ISBN 979-11-5783-291-0 93100

필로소픽은 푸른커뮤니케이션의 출판 브랜드입니다.